審計意見影響因素與經濟後果研究

李歆 著

財經錢線

序 言

　　社會審計是商品經濟發展到一定階段的歷史產物。它隨著企業所有權與經營權的分離而產生，又隨著社會生產力的發展和生產社會化程度的提高而逐步發展與成熟。在 16 世紀，義大利的商業經濟比較繁榮，企業規模的不斷擴大需要業主投入巨額資金。為籌集大量資金，合夥制企業應運而生。在合夥制企業中，有的合夥人參與了企業的經營管理，有的合夥人則不參與。於是，所有權和經營權開始分離。為了保障全體合夥人的權利，進而保證合夥企業有足夠的資金使企業得以持續經營下去，那些參與企業經營管理的合夥人有責任向不參與企業經營管理的合夥人證明：合夥契約得到了認真履行。在這種情況下，客觀上需要獨立的第三者對合夥企業進行監督、檢查。這樣就出現了一批具有良好的會計知識、專門從事查帳和公證工作的專業人員。這標志著註冊會計師審計開始走入歷史的舞臺。到 18 世紀下半葉，英國的資本主義經濟得到了迅速的發展，生產的社會化程度大大提高，企業的所有權和經營權進一步分離，英國開始出現以查帳為職業的獨立會計師。股份有限公司的興起，使公司的所有權和經營權進一步分離。在這一背景下，管理者徇私舞弊、投資者和債權人利益受到損害的問題日益突出，比如「南海公司事件」的爆發，因此客觀上要求政府對

企業披露的會計信息質量進行規範。1862年，英國《公司法》確定註冊會計師為法定的破產清算人，從而奠定了註冊會計師審計的法律地位。從20世紀初開始，全球經濟發展重心逐步由歐洲轉向美國。註冊會計師審計在美國也得到了迅速的發展。美國於1933年頒布的《證券法》規定，在證券交易所上市的企業的財務報表必須接受註冊會計師的審計，並向社會公眾公布註冊會計師出具的審計報告。這一規定將審計報告的使用人的範圍擴大到整個社會公眾。第二次世界大戰以後，跨國公司得到空前發展，推動了審計技術的不斷發展。

中國註冊會計師審計的發展始於1918年。當時的北洋政府農商部頒布了中國第一部註冊會計師法規——《會計師暫行章程》。同年，謝霖、潘序倫等相繼成立了多家會計師事務所。新中國成立以後，由於計劃經濟模式的推行，註冊會計師悄然退出了經濟舞臺。

審計意見是註冊會計師對被審計單位財務報表是否按照適用的會計準則和相關會計制度的規定編製、是否在所有重大方面公允反應了被審計單位財務狀況、經營成果和現金流量的客觀、公正的評價。審計意見是註冊會計師審計工作結果的集中體現。在其出具過程中受到哪些因素影響，審計意見對股東和債權人等利益相關者是否具有決策有用性等問題一直是審計理論研究的核心議題。自20世紀70年代以來，國內外學術界圍繞這一問題展開了深入的實證研究，為資本市場審計制度安排和監管政策制定提供了重要的依據。目前，中國正處於經濟轉軌時期，獨立審計制度正處於不斷完善階段。因此，對審計意見行為機理及審計意見經濟后果的系統研究，有助於改進審計實務。基於此，本書以審計意見的實務表現、影響因素和經濟后果為研究框架，對審計意見的形成機理和經濟后果進行了比較系統的研究。首先，本書對中國審計意見的基本類型進行了簡要的介紹，並對1999—2014年間上市公司審計報告的意見類型進行統計分析，識別中國審計意見的基本特徵和變化趨勢。其次，本書分別從客戶、會計師事務所特徵和外部環境等方面分析了影響審計意見出具的各種因素。然后，本書根據各影響因素建立了審計意見的預測模型。最后，本書對審計意見行

為是否具有信息含量,能否為利益相關者帶來經濟后果進行了分析。

20世紀90年代中期,筆者曾在企業從事實務工作,對企業經營與財務信息可靠性之間的關係有著切身的感受和體會。這一經歷為研究生期間的會計、審計理論學習提供了有益的幫助。2002年起,筆者開始從事審計、會計的教學和研究工作,重點研究實務中的會計審計問題,也陸續形成了一些成果,且部分成果已在《審計研究》《當代財經》等雜志上發表。在多年的研究生教學過程中,筆者發現部分研究生對研究審計問題感到困惑,而且他們希望能有一本系統、深入而又淺顯易懂的著作作為引導。經過長時間的研究和累積,本書在2012年初步形成研究框架,但因教學任務的繁重,直至2015年年底才形成初稿。

本書的各章節既有內在的關聯又相互獨立。每一節都是在系統地回顧國內外相關領域已有研究文獻的基礎上,以中國近年上市公司為研究對象進行理論分析,提出研究假設,最后通過建立模型進行驗證並得出研究結論。在寫作過程中,筆者力求行文的深入淺出。但受時間和能力所限,書中可能存在錯漏,筆者虔心等待批評指正。

本書在寫作過程中,借鑒了國內外大量的研究文獻,因此筆者對這些文獻的作者表示誠摯的感謝,並對文獻標註可能存在的疏漏表示真誠的歉意。

李　歆

目 錄

第一章 審計意見概述 *1*
第一節 審計意見類型及其出具條件 *2*
第二節 上市公司審計意見分析 *4*

第二章 企業特徵與審計意見 *11*
第一節 公司績效與審計意見 *12*
第二節 盈余管理與審計意見 *30*
第三節 財務重述與審計意見 *43*
第四節 財務困境與審計意見 *49*
第五節 公司治理與審計意見 *54*
第六節 違規行為與審計意見 *72*

第三章　會計師事務所特徵與審計意見　93

　　第一節　會計師事務所規模與審計意見　94
　　第二節　審計師變更與審計意見　102
　　第三節　獨立性與審計意見　110
　　第四節　會計師事務所勝任能力與審計意見　125

第四章　外部環境與審計意見　143

　　第一節　媒體負面報道與審計意見　144
　　第二節　政治關聯與審計意見　151
　　第三節　終極產權與審計意見　158

第五章　審計意見預測　175

　　第一節　審計報告時滯與審計意見　176
　　第二節　基於財務指標的審計意見預測　184

第六章　審計意見的經濟后果　191

　　第一節　審計意見對高管的影響　192
　　第二節　審計意見與企業融資約束　208
　　第三節　審計意見與債務成本　219
　　第四節　審計意見的信息含量　230
　　第五節　審計意見對企業價值的影響　242

第一章
審計意見概述

第一節　審計意見類型及其出具條件

一、審計意見的種類

審計意見是指審計師在完成審計工作后，對於鑒證對象是否符合鑒證標準而發表的意見。《中國註冊會計師審計準則第 1101 號——財務報表審計的目標和一般原則》規定，財務報表審計的總目標是對財務報表整體是否不存在由於舞弊或錯誤導致的重大錯報獲取合理保證，使得註冊會計師能夠對財務報表是否在所有重大方面按照適用的財務報告編製基礎編製發表審計意見。

審計報告是指註冊會計師根據中國註冊會計師審計準則的規定，在實施審計工作的基礎上對被審計單位財務報表發表審計意見的書面文件。按照審計意見的不同，審計報告可以分為標準審計報告和非標準審計報告（見圖 1-1）。標準審計報告是指不含有說明段、強調事項段、其他事項段或其他任何修飾性用語的無保留意見的審計報告。非標準審計報告，是指帶強調事項段或其他事項段的無保留意見的審計報告和非無保留意見的審計報告。非無保留意見的審計報告包括保留意見的審計報告、否定意見的審計報告和無法表示意見的審計報告。

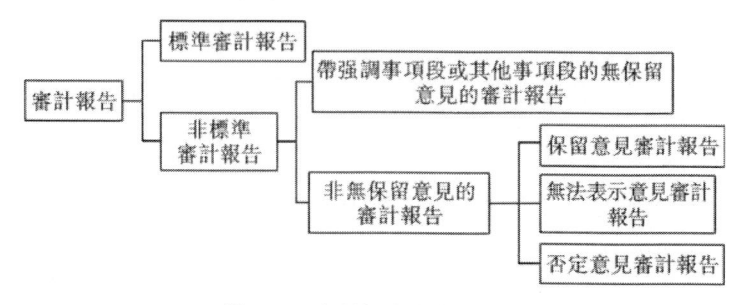

圖 1-1　審計報告的意見類型

二、不同意見類型審計報告的出具條件

（一）無保留意見

無保留意見是指當註冊會計師認為財務報表在所有重大方面按照適用

的財務報告編製基礎編製並實現公允反應時發表的審計意見。如果簽發標準的無保留意見，則說明審計師認為被審計單位編製的財務報表已按照適用的會計準則的規定編製，並在所有重大方面公允反應了被審計單位的財務狀況、經營成果和現金流量。

（二）帶強調事項段或其他事項段的無保留意見

帶強調事項段或其他事項段的無保留意見意味著審計師認為被審計單位編製的財務報表符合相關會計準則的要求並在所有重大方面公允反應了被審計單位的財務狀況、經營成果和現金流量，但是存在需要說明的事項，如對持續經營能力產生重大疑慮及存在重大不確定事項等。

（三）保留意見

當審計師認為財務報表整體是公允的，但存在影響重大的錯報或審計範圍受到了重要的限制，則應出具保留意見。具體來講，當存在下列情形之一時，註冊會計師應當發表保留意見：①在獲取充分、適當的審計證據後，註冊會計師認為錯報單獨或匯總起來對財務報表影響重大，但不具有廣泛性；②註冊會計師無法獲取充分、適當的審計證據以作為形成審計意見的基礎，但認為未發現的錯報（如存在）對財務報表可能產生的影響重大，但不具有廣泛性。

（四）否定意見

否定意味著審計師認為財務報表整體是不公允的或沒有按照適用的會計準則的規定編製。在獲取充分、適當的審計證據後，如果認為錯報單獨或匯總起來對財務報表的影響重大且具有廣泛性，註冊會計師應當發表否定意見。否定意見與保留意見的區別在於錯報影響的廣泛性和嚴重性。如果註冊會計師在獲取充分、適當的審計證據後，認為財務報表整體是公允的，但還存在對財務報表產生重大影響的錯報，此時應當發表保留意見。如果註冊會計師認為錯報對財務報表產生的影響極為嚴重且具有廣泛性，則應發表否定意見。

（五）無法表示意見[1]

無法表示意見是指審計師的審計範圍受到了限制，且其可能產生的影響是重大的、廣泛的，審計師不能獲取充分的審計證據。如果無法獲取充分、適當的審計證據以作為形成審計意見的基礎，且認為未發現的錯報

---

[1] 《獨立審計基本準則》（1996）第二十三條規定，註冊會計師可以出具無保留意見、保留意見、否定意見和拒絕表示意見四種意見類型的審計報告。在《獨立審計準則第7號——審計報告》（2003）中，將「拒絕表示意見」改為「無法表示意見」。

（如存在）對財務報表可能產生的影響重大且具有廣泛性，註冊會計師應當發表無法表示意見。

三、審計意見的確定

在審計終結階段，審計師應當針對財務報表整體是否不存在由於舞弊或錯誤而導致的重大錯報形成審計意見。可能導致非標準審計意見出現的情形主要有兩種：一是財務報表存在錯報，二是審計範圍受到了限制。各情形與審計意見的關係如表1-1所示。

表1-1　　　　　　　　錯報與意見類型關係圖

情形＼程度	不重要	重要	極為嚴重且具有廣泛性
財務報表存在錯報	無保留意見	保留意見	否定意見
審計範圍受到限制	無保留意見	保留意見	無法表示意見

第二節　上市公司審計意見分析

一、1999—2014年審計報告出具情況概述[①]

表1-2列示了1999—2014年滬深兩市發佈的上市公司審計報告披露情況。從表1-2可以看出，1999—2014年，隨著中國經濟的快速發展，中國資本市場也得到了快速發展，滬深證券交易所迅速擴容，滬深兩市上市公司的數量逐年擴大，由1999年的947家上升到2014年的2,652家。與此同時，審計市場也得到了快速發展。從審計結果看，標準審計報告意見不管是絕對數還是相對數都呈逐年上升趨勢，絕對數由1999年的758家上升到2014年的2,554家，相對數由1999年的80.04%上升到2014年的96.3%。1999—2014年標準無保留審計意見的變化趨勢如圖1-2所示。

---

① 本書數據來自國泰安（CSMAR）數據庫。

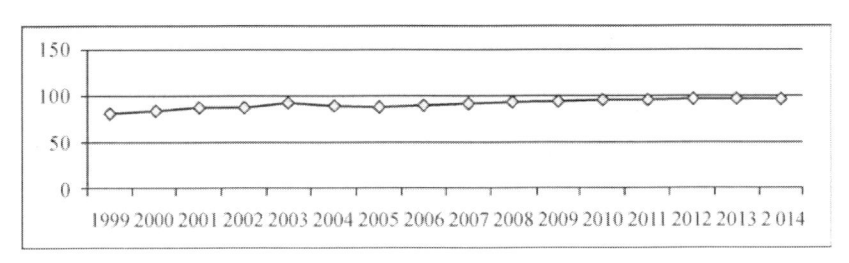

圖 1-2　1999—2014 年標準無保留意見所占比例變化圖

二、1999—2014 年非標準審計意見的變化情況

從表 1-2 可以看出，1999—2014 年間，獲得非標準無保留審計意見的上市公司家數呈下降趨勢，由 1999 年的 189 家下降到 2014 年的 98 家。所占比例也由 1999 年的 19.96%下降到 2014 年的 3.70%。1999—2014 年非標準無保留審計意見的變化趨勢如圖 1-3 所示。

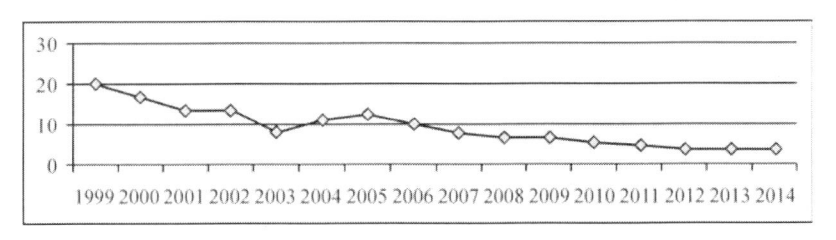

圖 1-3　1999—2014 年非標準無保留意見所占比例變化圖

表 1-3 列示了各類非標準無保留審計意見的分佈情況。圖 1-4、圖 1-5、圖 1-6 則分別列示了各類非標準無保留審計意見的變化趨勢。從圖 1-4 可以看出，1999—2003 年帶強調事項段無保留意見所占比例由 12.04%急遽下降到 4.57%。2003 年以後，帶強調事項段無保留意見所占比例平緩下降，由 2003 年的 4.57%下降到 2014 年的 2.68%。從圖 1-5 可以看出，1999—2003 年保留意見所占比例急遽下降，由 1999 年的 6.34%下降到 2003 年的 2.09%。2003—2007 年保留意見所占比例呈倒 U 型，先由 2003 年的 2.09%上升到 2005 年的 4.37%，然後再下降到 2007 年的 0.95%，2007 年以後，保留意見所占比例保持平穩，每年約為 0.8%左右。從圖 1-6 可以看出，1999—2003 年無法表示意見所占比例整體呈倒 U 型，先從 1999 年的 1.48%上升到 2005 年的 2.4%，然後逐年下降到 0.3%左右。

表 1-2　1999—2014 年上市公司審計意見分佈表

意見類型	年度	1999	2000	2001	2002	2003	2004	2005	2006	2007	2008	2009	2010	2011	2012	2013	2014
標準無保留意見	家數	758	908	1,007	1,063	1,183	1,228	1,203	1,307	1,447	1,512	1,656	2,011	2,248	2,402	2,446	2,554
	百分比	80.04	83.61	86.59	86.56	91.71	89.05	87.55	89.70	92.11	93.05	93.35	94.50	95.13	96.39	96.45	96.30
非標準無保留意見	家數	189	178	156	165	107	151	171	150	124	113	118	117	115	90	90	98
	百分比	19.96	16.39	13.41	13.44	8.29	10.95	12.45	10.30	7.89	6.95	6.65	5.50	4.87	3.61	3.55	3.70
合計	家數	947	1,086	1,163	1,228	1,290	1,379	1,374	1,457	1,571	1,625	1,774	2,128	2,363	2,492	2,536	2,652
	百分比	100	100	100	100	100	100	100	100	100	100	100	100	100	100	100	100

表 1-3　1999—2014 年上市公司非標準意見分佈表

意見類型	年度	1999	2000	2001	2002	2003	2004	2005	2006	2007	2008	2009	2010	2011	2012	2013	2014
帶強調事項段的無保留意見	家數	114	105	93	102	59	69	78	81	92	77	86	87	92	72	61	71
	百分比①	12.04	9.67	8.00	8.31	4.57	5.00	5.68	5.56	5.86	4.74	4.85	4.09	3.89	2.89	2.41	2.68
保留意見	家數	60	58	43	43	27	52	60	39	15	18	13	23	19	15	22	18
	百分比	6.34	5.34	3.70	3.50	2.09	3.77	4.37	2.68	0.95	1.11	0.73	1.08	0.80	0.60	0.87	0.68
拒絕或無法表示意見	家數	14	14	20	20	21	30	33	30	17	18	19	7	4	3	7	9
	百分比	1.48	1.29	1.72	1.63	1.63	2.18	2.40	2.06	1.08	1.11	1.07	0.33	0.17	0.12	0.28	0.34
否定意見	家數	1	1	0	0	0	0	0	0	0	0	0	0	0	0	0	0
	百分比	0.11	0.09	0.00	0.00	0.00	0.00	0.00	0.00	0.00	0.00	0.00	0.00	0.00	0.00	0.00	0.00
合計	家數	189	178	156	165	107	151	171	150	124	113	118	117	115	90	90	98
	百分比	19.96	16.39	13.41	13.44	8.29	10.95	12.45	10.30	7.89	6.95	6.65	5.50	4.87	3.61	3.55	3.70

註：① 表 1-3 中的百分比是指某種非標準審計意見類型上市公司數占該年上市公司數的比例。

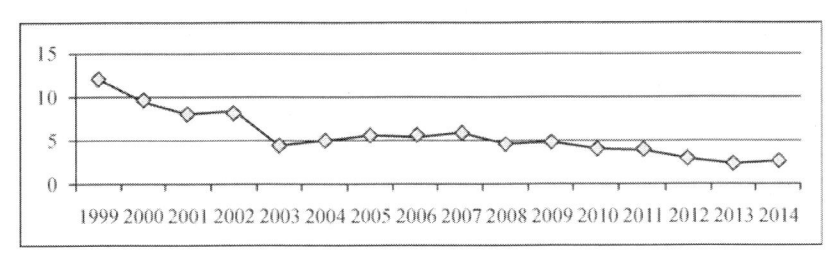

圖 1-4　1999—2014 年帶強調事項段無保留意見所占比例變化圖

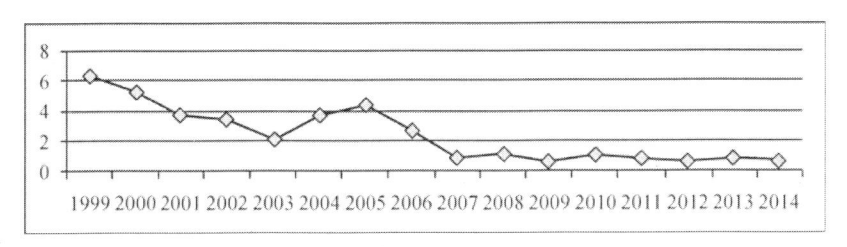

圖 1-5　1999—2014 年保留意見所占比例變化圖

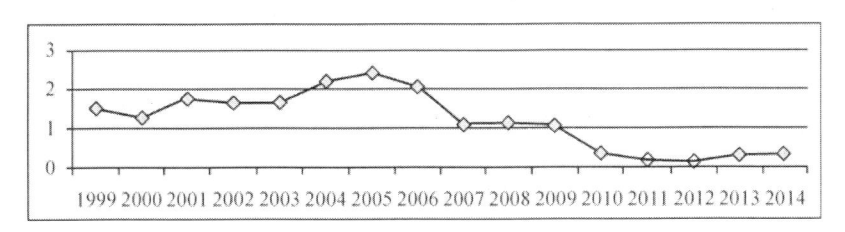

圖 1-6　1999—2014 年無法表示意見所占比例變化圖

三、非標準審計意見的成因分析

(一) 公司存在重大不確定事項

存在重大不確定事項，主要包括證監會的立案調查尚未結束、監管結果不確定、應收帳款的可收回性不確定、訴訟糾紛正在處理、司法機關認定結果尚未下發、沒有合理預計負債、股權交易尚未完成、股權轉讓款的可收回性不確定、項目進度不明確、董事會換屆中、合同結果不合理等。以 2013 年為例，2013 年共有 57 家公司被出具帶強調事項段的無保留意見，其中 30 家公司因持續經營能力不確定性被出具帶強調事項段無保留意見，比例為 52.63%；或有事項共 16 份，占比 28.07%；11 家公司強調事項段涉及其他重要事項，占該類報告的 19.30%。由此可以看出，公司存

在重大不確定事項是被出具非標準審計意見的重要原因之一。

(二) 無法獲取充分、適當的審計證據

從上市公司審計報告可以看出，大多數的保留意見都是因為審計範圍受到了限制。審計範圍受到限制的情形多種多樣，但都影響了必要的審計程序，具體表現有：（1）無法獲取充分、適當的審計證據以判斷某項會計處理及其交易事項的合理性和真實性，主要表現在預付款項的處理、衝減應收帳款、往來帳的處理、提取減值準備和前期差錯更正等。（2）無法獲取充分、適當的審計證據以核實某項資產或負債的存在性和公允性，表現在結算價格尚未協商一致、無法認定存貨、固定資產未見實物、應收帳款未得到確認和股權收購未披露等。（3）無法獲取充分、適當的審計證據以判斷關聯方交易、擔保等的準確性、完整性，主要包括無法判斷擔保是否構成關聯交易、關聯方交易的準確性和完整性等。（4）無法判斷內部控制制度存在的缺陷對財務報表的影響程度，主要包括貨幣資金管理的內控制度和關聯方關係內控制度等。以 2013 年為例，2013 年因審計範圍受到限制而被出具保留意見的公司有 16 家，占所有非標準審計意見的 19.05%。在 16 家因審計範圍受限被出具保留意見的公司中，3 家公司的受限事項涉及應收帳款，4 家涉及相關減值準備，3 家涉及關聯公司，4 家與無法確定的債權債務有關。

(三) 持續經營能力存在疑慮

從數據分析可以發現，上市公司被出具帶強調事項的無保留意見的主要原因是審計師對公司的持續經營能力產生了懷疑。比如，2011 年一共有 92 家公司被出具了帶強調事項的無保留意見，其中 78 份是由於公司的持續經營能力存在重大的不確定性，占所有帶強調事項段的 84.78%。到 2012 年，72 份帶強調事項段的無保留意見中，因持續能力存在重大不確定性的有 46 家，占到了整體的 63.89%。2013 年，61 家帶強調事項段的無保留意見中有 47 家是由於持續經營能力問題，占到 74.60%。

相對帶強調事項的無保留意見和保留意見，無法表示意見的簽發意味著公司出現了相當嚴重的問題，且這類企業一般比較少。如 2011 年僅有 4 家企業被出具無法表示意見，2012 年只有 3 家被出具無法表示意見審計報告，2013 年有 7 家，2014 年則有 9 家。從近幾年被出具無法表示意見的上市公司來看，大部分被出具無法表示審計意見的都是 *ST 企業。部分 *ST 類企業由於經營狀況出現了很嚴重的問題，連續幾年出現虧損，公司的持續經營能力也存在著重大的不確定性。比如 2013 年 7 家被出具無法表示意

見的公司中，有 4 家公司的原因是存在可能導致其持續經營能力產生重大疑慮的重大不確定性，審計師無法獲取運用持續經營假設編製財務報表的充分、適當的審計證據。此外，大量的負債、借款金額、關聯交易、對外擔保等事項的披露不合理以及破產重整方案還未實施等也是無法表示意見的原因。

參考文獻

[1] 車亞飛. 中國上市公司 2013 年財務報告非無保留審計意見分析 [J]. 金融經濟，2014（22）：125-127.

[2] 楊雅婷，李長愛，呂伶俐. 上市公司審計報告統計分析——基於 2011—2013 年上市公司年報相關數據 [J]. 審計月刊，2014（7）：26-29.

[3] 尚叢叢. 2011—2013 年出具非標準審計報告的成因分析 [J]. 知識經濟，2015（2）：152.

[4] 中國註冊會計師協會. 中國註冊會計師執業準則應用指南 2010 [M]. 北京：中國財政經濟出版社，2010.

第二章
企業特徵與審計意見

第一節　公司績效與審計意見

一、背景分析

審計意見是註冊會計師按照獨立審計準則的要求，對財務報表實施必要的審計程序，在獲得充分、適當的審計證據后，對於所審財務報表整體是否存在重大錯報而做出的合理保證。審計意見是監管部門監測上市公司信息披露質量的重要指標之一，同時也是投資者判斷公司價值、進行投資決策、公司防錯糾弊以及加強管理的重要依據。審計意見的不同類型，是註冊會計師基於企業報表所做出的專業判斷。它是審計質量的體現，也反應了註冊會計師所承擔的責任不同。

瞭解審計意見受什麼因素影響，是對審計領域許多深層次問題進行研究的一個基礎。早在20世紀80年代，國外就有很多關於審計意見影響因素的研究文獻。最具代表性的審計意見決定模型是 Nicholas Dopuch et al. (1987) 建立的 DHL 模型。DHL 模型將審計意見分為「保留」和「清潔」兩類，同時將考察的對象從單純的被審計公司財務狀況擴展到其在股票市場的行為，研究被審計單位財務變量和股票市場變量對審計意見的影響。隨后，Bell & Babor (1991)，Melumad & Amir ZIV. A (1997)，Francis & Krishnan (1999) 等學者對該模型進行完善，將審計意見的影響因素擴展到事務所變更、審計費用、審計意見購買等理論問題。

在審計意見影響因素的研究中，學者們普遍認同審計師在出具審計意見時具有一定的行為邏輯。其核心假設是可避性假設，即把非標準意見區分為可避意見與不可避意見（expost avoidable and expost unavoidable）兩種類型。可避意見因被審計公司與審計師之間存在分歧而產生。該意見可通過遵照審計師的意見對報告進行調整而得到避免，例如針對資產處置、收入確認時機、損失準備計提充分程度以及其他違反公認會計準則的處理等事項而發表的審計意見。不可避意見是指被審計單位無法通過調整財務報告來避免審計師出具非標準意見，例如針對持續經營問題、諸如債務違約或債務擔保之類的財務危機或不確定事項等發表的審計意見。Mutchler (1984) 採用問卷調查的方式對八大會計師事務所的 16 位合夥人進行了調查。結果發現債務保障率、流動比率、權益對負債比率、長期借款與總資

產比、資產負債率和營業利潤率是註冊會計師在考慮被審計單位持續經營時最重視的六個財務指標。

二、文獻回顧

從1996年至今，中國的註冊會計師審計走向法定化已經歷了十幾年的歷史。審計意見作為註冊會計師對財務報告信息質量的鑒證，為資本市場上的廣大投資者所高度重視。從審計意見出具的標準可以知道，審計意見的類型不僅與被審單位是否合法、公允地進行了財務信息披露有關係，而且與被審單位的財務狀況、經營成果及現金流量狀況的好壞有直接關係。前者屬於可避意見，而后者既可能是可避意見，也可能是不可避意見。

審計意見的出具與公司的財務指標、利潤要求、盈利管理等具有相關性。註冊會計師對審計風險的衡量首先源於對企業的內部控制系統評估所確定的檢查風險大小。蔡春、楊麟、陳曉媛（2005）認為，因為內部控制是程序化的管理，執行與否直接反應在公司財務狀況和經營成果上，上市公司的基本財務數據和指標直接反應了公司內部管理的質量，所以基本財務數據和指標在一定程度上影響了公司的審計意見類型。國內外的有關文獻表明，審計意見類型確實與公司的某些財務績效指標有很強的相關性。李樹華（1999）以1997年被出具非標準無保留意見上市公司的淨資產收益率分佈區間和被「特別處理」（ST）公司為樣本進行研究，發現為保證淨資產收益率達到10%和避免被「摘牌」而進行盈余操縱，拒不接受CPA意見調整財務報表，以及ST公司較容易收到非標準無保留意見的審計報告。

田利軍（2007）以中國2005—2006年深滬兩市A股上市公司的年報審計意見為研究對象，從審計意見的形成過程研究影響上市公司審計意見類型的因素。結果發現，上市公司的財務狀況對審計意見有顯著影響。白憲生、高月娥（2009）的研究表明，上市公司的財務指標能夠影響審計意見類型。吳錫皓、曹智學、祝孝明（2009）採用2005—2006年度的上市公司數據進行實證研究。他們發現，財務能力越差的公司，越容易被出具非標準審計意見。

Charles JP Chen et al.（2001）以1995—1997年滬深兩市上市公司為對象，發現非標準審計意見和上市公司盈余管理程度之間有顯著正相關關係。B Bao & G Chen（1998）對可能影響審計意見的11個會計和市場因素進行了檢驗，發現資產負債率、盈利或虧損、總資產收益率、公司所在地

等因素具有顯著影響。而資產負債率高、總資產收益率低、企業虧損等因素則對審計意見產生不利影響。黃雲煉（2006）選取代表公司的經營管理能力、償債能力、獲利能力、發展能力和獲取現金能力的幾個財務指標，研究財務指標與審計意見之間的關係，發現「標準」意見公司的財務指標與非標準意見公司的財務指標之間存在顯著性的差異。

在隨后的十多年裡，學者們從不同角度研究財務指標與審計意見之間的關係。表 2-1 列示的是部分文獻的主要成果。

表 2-1　　　　　　　　財務指標與非標準意見關係一覽表

作 者	年度	正相關	負相關	不相關
李樹華	1999	微利，淨資產收益率，ST		
Clive Lennox	2002	債務槓桿，破產傾向	資本回報率，現金流量總額	
夏立軍等	2002	微利區間公司		配股區間達線公司
朱小平等	2003	公司規模，存貨/總資產，淨資產收益率，現金流量比率	速動比率，資產負債率，應收帳款/總資產	
劉斌等	2004	盈余管理動機，企業財務狀況	公司規模	
蔡春等	2005	淨資產收益率為負情況的公司規模，ST	淨資產收益率為正情況的公司規模，淨資產收益率為正情況的資產負債率，淨資產收益率為負情況的資產週轉率	淨資產收益率為正情況的資產週轉率
吳粒等	2005	淨資產收益率	資產負債率應收帳款/主營業務收入	公司規模，流動比率，存貨/主營業務收入
唐戀炯等	2005	資產負債率	淨資產收益率，主營利潤占總利潤比，現金比率，總資產週轉率	
李補喜等	2006	資產負債率，微利區間變量	淨資產收益率	公司規模，存貨/總資產，應收帳款/總資產，保配區間的淨資產收益率
魯桂華	2007	總資產報酬率	公司規模	

表2-1(續)

作者	年度	正相關	負相關	不相關
邢俊	2007	資產負債率	公司規模，資產週轉率，每股收益	
楊華	2008	應收帳款/主營業務收入	流動比率，營業利潤率	
江嶺	2008		公司規模，淨資產收益率，可操控會計利潤比值	
康豔利等	2009	權益乘數	淨資產收益率，現金再投資比率，淨資產增長率，總資產週轉率	流動比率
賀穎等	2009	淨資產收益率，速動比率，ST，應收帳款/收入，資產負債率，虧損	公司規模	存貨/收入
馬惠媚等	2009	資產負債率，ST	總資產週轉率，每股收益	淨資產收益率，總資產週轉率
呂敏蓉	2011	資產負債率	總資產週轉率	流動比率
韋德洪等	2011		公司規模，流動比率，總資產週轉率，經營活動現金流入流出比	資產負債率，淨資產收益率，營業收入增長率
周楊	2011	資產負債率，虧損，ST	流動比率，總資產週轉率	

　　從表2-1可以看出，學者們用於研究企業財務信息與審計意見關係的指標主要有公司規模、關鍵財務比率、虧損和是否被特別處理（ST）。

（一）公司規模與審計意見

　　規模越大的上市公司，一般來說其內部控制機制越健全，經營業績越穩定，發生會計舞弊的可能性相對較小一些，收到非標準審計意見的概率也較低。另外，大客戶能夠支付更高的審計費用。會計師事務所由於怕失去大客戶，因而有適度放鬆審計監督的可能性，這也使得大企業被出具非標準意見的可能性較小。劉斌和孫回回和李嘉明（2004）、邢俊（2007）、江嶺（2008）、賀穎和軒春雷（2009）、韋德洪和賈瑩丹和楊柳（2011）等的研究結果均證實，上市公司規模與非標準審計意見負相關，即公司規模

越大，越不容易收到非標準意見審計報告。也有學者認為，審計意見可能受事務所非訴訟成本[①]的影響。預期的非訴訟成本極有可能與客戶的規模正相關，即上市公司的規模越大，它承擔的非盈利職能對於地方政府可能越重要，對於地方政府政績的影響也更為明顯。因此，魯桂華、余為政、張晶（2007）認為，對規模相對較大的客戶出具不利審計意見招致地方政府干預的概率可能越高，預期的非訴訟成本也可能越高。魯桂華（2007）等對2004年滬深兩市上市公司進行研究，發現客戶相對規模顯著地影響審計師的審計意見決策。即便在考慮了非訴訟成本後，相對較小的客戶被出具非標準審計意見的概率仍較高。這說明會計師事務所對小客戶出具非標準審計意見的傾向性，可能與訴訟成本和非訴訟成本的權衡有關。

儘管大量的研究均證實公司規模與非標準審計意見有負相關關係，但是也有少量文獻的研究結果表明，隨著客戶規模的增大，被出具非標準審計意見的可能性也隨之增大。朱小平、余謙（2003）以1998—2000年間A股上市公司為研究對象，考察公司規模與審計意見之間的關係，得出了公司規模與非標準審計意見之間顯著正相關關係的結論。對此，蔡春等（2005）認為，在良好的管理狀況下，公司規模越大，內部控制越規範，註冊會計師審計過程中面臨的控制風險較小，審計風險能夠得到有效控制，出具非標準意見的可能性越小。反之，在企業管理能力較差的情況下，資產規模越大將會加劇公司管理難度，內部控制發揮作用的可能性就越小，審計風險加大了，出具非標準意見的可能性也加大了。

（二）盈利能力與審計意見

保險理論把審計看做是一種保險行為，認為審計是一個把報表使用者的信息風險降低到社會可接受的分析水平之下的過程，甚至是分擔風險的一項服務。如果審計人員因失職而未覺察出會計報表「不可靠」，那麼他們有責任賠償因失職而造成的損失，從而實現分擔風險的目的。在現實中亦如此，審計人員不僅要為審計失誤承擔相應責任，也要為企業的經營失敗承擔風險。因此，馬惠媚、袁春力（2009）認為，作為厭惡風險的「經濟人」，審計人員為了減輕責任和迴避風險，會對財務狀況惡化的公司設置較高的審計期望風險，出具審計意見也更謹慎保守，也就更傾向對財務狀況差的公司出具非標準的審計報告。公司盈利指標能反應公司的經營成果，影響到註冊會計師對審計風險的判斷。為了使審計風險最小化，註冊

[①] 這裡的非訴訟成本是指由地方政府干預導致審計師失去客戶而產生的成本。

會計師必然非常關註上市公司績效，因此，審計意見與公司績效之間具有一定的相關性。

淨資產收益率是上市公司年度報告披露的主要會計數據之一，是判斷上市公司盈利能力的一項重要指標，也是證券監管部門判斷上市公司是否具備配股資格的參考依據[1]。淨資產收益率為負數意味著上市公司虧損。在連續出現虧損的情況下，可能會招致特別處理[2]。因此，上市公司對利潤的操縱，通常都與該指標有關聯。鑒於其重要性，該指標往往會引起註冊會計師的註意和警惕。資產收益率低，表示公司盈利能力弱，審計師面臨的風險可能比較高。賀穎、軒春雷（2009）認為，當淨資產收益率為負時，公司業績出現虧損，其持續經營能力也會受到質疑，越有可能被出具非標準審計意見。相反，公司盈利能力越強，越能滿足投資者的獲利需求，審計師面臨的風險也就越小，所獲得的審計意見就可能越好。唐戀炯和王振易（2005）採用1997—2001年間中國上市公司的數據，研究淨資產收益率與審計意見類型之間的關係。結果發現，淨資產收益率與非標準審計意見顯著負相關，即淨資產收益率越高，公司收到非標準審計意見的可能性就越小。李補喜和王平心（2006）、江嶺（2008）、康豔利等（2009）的研究也得出了相同的結論。

與上述結論不同，吳粒、趙秀梅、郭濤（2005）以2002年年報為基礎，研究了上市公司財務指標、會計師事務所規模、上市公司所在地、是否擁有審計委員會與審計意見之間的關係。結果發現，淨資產收益率與非標準審計意見顯著正相關，即淨資產收益率越高，公司收到非標準審計意見的可能性就越大。賀穎、軒春雷（2009）對2001—2007年上市公司數據進行的研究也證實了吳粒等（2005）的結論。對此現象的一種可能解釋是，高淨資產收益率並非來自於企業的經營成果，而是企業為了迎合業績要求所做的粉飾。因此，淨資產收益率越高，企業操縱利潤的幅度就越大，就越有可能被出具非標準審計意見的報告。李樹華（1999）的統計分析部分說明了這一點。

在盈利能力方面，與其他學者關註淨資產收益率不同，楊華（2008）將每股收益和營業利潤率作為盈利能力指標。結果發現反應盈利能力的每

---

[1] 上市公司在配股時有財務指標的要求，1994年要求為「近三年ROE平均10%以上」，1996年調整為「近三年ROE均在10%以上」，1999年調整為「近三年ROE平均10%以上且任何一年不低於6%」，2001年改為「近三年ROE平均6%以上且ROE的計算原則為扣除非經營性損益前後孰低原則」。

[2] 年報連續2年虧損，在公司股票簡稱前冠以「ST」字樣，以區別於其他股票。

股收益和營業利潤率與註冊會計師出具非標準審計意見負相關，這說明上市公司的償債能力和盈利能力越強，收到非標準意見的可能性越小。馬惠媚，袁春力（2009）和呂敏蓉（2011）等也得出了類似的結論。他們的研究發現，總資產報酬率和每股收益均與非標準審計意見負相關。魯桂華（2007）則得出不同的結果。他的研究結論指出，公司總資產報酬率與非標準審計意見正相關。

（三）償債能力與審計意見

註冊會計師在進行審計時，出於應有的職業謹慎，應充分關註和重視上市公司可能存在的各種風險。當公司償債能力較強時，短期債務、長期債務的償還都較有保障，而當公司償債能力較弱時，管理當局會有一定的財務壓力，公司甚至會有潛在的財務危機。賀穎、軒春雷（2009）認為，這時，註冊會計師所面臨更大的審計風險。這樣，被註冊會計師出具非標準審計意見的可能也大大增加。

資產負債率反應了上市公司的償債能力，代表著上市公司的財務風險，經常被研究者用做判斷企業償債能力的主要財務指標。李補喜，王平心（2006）認為，資產負債率高，說明上市公司長期償債能力差，財務風險高，面臨破產的可能性大，註冊會計師審計失敗的風險較高，因而出具非標準無保留審計意見的可能性就大。唐戀炯和王振易（2005）、邢俊（2007）、賀穎和軒春雷（2009）、馬惠媚和袁春力（2009）、呂敏蓉（2011）和周楊（2011）等的研究均證實了這一點。

大多數學者的研究都認為，資產負債率與非標準意見之間存在正相關關係，即資產負債率越高，企業越有可能被出具非標準審計意見。但韋德洪等（2011）以2006—2009年滬深兩市A股上市公司作為樣本，研究償債能力、營運能力、盈利能力、現金流動效率和發展能力與審計意見之間的關係，發現代表償債能力的資產負債率與非標準審計意見關係並不顯著。而朱小平、余謙（2003）與吳粒等（2005）的研究則得出了相反的結論，即資產負債率與非標準審計意見顯著負相關。為了進一步探究資產負債率與非標準審計意見之間的關係，蔡春等（2005）按淨資產收益率的符號將全部樣本劃分為兩個正負兩個組進行研究。結果發現，淨資產收益率為負數的情況下，資產負債率越高，公司越可能收到非標準審計意見，這恰好印證了李補喜等（2006）的結論。而在淨資產收益率為正數的情況下，資產負債率越高，公司收到非標準審計意見的可能性越低。這一結果與朱小平、余謙（2003）的結論相吻合。這可能是因為在公司經營業績較

好時，償債風險較低，籌資機會較多，而較高的資產負債率對應的是較低的資本成本。因此，在淨資產收益率為正數時，資產負債率越高，註冊會計師出具非標準審計意見的可能性也就越低。反之，在淨資產收益率為負數時，資產負債率越高，發生財務危機的風險越大，長期償債能力越差，被審計單位就越有可能粉飾財務報表。蔡春等（2005）認為，這就加大了審計風險，導致註冊會計師出具非標準意見的審計報告可能性越大。

在償債能力方面，學者們除了關註資產負債率外，還使用了其他指標進行研究。Clive Lennox（2002）的研究發現債務槓桿高、具有破產傾向的公司容易被出具非標準意見，而資本回報率高和總現金流量金額高的公司易獲取標準意見審計報告。朱小平、余謙（2003）以1998—2000年間A股上市公司為研究對象，考察財務指標與標準審計意見之間的關係。研究結果顯示，速動比率與公司收到非標準意見的概率負相關。賀穎、軒春雷（2009）的研究則得出相反的結論，即上市公司的速動比率與非標準審計意見正相關。楊華（2008）、韋德洪等（2011）、周楊（2011）研究了流動比率與審計意見的關係。研究發現，上市公司的流動比率對公司獲得的審計意見類型具有很大影響，即流動比率越高，公司被註冊會計師出具非標準審計意見的可能性越大。康豔利、呂瑩瑩、向榮（2009）以權益乘數作為負債指標進行研究，發現負債比率對審計意見有顯著的負面影響。

（四）經營效率與審計意見

總資產週轉率用於對公司資產管理能力的定量化的衡量，反應了企業資產的經營管理效率。總資產週轉率越高，企業的運行效率越好，企業獲得非標準意見的可能性就越小。唐戀炯和王振易（2005）、邢俊（2007）、康豔利和呂瑩瑩和向榮（2009）、韋德洪等（2011）、周楊（2011）等的研究均表明，總資產週轉率與非標準審計意見顯著負相關。而馬惠媚、袁春力（2009）的研究則顯示，總資產週轉率與非標準審計意見呈正相關關係。蔡春等（2005）檢驗發現，公司總資產週轉率與公司審計意見類型負相關，對淨資產收益率為負的樣本組存在顯著影響，而對正樣本組的影響不顯著。

除總資產週轉率外，部分學者還用其他指標檢驗了企業發展和營運能力與審計意見的關係。朱小平、余謙（2003）分別檢驗了存貨/總資產、應收帳款/總資產與非標準審計意見的關係。研究發現，存貨/總資產與非標準審計意見正相關，而應收帳款/總資產則為負相關。李補喜、王平心（2006）也對上述兩個指標與審計意見的關係進行了研究，得出了存貨/總

資產、應收帳款/總資產與審計意見關係不顯著的結論。吳粒、趙秀梅、郭濤（2005）選用應收帳款/主營業務收入、存貨/主營業務收入指標來研究企業發展與審計意見的關係，發現前者與非標準意見負相關，而後者關係不顯著。賀穎、軒春雷（2009）通過應收帳款/收入來研究企業營運能力對審計意見的影響，發現應收帳款/收入與非標準意見顯著正相關。

在其他財務指標方面，有少量文獻關註現金流量能力與審計意見的影響。Clive Lennox（2002）、唐戀炯和王振易（2005）、韋德洪等（2011）研究現金比率對非標準審計意見的影響。他們經過實證檢驗發現，現金比率越高，被出具非標準審計意見的可能性越小。與他們結論相反的是，朱小平、余謙（2003）研究發現，現金比率與非標準審計意見正相關，即現金比率越高，越有可能被出具非標準審計意見。

（五）財務狀況惡化與審計意見

當企業對外報告虧損時，會向投資者傳遞企業經營狀況不佳或財務狀況惡化的信息。為了避免這一不利的情況的出現，微利企業有動機進行利潤操縱，調增公司盈利，從而增大了報表錯報的可能性。註冊會計師會依據審計風險的評估結果，出具不同的審計意見。夏立軍，楊海斌（2002）對微利區間公司和配股區間公司進行研究，發現位於微利區間公司的盈餘管理更容易招致非標準無保留意見，而配股區間公司的盈餘管理不易招致審計師的拮難。

根據1998年實施的股票上市規則，將對財務狀況或其他狀況出現異常的上市公司的股票交易進行特別處理（簡稱ST公司）[①]。這裡的財務狀況或其他狀況出現異常主要是指兩種情況：一是上市公司經審計連續兩個會計年度的淨利潤均為負值，二是上市公司最近一個會計年度經審計的每股淨資產低於股票面值。另外，根據《中華人民共和國公司法》（以下簡稱《公司法》）和《中華人民共和國證券法》（以下簡稱《證券法》）的規定，上市公司出現連續三年虧損等情況，其股票將暫停上市而進行特別轉讓（簡稱PT公司）[②]。當上市公司出現財務狀況和其他狀況異常而被ST，PT時，其財務風險便會增大，可能會有潛在的財務危機，持續經營能力也會受到質疑，投資者對公司前景將難以判斷。為了減輕自身的審計風險，註

[①] 由於「特別處理」的英文是Special Treatment，因此特別處理公司一般用縮寫「ST」表示。

[②] 由於「特別轉讓」的英語是Particular Transfer，因此特別轉讓公司一般用縮寫「PT」表示。

冊會計師更傾向於對這兩類公司出具非標準審計意見。李樹華（1999）、蔡春等（2005）、賀穎和軒春雷（2009）、馬惠媚和袁春力（2009）、周楊（2011）等的研究結論均證實，與其他公司相比，被 ST 的公司更有可能被註冊會計師出具非標準審計意見。

(六) 影響審計意見的其他內部因素

1. 關聯交易

高雷、張杰、宋順林（2007）利用上市公司 2003 年、2004 年的數據，對關聯交易和審計意見進行了實證研究。研究發現，審計意見能反應出關聯擔保情況，但不能反應出上市公司大股東對上市公司的資金占用情況。呂偉，林昭呈（2007）認為，在關聯方交易監管較弱的年份，與控股股東之間進行的關聯方購銷交易較多地被用於盈余管理和掏空上市公司，其金額越大，越有可能損害上市公司會計報表的公允性和合法性，註冊會計師出具非標準審計意見的可能性也就越大。如果外部的投資者保護意識較強，對關聯交易監管較嚴格，那麼上市公司與控股股東之間進行的關聯購銷交易將較少，此時的關聯交易可能成為利益輸送和盈余管理的工具，因此，被出具非標準審計意見的可能性將和關聯方交易金額無關。

2. 會計政策變更

國外相關文獻如 Paul Frishkoff（1970），James R Boatsman & Jack C Robertson（1974），CW Thomas & JL Krogstad（1979）等的研究都表明，自願性會計政策變更對當年淨利潤的影響程度會對註冊會計師發表的非標準審計意見產生正影響。在國內，劉斌、孫回回、李嘉明（2004）研究了會計政策變更對利潤影響百分比與非標準審計意見之間的關係。研究發現，會計政策的利潤影響程度與被出具非標準審計意見正相關。

三、研究假設與迴歸模型

(一) 研究假設

為了本地區利益和任期內的政績，地方政府將有很強的動機幫助上市公司保全上市資格，因此當審計師可能對上市公司出具不利審計意見時，地方政府有可能干預。假定將由地方政府干預導致審計師失去客戶而帶來的成本定義為非訴訟成本。當其他情況相同時，預期的非訴訟成本，將誘使審計師說「假話」。即使在執行審計的過程中發現重大錯報，審計師可能會保持沉默。顯然，上市公司的規模越大，它承擔的非盈利職能對於地方政府可能越重要，對於地方政府政績的影響也更為明顯。因此，對規模

相對較大的客戶出具不利審計意見，可能招致地方政府干預的概率就越高，預期的非訴訟成本也可能越高。在這種情況下，給定會計準則的偏離事項，審計師對大客戶出具非標準審計意見而增加的預期非訴訟成本相對較高，因此理性的審計師傾向於出具標準無保留意見。與此相比，審計師對小客戶出具非標準審計意見而增加的預期非訴訟成本相對較小，因此理性的審計師傾向於出具非標準審計意見。此外，大客戶的審計收費收入相對更高，對審計師的重要性與小客戶存在差異，即失去大客戶將給審計師帶來較高的收益損失。基於上述分析，本書提出假設1。

假設1：公司資產規模與非標準審計意見負相關。

企業盈利能力代表企業的資金或資本增值能力，是投資者最關註的財務指標之一，也是證券監管部門判斷上市公司是否具備增資、配股資格的參考依據。如果審計人員在審計過程中未能覺察出盈利指標中存在的不可靠信息，那麼他們可能要承擔賠償責任。因此，他們在對盈利能力較差的企業出具審計意見時更趨於謹慎保守，也就更傾向對財務業績差的公司出具非標準的審計報告。由此提出假設2。

假設2：公司盈利能力與非標準審計意見負相關。

當公司償債能力較弱時，管理當局會有一定的財務壓力，公司甚至會有潛在的財務危機。此時，作為財務信息鑒證者的審計師也將面臨更大的審計風險。因此，對於償債能力欠佳的公司，被註冊會計師出具非標準審計意見的可能也就越大。由此，提出假設3。

假設3：公司償債能力與非標準審計意見正相關。

企業經營的好壞，很大程度上是由它的經營效率決定的。營運能力指標不僅反應企業運用資產的有效程度，也反應了企業管理水平的高低。企業的經營效率越好，說明企業的管理水平就越高，因而獲得非標準意見的可能性就越小。由此，提出假設4。

假設4：公司營運能力與非標準審計意見負相關。

當企業業績不佳或財務狀況惡化時，有動機通過利潤操縱來調增公司盈利，從而增大了報表錯報的可能性。此時，企業的財務風險便會增大。同時，企業可能會有潛在的財務危機，其持續經營能力也會受到質疑。為了減輕自身的審計風險，審計師更傾向於對業績不佳或財務狀況惡化的企業出具非標準審計意見。由此，提出假設5和假設6。

假設5：與其他公司相比，微利公司更有可能獲得非標準審計意見。

假設6：與其他公司相比，ST公司更有可能獲得非標準審計意見。

關聯方交易可能是被企業用於進行盈余管理和掏空上市公司的工具，其交易金額越大，對財務報表的合法性、公允性損害越大，因此審計師出具非標準審計意見的可能性就越大。由此，提出假設7。

假設7：上市公司關聯交易與非標準審計意見正相關。

(二) 迴歸模型

為了檢驗上述假設，建立的迴歸模型如下：

$$AUDOP=\alpha_0+\alpha_1 LNSIZE+\alpha_2 ROA+\alpha_3 ALR+\alpha_4 TAT+\varepsilon \quad (1)$$

$$AUDOP=\alpha_0+\alpha_1 WELI+\alpha_2 LNSIZE+\alpha_3 ROA+\alpha_4 ALR+\alpha_5 TAT+\varepsilon \quad (2)$$

$$AUDOP=\alpha_0+\alpha_1 ST+\alpha_2 LNSIZE+\alpha_3 ROA+\alpha_4 ALR+\alpha_5 TAT+\varepsilon \quad (3)$$

$$AUDOP=\alpha_0+\alpha_1 PASM+\alpha_2 LNSIZE+\alpha_3 ROA+\alpha_4 ALR+\alpha_5 TAT+\varepsilon \quad (4)$$

模型中各變量定義如表2-2所示：

表2-2　　　　　　　　　　變量定義表

變量名	變量定義
AUDOP	審計意見，當審計意見為非標準審計意見時取1，否則為0
LNSIZE	公司規模，以資產總額的對數計量
ROA	資產收益率
ALR	資產負債率
TAT	總資產週轉率
WELI	微利公司，當 0<ROE<0.01 時取1，否則為0
ST	ST公司，當公司被特別處理時取1，否則為0
AH	H股上市公司，當上市為H股時取1，否則為0
PASM	關聯交易，以關聯交易涉及金額占總收入比例計量

(三) 數據來源

為了對研究假設進行檢驗，本書選用2000—2012年深滬上市公司的數據。在剔除數據缺失和金融行業公司後，得到14,857個樣本。為消除極端值的影響，本書對迴歸中使用到的連續變量按1%進行了Winsorize縮尾處理。樣本數據來自於CSMAR數據庫，使用Stata 12.0對數據進行處理。

四、數據分析與結果

（一）描述性統計

表 2-3 列示了樣本的年度行業分佈情況。從表 2-3 可以看出，除個別年份數據不全使得樣本公司數量持平或略有下降外，2000—2012 年間樣本數基本呈上升趨勢。這一趨勢與上市公司數量隨時間推移而不斷增加相一致。

表 2-3　　　　　　　　　　樣本分佈表

年度 行業①	2000	2001	2002	2003	2004	2005	2006	2007	2008	2009	2010	2011	2012	合計
A	19	21	22	24	25	24	24	24	25	24	25	25	26	308
B	24	28	30	35	39	39	37	42	45	45	46	47	49	506
C	485	529	567	602	634	618	612	613	616	612	620	642	658	7,808
D	47	50	54	56	63	62	63	63	64	66	66	67	67	788
E	13	15	17	21	23	23	23	23	24	26	26	29	30	293
F	33	37	42	47	49	47	52	55	55	55	60	61	61	654
G	48	50	54	59	58	56	54	53	54	52	55	55	56	704
H	82	86	89	89	89	87	87	89	90	90	93	94	96	1,161
J	98	102	104	105	105	100	100	100	103	106	109	110	110	1,353
K	34	33	34	33	34	35	36	34	33	34	34	37	40	451
L	15	17	19	18	17	16	16	14	14	15	16	20	23	220
M	51	50	51	49	47	45	45	46	45	43	45	47	47	611
合計	950	1,018	1,083	1,138	1,183	1,152	1,149	1,156	1,168	1,168	1,195	1,234	1,263	14,857

表 2-4 報告了變量的描述性統計。從表 2-4 可以看出，審計師出具的標準審計意見的比例很大，非標準審計意見的平均比例為 7.31%。資產收益率均值為 3.09%，資產負債率均值為 49.87%，總資產週轉率均值為 0.69。

表 2-4　　　　　　　　　　變量描述性統計

變量	N	均值	標準差	最小值	最大值
AUDOP	14,857	0.073,097	0.260,304	0	1
LNSIZE	14,857	21.542,73	1.234,064	12.314,2	28.405,2

---

① 本書中的分類代碼採用的是證監會上市公司行業分類指引（2001）的分類標準。

表2-4(續)

變量	N	均值	標準差	最小值	最大值
ROA	14,857	0.030,916	0.076,766	-1.680,61	0.628,563
ALR	14,857	0.498,745	0.189,841	0.078,108	0.937,174
TAT	14,857	0.685,293	0.513,248	0.040,827	2.752,81

表 2-5 列示了變量的相關係數。公司規模、資產收益率和總資產週轉率與非標準審計意見顯著負相關，資產負債率與非標準審計意見顯著正相關，與假設 1-4 相一致。

表 2-5　　　　　　　　　　相關係數表

	AUDOP	LNSIZE	ROA	ALR	TAT
AUDOP	1				
LNSIZE	-0.183***	1			
ROA	-0.371***	0.196***	1		
ALR	0.167***	0.251***	-0.342***	1	
TAT	-0.129***	0.160***	0.207***	0.099***	1

註：*，**，***分別表示在 10%、5%和 1%水平上顯著。

(二) 檢驗結果與分析

從 1996 年 1 月《獨立審計具體準則第 7 號——審計報告》開始施行后，中國註冊會計師審計準則經過了兩次比較大的修訂①。為了便於觀察這兩次修訂是否對審計意見的出具產生影響，在研究過程中，以 2004 和 2007 為時間節點，分三段進行迴歸。從表 2-6 可以看出，2000—2012 年，LNSIZE，ROA 和 TAT 的迴歸係數為負，ALR 的迴歸係數為正，並在 1%水平上顯著。其他三個期間的迴歸結果也與 2000—2012 年的迴歸結果一致。假設 1、假設 2、假設 3 和假設 4 得到了支持。

表 2-6　　　　　　　　　分時段迴歸結果

	2000—2012	2000—2003	2004—2006	2007—2012
	AUDOP	AUDOP	AUDOP	AUDOP
LNSIZE	-0.617***	-0.268***	-0.225***	-0.893***
	(-16.39)	(-3.81)	(-2.64)	(-14.98)

---

① 2003 年 4 月第一次進行修訂。2006 年進行了第二次修訂，並於 2007 年 1 月 1 日開始施行。

表2-6(續)

	2000—2012	2000—2003	2004—2006	2007—2012
	AUDOP	AUDOP	AUDOP	AUDOP
ROA	-9.710***	-10.23***	-13.14***	-7.438***
	(-19.70)	(-11.61)	(-12.99)	(-9.66)
ALR	2.695***	2.915***	2.539***	3.054***
	(13.13)	(8.46)	(5.66)	(9.20)
TAT	-0.694***	-1.016***	-0.729***	-0.325*
	(-7.07)	(-5.34)	(-3.57)	(-2.36)
_cons	9.517***	2.655	1.230	14.63***
	(12.48)	(1.84)	(0.70)	(12.15)
N	14,857	4,189	3,484	7,184
LR chi2 (4)	1,926.17	630.13	603.68	690.09
Prob > chi2	0.000,0	0.000,0	0.000,0	0.000,0
Pseudo R2	0.247,8	0.218,2	0.299,4	0.254,8
Log likelihood	-2,923.163,3	-1,128.547,4	-706.261,65	-1,008.955,6

註:*、**、*** 分別表示在10%、5%和1%水平上顯著。

表2-7報告了分上市公司所屬板塊的迴歸結果。從表2-7可以看出,中小板上市公司的LNSIZE, ROA和TAT的迴歸係數顯著為負, ALR的迴歸係數顯著為正, 這支持了假設1、假設2、假設3和假設4。創業板上市公司的ALR的迴歸係數顯著為正, 支持了假設3。同時, TAT的係數顯著為負, 支持了假設4。LNSIZE, ROA的係數不顯著, 即假設1和假設2沒有得到支持。

表2-7　　　　　　　　分板塊迴歸結果

	創業板	中小板	主板
	AUDOP	AUDOP	AUDOP
LNSIZE	-0.606	-0.818***	-0.617***
	(-0.69)	(-3.12)	(-16.39)
ROA	12.52	-14.19***	-9.710***
	(1.32)	(-6.04)	(-19.70)
ALR	8.286**	4.180***	2.695***
	(2.41)	(3.61)	(13.13)

表2-7(續)

	創業板	中小板	主板
	AUDOP	AUDOP	AUDOP
TAT	-15.49***	-1.288**	-0.694***
	(-2.79)	(-2.07)	(-7.07)
_cons	10.38	12.23**	9.517***
	(0.56)	(2.31)	(12.48)
N	893	2,945	14,857
LR chi2 (4)	14.64	117.56	1,926.17
Prob > chi2	0.005,5	0.000,0	0.000,0
Pseudo R2	0.236,9	0.302,5	0.247,8
Log likelihood	-23.589,896	-135.557,41	-2,923.163,3

註：*，**，*** 分別表示在10%、5%和1%水平上顯著。

表2-8 報告了H股上市公司的迴歸結果。H股上市公司的 LNSIZE 和 ROA 的迴歸係數顯著為負，這支持了假設1和假設2。ALR 的係數顯著為正，這支持了假設3。TAT 的係數為正且在5%的水平上顯著，即假設4沒有得到支持。從A與A+H比較的迴歸結果來看，AH 的係數為正，且在1%水平上顯著。這說明相比於純A股上市公司，在雙重審計報告和雙重審計制度下，H股上市公司審計師的謹慎性更高，出具非標準審計意見的概率更高。

表2-8　　　　　　　　　　H股公司迴歸結果

	H股公司	A與A+H比較
	AUDOP	AUDOP
AH		1.011***
		(4.60)
LNSIZE	-0.956***	-0.649***
	(-5.07)	(-17.02)
ROA	-11.13***	-9.618***
	(-3.73)	(-19.53)
ALR	4.929***	2.716***
	(4.23)	(13.26)
TAT	0.906**	-0.698***
	(2.09)	(-7.08)

表2-8(續)

	H股公司	A與A+H比較
	AUDOP	AUDOP
_cons	15.47***	10.16***
	(3.82)	(13.16)
N	559	14,857
LR chi2 (4)	102.50	1,943.90
Prob > chi2	0.000,0	0.000,0
Pseudo R2	0.427,9	0.250,1
Log likelihood	−68.530,148	−2,914.297,9

註：*，**，*** 分別表示在10%、5%和1%水平上顯著。

表2-9報告了模型2、模型3和模型4的迴歸結果。從微利公司與其他非微利公司的比較結果看，WELI的系數為正，且在1%的水平上顯著，支持了假設5。從微利公司與其他盈利公司的比較結果看，WELI的系數顯著為正。這說明與其他盈利公司相比，微利公司被出具非標準審計意見的可能性更大，即假設5得到了支持。從模型3的迴歸結果看，ST的系數為正，且在1%水平上顯著。這說明ST公司更有可能被出具非標準審計意見，即假設6得到了支持。從模型4迴歸結果來看，PASM的系數為負，且在5%水平上顯著，表明關聯交易與非標準意見負相關，假設7沒有得到支持。

表2-9　　　　　　　　微利公司與ST公司迴歸結果

	模型2 微利對照其他公司	模型2 微利對照其他盈利公司	模型3	模型4
	AUDOP	AUDOP	AUDOP	AUDOP
WELI	0.580***	0.733***		
	(4.84)	(5.28)		
ST			1.078***	
			(9.44)	
PASM				−0.005,75**
				(−2.41)
LNSIZE	−0.639***	−0.757***	−0.556***	−0.632***
	(−16.30)	(−15.34)	(−13.97)	(−16.17)

表2-9(續)

	模型 2 微利對照其他公司	模型 2 微利對照其他盈利公司	模型 3	模型 4
	AUDOP	AUDOP	AUDOP	AUDOP
ROA	−9.652***	−10.33***	−9.809***	−9.653***
	(−19.34)	(−5.30)	(−19.53)	(−19.40)
ALR	2.730***	2.675***	2.199***	2.602***
	(13.11)	(9.62)	(10.46)	(12.59)
TAT	−0.732***	−0.663***	−0.703***	−0.764***
	(−7.21)	(−5.32)	(−6.92)	(−7.50)
_cons	9.906***	12.22***	8.378***	9.920***
	(12.50)	(12.19)	(10.40)	(12.54)
N	14,857	12,764	14,857	14,857
LR chi2 (4)	1,910.43	539.48	1,971.17	1,895.84
Prob > chi2	0.000,0	0.000,0	0.000,0	0.000,0
Pseudo R2	0.250,9	0.123,4	0.258,9	0.249,0
Log likelihood	−2,851.678,6	−1,916.428,1	−2,821.309,7	−2,858.975,9

註：*，**，*** 分別表示在10%、5%和1%水平上顯著。

五、研究結論

通過對2000—2012年的數據分析，我們可以發現：①公司規模對審計師出具的審計意見會產生影響。規模越大的公司，審計師在對其出具非標準審計意見的可能性越小。②公司業績對審計意見會產生影響。與其他公司相比，盈利能力強或資產營運效果佳的公司被出具非標準意見的可能性更小。③公司的償債能力對審計意見有顯著影響。公司償債能力越強，被出具非標準審計意見的可能性就越小。④微利企業和受到特別處理的公司被出具非標準審計意見的可能性更大。⑤進行關聯交易等機會主義行為的公司被出具非標準審計意見的可能性更大。這一結果表明，衡量上市公司管理質量的財務指標對審計意見類型有著顯著影響。

第二節　盈余管理與審計意見

一、盈余管理概述
（一）盈余管理的含義

會計界關於盈余管理的概念一直以來沒有統一的定論。Schipper（1989）給出了較早的定義，即盈余管理是管理層為了給企業或自己謀取私利而實施的一種詐欺行為。Watts & Zimmerman（1990）將盈余管理定義為管理層有限度或無約束地使用個人的一些判斷和觀點，對會計數據進行策略性的調整。Levitt（2003）認為，盈余管理就是使有關盈余報告反應管理層期望的盈余水平而非企業真實業績表現的做法。而 William R Scott（2014）則認為，盈余管理是指在一般公認會計原則允許的範圍內，對會計政策的選擇使經營者自身利益或企業市場價值達到最大化的行為。國內學者對盈余管理的定義可以歸納為三種觀點：「信息觀」下的盈余管理、「制度觀」下的盈余管理和「經濟后果觀」下的盈余管理。魏明海（2000）認為管理者通過盈余管理增加或者減少財務報告收益數據，從而誤導會計信息使用者對企業經營業績的理解，使得利益相關者做出錯誤的判斷以獲取私人利益。寧亞平（2004）認為，盈余管理應有別於盈余操縱和盈余作假。盈余管理是在不損害公司利益的前提下，企業管理層採用合法的手段（包括會計政策的選擇和規劃交易）使企業的帳面盈余達到自己所需的水平。這種手段雖然不會改變上市公司的現金流量和經濟收益，但是會通過盈余管理數據的調整對利益進行調整。吳文鵬（2010）認為盈余管理是一種中性行為，對盈余管理應從信息觀的角度去理解。企業為了將小額虧損轉化為小額盈利就必須進行盈余管理。盈余管理與利潤操縱的目的和方法都不一樣。盈余管理是在會計準則與法律允許的範圍內進行利潤的提前確認和平滑操作。有些數據確實被扭曲，但是管理者最后還是通過財務報告的形式將真實信息反應給了投資者。孫錚、王躍堂（1999）認為企業進行盈余管理並不是一種非法行為。企業的管理層利用會計準備的漏洞和政府監管政策的不嚴謹進行盈余管理活動。如果政府提高了企業的會計準則質量，那麼企業的管理當局進行盈余管理的機會也就減少了。

按照其對報表信息的影響，盈余管理可以劃分為機會主義和決策有用

性盈余管理兩種類型。機會主義盈余管理包括管理人員為了獲取私利、改變契約結果、從資本市場上獲取額外收益、滿足監管者的要求等進行的盈余管理。決策有用性盈余管理則是一種旨在傳達企業價值相關性信息的盈余管理。為了讓投資者更好地瞭解公司的未來價值，管理人員有動機通過盈余管理傳遞與企業未來價值相關的信息。Schipper（1989），Holthausen（1990），Subramanyam K R（1996）均認為，存在一種有益的盈余管理，即這種盈余管理將增加會計盈余的信息含量。Beanea & Ronen（1975）更明確地指出利潤平滑就是一種信息傳遞機制。不少經驗證據證明了這一論斷，即存在一種盈余管理更好地傳遞了價值相關信息，有助於改進投資者的決策。

盈余管理按照其對利潤影響的方向可以分為向上盈余管理和向下盈余管理。向上盈余管理以調高利潤為目的，向下盈余管理以調低利潤為目的。

（二）盈余管理的動機

學者們認為，企業進行盈余管理有三個方面的動機：契約動機、監管動機和資本市場動機。Healy（1985）發現，在進行盈余管理前，管理人員擁有關於公司淨利潤的內部信息。他認為由於外部的利益集團，包括董事會本身可能都無法準確瞭解公司利潤，因此管理人員就會乘機操縱利潤，以使他們在公司薪酬合同中規定的獎金最大化。Schipper（1989）認為管理層為了自己的私欲，有目的地對財務報告進行處理，其動機是獲取某些私人利益。

很多公司都會受到公眾的關註。這些公司希望通過盈余管理來降低所受到的關註程度。Jones（1991）發現在美國國際貿易委員會調查期間，被調查企業為調減收益而調整應計項目的金額，明顯比未進行調查的年份要大得多。Watts & Zimmerman（1990）研究發現，處於不利政治環境的上市公司比處於有利政治環境的上市公司更具有盈余管理的動機。Healy & Wahlen（1999）的研究也表明，管理者進行盈余管理的動機是影響股票市場對公司的理解和避免政府監管部門的干預。

在資本市場動機上，國內外研究主要集中在三個方面：第一，股票發行動機。公司為了達到上市的標準，進行盈余管理來使得企業利潤增加。Chaney & Lewis（1995）對上市公司首次公開發行股票（IPO）前後的利潤率和股票回報率進行了研究，發現大多數企業在 IPO 前都會進行盈余管理。Aharony, Lee & Wong（2000）等人以 B 股和 H 股 83 家上市公司為研

究樣本對其首發股票前后企業業績進行了研究，發現樣本公司的 ROE 在 IPO 前兩年開始上升，在 IPO 當年達到最高峰，在上市后出現下降趨勢。林舒、魏明海（2000）對 1992—1995 年 108 家 A 股上市公司 IPO 前后業績波動進行了研究，發現發行人的資產收益率在 IPO 前兩年處於高水平，而在發行股票當年開始下降。孫錚、王躍堂（1999）在研究時發現，為了取得上市的資格、首次發行股票取得較高的價格，部分企業會在 IPO 前和當年進行向上的盈余管理。而在配股方面，上市公司通過操縱淨資產收益率（ROE）來達到國家規定的最低標準[①]。陳小悅、肖星、過曉豔（2000）通過對 1993—1997 年的上市公司實證研究發現，這些企業的淨資產收益率存在「10%現象」。第二，企業併購動機。國內外很多學者研究了企業並購與盈余管理的關係，但研究結論不盡一致：DeAngelo（1986）與何問陶、倪全宏（2005）並沒有找到企業併購過程中存在盈余管理的證據，但 Perry & Williams（1994）；Louis（2004）；黃新建、段克潤（2007）；程敏（2009）找到了這方面的證據。第三，避免虧損動機。陸建橋（1999）以上海證券交易所 A 股 1995—1997 年出現虧損的 22 家上市公司作為研究樣本，對這 22 家企業出現虧損前后及虧損年的盈余管理進行了實證研究。結果發現，在上市公司首次出現虧損時，企業明顯存在著調減收益的盈余管理。在首次出現虧損的前一年和轉虧為盈的年度，又存在著顯著的非正常調增盈余的應計會計處理。趙春光（2006）、楊秀豔（2007）以及張昕（2008）等也證實了上述觀點。

（三）盈余管理的計量

常見的盈余管理的計量主要有應計利潤總額法和應計利潤分離法。應計利潤總額法的基本假設是企業的應計利潤遵循隨機漫步的特點，故預期非操控性應計利潤的變動為零。應計利潤總額法假設公司的經營現金流量沒有被管理，而所有的應計項目都是操作過的，操控性應計利潤就是應計利潤總額。這種假設存在一定缺陷，並且應計利潤總額法的計量模型沒有考慮經濟環境的變化的影響，因此，該方法在實證研究中受到嚴格限制。

企業的淨利潤通常可以分解為經營活動現金流量和應計利潤兩部分。經營活動現金流量不易被操控，而應計利潤則較易被人為操控。依據

[①] 1999 年以前，證監會要求配股公司的淨資產收益率 ROE 不得低於 10%；1999 年配股政策第一次修改后，1999—2000 年規定最近三個完整會計年度的淨資產平均在 10% 以上，且任一年淨資產收益率不得低於 6%；2001 年配股政策第二次修訂后，2001—2005 年要求公司三個會計年度加權平均淨資產收益率平均不低於 6%；2006 年后，證監會規定公司最近三個會計年度連續盈利就有配股的資格。

Kaplan 的理論，應計利潤隨企業經營狀況變化而改變，因此可從總應計利潤中分離出由外生經濟狀況決定的非操控性應計利潤，剩下的部分就是操控性應計利潤。由此，學者們構造出了應計利潤分離法，其代表模型是基本 Jones 模型。Jones（1991）研究認為，非操控性應計利潤沒有隨機遊走和均值回復的特性，而是隨著主營業務收入和公司固定資產的變化而變化。Jones 模型以主營業務收入變動和固定資產原值來反應非操控性應計利潤。這兩個部分不能反應的則是被企業管理當局操控的應計利潤。該模型成功地控制了公司經濟環境的變化對非操控性應計利潤的影響。此後，學者們又對基本 Jones 模型和修正 Jones 模型不斷進行改進，並在這兩個模型基礎之上增減各種變量。

二、盈余管理與審計意見

陳小林（2010）認為，隨著註冊會計師行業的發展、獨立審計準則的頒布和完善，以及針對註冊會計師訴訟活動的增加，審計師的執業過程越來越謹慎，尤其是 2003 年最高人民法院《關於審理證券市場因虛假陳述引發的民事賠償案件的若干規定》的頒布和 2006 年中國審計準則推行風險導向審計模式後，審計師的風險意識日益增加，從而對上市公司的盈余管理也會越加關註。由於公司管理當局與股東、債權人、員工等利益相關者之間利益的不一致，因此上市公司可能會有目的地選擇會計程序和方法，進行盈余管理。如果上市公司進行了較大程度的盈余管理行為，那麼無疑增加了企業的內在風險。從理論上來看，盈余管理程度越高，將來被市場發現的可能性就越大，註冊會計師所面臨的風險也就越大。在審計執業質量得到保證的情況下，審計師可以發現企業較大程度的盈余管理行為，並能識別其動機和影響程度。賀穎（2010）和陳小林（2011）認為，對審計師而言，盈余管理就是偏離了應報告盈余的部分。會計盈余偏離程度越大，潛在錯報風險越高。為了降低這種由會計盈余而產生的錯報風險及潛在處罰威脅，審計師將發表非標準意見以降低審計風險。

目前，中國學者在審計意見與盈余管理關係方面的研究主要採用如下方法：一種是將審計意見區分為標準無保留意見和非標準無保留意見[①]，並將其作為因變量建立 logistic 迴歸模型，考察盈余管理的替代變量是否會

---

① 非標準無保留意見也稱為非標準審計意見，包括帶強調事項段或其他事項段的無保留意見、保留意見、否定意見和無法表示意見。

顯著影響審計師出具非標準審計意見的概率。另一種則是利用審計意見類型和盈余管理方向對樣本進行分組對比，以發現不同方向盈余管理對審計意見類型造成的差異。

國內外很多學者研究了盈余管理對審計意見的影響，但研究結論不盡一致。

(一) 審計師能夠識別盈余管理

章永奎、劉峰（2002）以1998年被出具非標準意見的上市公司為研究對象，對盈余管理與審計意見的相關性進行實證研究。結果發現，盈余管理程度越大，越有可能被出具非標準意見。何紅渠、張志紅（2003）通過配對方式，選取了滬市製造行業2000—2001年間158家上市公司作為分析樣本，對審計意見揭示盈余管理水平的能力進行了實證研究。研究發現，兩年期間非標準無保留審計意見的盈余管理絕對水平都高於標準審計意見下的盈余管理絕對水平，而且審計意見類型與盈余管理絕對水平有顯著的相關性。李維安等（2004）將研究樣本擴大到整個A股上市公司，通過對1998—2001年3,009家A股上市公司的實證研究，發現盈余管理水平越高的公司，收到非標準意見的可能性越大。吳粒等（2005）、邢俊（2007）、楊秀豔和鄭少鋒（2007）、王慶輝（2011）、白憲生和田新翠（2012）、金玉娜（2012）和劉磊（2013）等均發現，上市公司的盈余管理行為會對註冊會計師出具的審計意見類型產生影響，即上市公司盈余管理程度越高，越有可能被出具非標準無保留審計意見。

企業的盈余管理行為都有其動機。而這些動機與其所獲得的審計意見是否有關係呢？劉斌（2004）的研究表明，有無盈余管理動機是會計師事務所出具非標準審計意見的主要考慮因素。費愛華（2006）的研究結果顯示，公司具有基於保配動機的盈余管理時，獲得標準無保留意見的可能性顯著高於非標準無保留意見。朱德勝、魏鳳（2009）發現，審計師對存在避虧動機的公司更可能出具非標準審計意見。與之相反，公司具有基於保牌動機的盈余管理時，獲得非標準無保留意見的可能性顯著高於標準無保留意見。陳小林、林昕（2011）對盈余管理動機與審計意見的關係進行更為深入的研究。他們把盈余管理按屬性劃分為決策有用性盈余管理和機會主義盈余管理，採用1999—2008年A股上市公司作為研究樣本，研究審計師能否對不同屬性的盈余管理做出差別反應。結果發現，在同樣進行了盈余管理的樣本中，審計師能夠區分不同屬性的盈余管理，對高風險的機會主義盈余管理應計額出具非標準意見的概率大於低風險的決策有用性盈

余管理的應計額。張敦力等（2012）在陳小林等人研究的基礎上，進一步考慮行業專長對盈余管理屬性、審計意見的影響。結果發現，具有行業專長的審計師，對進行機會主義盈余管理的公司發表非標準審計意見的概率大於進行決策有用性盈余管理的公司。

還有一部分學者將研究的焦點聚集在盈余管理的方向與審計意見的關係上。徐浩萍（2004）採用分組方式對 1997 年及以前在上海證券交易所公開發行股票的公司 1998—2001 年年報數據進行了檢驗，發現在不考慮可操控應計利潤的方向時，標準無保留意見和非標準意見的可操控應計利潤的差異較大。在考慮可操控應計利潤的方向后發現，對於向下的盈余管理，不同審計意見下的操控應計利潤存在顯著差異，而對於向上的盈余管理，被出具不同審計意見的操控應計利潤沒有顯著差異。張長海、吳順祥（2010）也得到了類似的研究結論。他們發現，盈余管理程度越高，註冊會計師出具標準審計意見的可能性越小，並且註冊會計師對向下盈余管理比對向上盈余管理更敏感。這可能是由於註冊會計師將向下盈余管理視為一種潛在危險的信號，從而採取了更為嚴格的重要性判斷標準。與他們的結論相反，邢俊（2007）發現，註冊會計師對調增收益的盈余管理給予了較多關註，出具的非標準審計意見比調減收益下盈余管理的非標準意見更多。為了解釋這一矛盾的現象，劉繼紅（2009）考察了不同所有權性質和不同盈余管理方向對審計意見的影響。研究發現，在向上盈余管理的樣本中，所有權性質導致了審計意見在投資者識別盈余管理中作用的差異。國有企業向上盈余管理越多，被出具非標準審計意見的概率越大，而在非國有企業審計意見的作用沒有明顯體現出來。在向下盈余管理樣本中，審計意見在幫助投資者識別上市公司向下盈余管理中的作用依然明朗，但所有權性質沒有導致審計意見在投資者識別盈余管理中作用的差異。

（二）審計師不能識別盈余管理

Bradshaw（2001）等認為，總應計利潤大小會影響審計意見類型，但他們的檢驗結果表明，審計意見與應計利潤之間關係不顯著。李東平等（2001）以中國 1999 年、2000 年兩個年度變更會計師事務所的 46 家上市公司為研究對象，檢驗審計意見類型變量與盈余管理變量[①]之間的關係，發現審計師沒有揭示上市公司的盈余管理行為。夏立軍、楊海斌（2002）

---

① 該文中所用的盈余管理變量為應收帳款項目的應計利潤、存貨項目的應計利潤和線下項目。其中，線下項目是指當時適用的利潤表中營業利潤以下的項目，主要包括投資收益、營業外收支淨額和補貼收入等。

考察了 2000 年滬深兩市上市公司財務報告的審計意見，發現對於 ROE 處於配股線附近的上市公司的利潤操縱，註冊會計師很少進行揭示。Butler（2004）研究發現審計師出具非標準審計意見的原因在於公司持續經營的不確定性，而與公司的盈余管理無關。周媛、李璐（2013）選取 2002 年深圳證券交易所的 491 家股上市公司數據進行實證研究。結果說明審計意見具有一定的信息含量，能在一定程度上揭示出上市公司的盈余管理，但這一結果在統計上並不顯著。王紫光、李歡（2012）以 2001—2008 年中國上市公司為樣本，檢驗審計意見能否揭示公司的盈余管理行為。研究結果表明，會計師事務所尤其是小型會計師事務所未揭示上市公司的盈余管理行為。薄仙慧、吳聯生（2011）同時研究盈余管理和信息風險對審計意見的影響。結果發現，信息風險與審計師出具非標準意見概率顯著正相關，而當期盈余管理與審計師出具非標準意見無顯著相關性。

（三）審計意見受產權性質影響

理論上，企業盈余管理程度越高，審計師對其出具非標準意見的可能性越大，但實務中並非一定如此。審計師簽署的審計意見類型取決於其對相關風險的評估，特別是訴訟風險或監管部門行政處罰的評估。吳順祥（2013）認為，在中國，不同終極所有權企業面臨處罰的可能性是存在差異的。喬爾·赫爾曼、杰林特·瓊斯、丹尼爾·考夫曼（2009）認為，不僅政府影響企業，企業也會對政府產生影響。企業對政府的影響力越大，在面臨同樣的違法或者不當行為時，其被處罰的可能性就越低。企業影響力主要受規模、出身、市場力量、可求助的官僚以及財政和契約權力的保證等因素的影響。就盈余管理而言，其本身較難於觀察。如果企業有較大的影響力，其被處罰的可能性就較低。相應地，審計師被處罰的可能性也就越低，從而審計師對企業出具非標準意見的可能性就越低。從中國的現實來看，不同終極所有權的公司在上述幾個方面都存在較大的差異。從規模上來看，中央控制的國有企業最大，地方控股的企業次之，而民營企業一般相對較小。從市場力量來看，國有大中型、重大基礎性行業市場力量較大，而民營企業多處於競爭性行業，市場力量較小。從可求助的官員來看，中央國有企業的負責人都有較高的行政級別，其接觸官員的機會較多，所接觸官員的級別也較高；地方國有企業雖然也有較多的機會接觸政府官員，但所接觸官員的級別相對較低，而民營企業可求助的官員更少，並常常通過賄賂建立的關係，其穩定性較低。從財產權保護的角度上來看，雖然對民營產權的保護有一定進展，但是侵犯民營產權的事情仍時有

發生，而國有企業，尤其是中央國有企業的產權得到了較好的保護。因此，吳順祥（2013）認為，從終極所有權來看，中央國有企業的影響力最大，地方國有企業次之，民營企業最低。相對於同樣程度的盈余管理，中央國有企業被出具非標準審計意見的可能性就會比民營企業低。

由於公司治理層面的差異，終極所有權為國有的上市公司進行向上盈余管理的可能性較其他公司更大。劉繼紅（2009）首先從整體上探索了盈余管理與審計意見的關係，發現在控制了一系列因素以後，盈余管理程度越大，審計師出具非標準意見的可能性就越大。然后，劉繼紅將所有權性質和盈余管理方向不同的上市公司樣本進一步細分，考察了審計師在不同所有權性質、不同盈余管理方向的上市公司中因盈余管理不同而造成的審計意見差異。他最終發現，在向上盈余管理的企業中，所有權性質不同會導致審計意見存在一定程度的差異，即國有企業向上盈余管理程度越大，被出具非標準意見的概率就越大，而在非國有企業，審計意見的作用沒有明顯體現出來。

三、研究設計

（一）研究假設

對於審計師而言，盈余管理會導致帳面盈余偏離真實盈余，增加潛在錯報風險。在審計準則日趨完善的情況下，審計師的風險意識不斷增強，其執業過程也越來越謹慎。大幅度的盈余管理，將使會計盈余遠離真實盈余，大大增加了錯報風險，因此，被出具非標準意見的可能性就越大。由此提出假設1。

假設1：盈余管理程度與非標準審計意見正相關。

不同方向的盈余管理給審計師帶來的風險是不一樣的。徐浩萍（2004）認為，一般來說，人們更關註向上盈余管理，因為依賴審計報告的投資人在對高估企業利潤的審計師的訴訟中更容易獲勝。同時，管理當局對向下盈余管理更容易以會計穩健性原則作為借口，使得註冊會計師很難有力證明其向下盈余管理的不適當性。由此提出假設2。

假設2：與向下盈余管理相比，向上的盈余管理更容易被出具非標準審計意見。

微利企業存在盈余管理的動機。當企業即將面臨虧損時，會通過盈余管理來調增利潤，以避免虧損的出現。此類企業的盈余管理行為，增大了審計師的訴訟風險。基於執業謹慎的要求，微利公司的盈余管理行為更可

能被出具非標準審計意見。由此提出假設3。

假設3：與其他企業相比，微利企業的盈余管理更容易被出具非標準審計意見。

當企業出現連續虧損的情況時，為了保住上市資格，有進行盈余管理的傾向。受證監會監管政策的影響，此類為了達到避虧目的而進行的盈余管理受到監管機構和投資者的特別關注。在相同的盈余管理水平下，註冊會計師對保牌企業出具標準意見的可能性更大。由此提出假設4。

假設4：與其他企業相比，保牌企業的盈余管理更容易被出具非標準審計意見。

徐浩萍（2004）認為，國有上市公司董事會職能弱化，內部人控制現象十分嚴重，再加上缺乏長期激勵機制和經理人市場的壓力，很大程度上會削弱其參與上市公司監控的動機，而小股東的投機性比較強，對管理當局的監控大多不感興趣，這導致國有上市公司的盈余管理行為愈演愈烈。另外，大部分國有上市公司背後都有一個國有控股公司，為各種手段的盈余管理提供了可能。因此，終極所有權為國有的上市公司盈余管理程度可能大於非國有上市公司。

假設5：與非國有企業相比，終極控制權為國有的企業的盈余管理被出具非標準審計意見的可能性更小。

(二) 檢驗模型

為了檢驗上述假設，建立如下檢驗模型：

$$AUDOP = \alpha_0 + \alpha_1 DA + \alpha_2 ROA + \alpha_3 ALR + \alpha_4 TAT + \alpha_5 LNSIZE + \varepsilon \quad (1)$$

$$AUDOP = \alpha_0 + \alpha_1 DA + \alpha_2 WELI + \alpha_3 WELI * DA + \alpha_4 ROA + \alpha_5 ALR + \alpha_6 TAT + \alpha_7 LNSIZE + \varepsilon \quad (2)$$

$$AUDOP = \alpha_0 + \alpha_1 DA + \alpha_2 ST + \alpha_3 ST * DA + \alpha_4 ROA + \alpha_5 ALR + \alpha_6 TAT + \alpha_7 LNSIZE + \varepsilon \quad (3)$$

$$AUDOP = \alpha_0 + \alpha_1 DA + \alpha_2 PN + \alpha_3 PN * DA + \alpha_4 ROA + \alpha_5 ALR + \alpha_6 TAT + \alpha_7 LNSIZE + \varepsilon \quad (4)$$

其中，DA 為盈余管理。本書以修正的 Jones 模型估計的可操作應計利潤來計量。具體計算公式如下：

$$\frac{ETA_{i,t}}{A_{i,t}} = \alpha_1 \left(\frac{1}{A_{i,t-1}} \right) + \alpha_2 \left[\frac{\Delta REV_{i,t} - \Delta REC_{i,t}}{A_{i,t-1}} \right] + \alpha_3 \left(\frac{PPE_{i,t}}{A_{i,t-1}} \right) + \varepsilon \quad \text{公式 1}$$

$$DA_{i,t} = \frac{ETA_{i,t}}{A_{i,t}} - \alpha_1 \left(\frac{1}{A_{i,t-1}} \right) + \alpha_2 \left[\frac{\Delta REV_{i,t} - \Delta REC_{i,t}}{A_{i,t-1}} \right] + \alpha_3 \left(\frac{PPE_{i,t}}{A_{i,t-1}} \right) + \varepsilon \quad \text{公式 2}$$

模型中其他變量定義如表 2-10 所示。

表 2-10　　　　　　　　　變量定義表

變量名	變量定義
AUDOP	審計意見，當審計意見為非標準審計意見時取 1，否則為 0
WELI	微利公司，當 0<ROE<0.01 時取 1，否則為 0
ST	ST 公司，當公司被特別處理時取 1，否則為 0
PN	終極控制權為國有時取 1，否則為 0
LNSIZE	公司規模，以資產總額的對數計量
ROA	資產收益率
ALR	資產負債率
TAT	總資產週轉率

（三）數據來源

為了對研究假設進行檢驗，本書選用 2003—2012 年 A 股上市公司的數據。剔除數據缺失和金融行業公司后，得到 11,305 個樣本。為消除極端值的影響，本書對迴歸中使用到的連續變量按 1% 進行了 Winsorize 縮尾處理。樣本數據來自於 CSMAR 數據庫。本書使用 Stata 12.0 對數據進行處理。

四、數據分析與結果

（一）描述性統計

表 2-11 列示了樣本的分佈情況。從年度分佈上看，各年樣本基本均衡。從行業分佈來看，各行業的樣本數量與該行業的上市公司數據基本匹配。

表 2-11　　　　　　　　　樣本分佈表

行業	2003年	2004年	2005年	2006年	2007年	2008年	2009年	2010年	2011年	2012年	合計
A	24	25	24	24	24	25	24	25	25	26	246
B	33	37	37	35	36	38	38	39	40	41	374
C	577	613	598	591	589	590	585	591	611	613	5,958
D	55	61	60	60	60	61	63	63	64	64	611
E	21	22	23	23	21	22	23	23	25	26	229
F	41	43	41	44	45	45	44	48	49	48	448

表2-11(續)

行業	2003年	2004年	2005年	2006年	2007年	2008年	2009年	2010年	2011年	2012年	合計
G	57	56	54	52	51	52	50	53	53	54	532
H	89	89	87	87	89	90	90	93	94	94	902
J	104	105	100	99	99	102	105	108	109	109	1,040
K	32	33	34	35	33	32	33	33	36	37	338
L	18	17	16	16	14	14	15	16	20	22	168
M	49	47	45	45	46	45	43	45	47	47	459
合計	1,100	1,148	1,119	1,111	1,107	1,116	1,113	1,137	1,173	1,181	11,305

表 2-12 報告了變量的描述性統計。從表 2-12 可以看出，審計師出具的標準審計意見的比例很大，非標準審計意見的平均比例為 5.98%。在全部樣本中，微利企業的 ST 公司的比例分別為 6.04% 和 4.48%。盈餘管理的均值為 -0.031，表明樣本盈餘管理整體上為向下的盈餘管理。資產收益率的均值為 3.08%。資產負債率的均值為 51.35%。總資產週轉率的均值為 0.72。

表 2-12　　　　　　　　　變量描述性統計

變量	N	均值	標準差	最小值	最大值
AUDOP	11,305	0.059,797	0.237,12	0	1
DA	11,305	-0.030,89	0.108,613	-0.319,46	0.337,79
WELI	11,305	0.060,416	0.238,266	0	1
ST	11,305	0.044,847	0.206,978	0	1
PN	11,305	0.218,311	0.413,118	0	1
ROA	11,305	0.030,816	0.063,705	-0.234,68	0.209,261
ALR	11,305	0.513,498	0.190,209	0.074,486	0.937,174
TAT	11,305	0.715,617	0.532,423	0.039,488	2.839,97
LNSIZE	11,305	21.596,91	1.123,996	19.126,2	24.801,7

表 2-13 報告了變量的相關係數。盈餘管理與非標準審計意見顯著負相關，與假設 1 不一致。微利公司和 ST 公司與非標準審計意見顯著正相關，與假設 3、假設 4 相一致。終極控制權為國有的企業與非標準審計意見顯著負相關，與假設 5 相一致。

表 2-13　　　　　　　　　　相關係數表

	AUDOP	DA	WELI	ST	PN	ROA	ALR	TAT	LNSIZE
AUDOP	1								
DA	-0.129***	1							
WELI	0.016*	-0.015,0	1						
ST	0.236***	-0.050***	-0.015*	1					
PN	-0.040***	-0.003,00	0.003,00	-0.005,00	1				
ROA	-0.378***	0.307***	-0.108***	-0.138***	-0.003,00	1			
ALR	0.156***	-0.078***	-0.064***	0.131***	-0.023**	-0.356***	1		
TAT	-0.119***	0.064***	-0.086***	-0.087***	0.057***	0.223***	0.084***	1	
LNSIZE	-0.184***	0.075***	-0.055***	-0.177***	-0.029***	0.219***	0.259***	0.134***	1

註：*，**，*** 分別表示在 10%、5%和1%水平上顯著。

(二) 迴歸結果分析

表 2-14 報告了各模型的迴歸結果。從模型 (1) 迴歸結果看，DA 與 AUDOP 正相關，並在 5%水平上顯著。這說明盈餘管理程度越大的公司被出具非標準審計意見的可能性越大，支持了假設 1。從模型 (1) 迴歸結果還可以看出，向上盈餘管理與非標準審計意見顯著正相關，假設 2 得到了證實。

從模型 (2) 迴歸結果看，WELI 與 AUDOP 正相關，且在 10%水平上顯著。這說明微利公司被出具非標準審計意見的可能性更大。WELI * DA 係數為負但不顯著。這說明微利公司的盈餘管理被出具非標準審計意見的可能性與其他公司沒有差異，假設 3 沒有得到支持。DA 與 AUDOP 顯著正相關，支持了假設 1。

從模型 (3) 迴歸結果看，ST 與 AUDOP 正相關，且在 1%水平上顯著。這說明與其他公司相比，ST 公司被出具非標準審計意見的可能性更大。ST * DA 係數為負但不顯著。這說明 ST 公司的盈餘管理行為對審計意見的影響與其他公司沒有差異，假設 4 沒有得到支持。DA 與 AUDOP 顯著正相關，支持了假設 1。

從模型 (4) 迴歸結果看，PN 與 AUDOP 負相關，且在 5%水平上顯著。說明終極產權為國有的公司獲得非標準審計意見的可能性更小。PN * DA 的係數為正但不顯著。這說明國有公司的盈餘管理行為對審計意見的影響與其他公司沒有差異，假設 5 沒有得到證實。DA 與 AUDOP 顯著正相關，支持了假設 1。

表 2-14　　　　　　　　　　迴歸結果

	(1) 程度	(1) 向上	(2)	(3)	(4)
	AUDOP	AUDOP	AUDOP	AUDOP	AUDOP
DA	1.012**	0.244**	1.197**	1.002**	0.836*
	(2.21)	(2.27)	(2.52)	(2.01)	(1.73)
WELI			0.315*		
			(1.79)		
WELI * DA			−2.819		
			(−1.57)		
ST				1.285***	
				(8.73)	
ST * DA				−0.078,6	
				(−0.07)	
PN					−0.343**
					(−2.54)
PN * DA					1.069
					(1.02)
ROA	−12.88***	−12.53***	−13.12***	−13.28***	−12.93***
	(−18.17)	(−19.50)	(−18.16)	(−18.40)	(−18.21)
ALR	2.502***	2.491***	2.569***	1.953***	2.487***
	(9.66)	(9.63)	(9.84)	(7.39)	(9.60)
TAT	−0.726***	−0.735***	−0.708***	−0.637***	−0.689***
	(−5.84)	(−5.91)	(−5.70)	(−5.12)	(−5.55)
LNSIZE	−0.646***	−0.643***	−0.650***	−0.537***	−0.647***
	(−12.88)	(−12.84)	(−12.93)	(−10.40)	(−12.88)
_cons	10.01***	9.853***	10.03***	7.825***	10.09***
	(9.83)	(9.67)	(9.82)	(7.46)	(9.89)
N	11,305	11,305	11,305	11,305	11,305
LR chi2 (5)	1,433.57	1,433.78	1,442.40	1,516.61	1,446.12
Prob > chi2	0.000,0	0.000,0	0.000,0	0.000,0	0.000,0
Pseudo R2	0.280,0	0.280,1	0.281,8	0.296,3	0.282,5
Log likelihood	−1,842.748,3	−1,842.645,1	−1,838.336,4	−1,801.232,3	−1,836.475,6

註：*，**，*** 分別表示在10%、5%和1%水平上顯著。

五、研究結論

通過對 2003—2012 年的數據分析發現：①盈余管理行為與非標準審計意見正相關，並且與向下的盈余管理相比，向上的盈余管理更受審計師的關註，被出具非標準審計意見的可能性更大；②與其他企業相比，微利企業、保牌企業更有可能被出具非標準審計意見，但其盈余管理行為與非標準審計意見的關係不顯著；③終極控制權為國有的公司，被出具非標準審計意見的可能性更低，但其盈余管理行為與非標準審計意見的關係不顯著。

第三節　財務重述與審計意見

一、財務重述概述

財務重述是指上市公司在發現前期財務報告存在錯誤或誤導性陳述后，對前期財務報告進行重新表述的行為。美國會計原則委員會將財務重述的原因歸納為：計算錯誤、會計原則應用錯誤、忽視或誤用財務報告公布日已經存在的事實等。財務重述從其意願看可分為自願財務重述和非自願財務重述。自願財務重述提起人是上市公司自己，而非自願財務重述提起人主要是外部審計機構與政府監管部門及其他組織和個人。

引起財務重述的動因有多個方面。首先，公司融資需求可能會導致財務重述。Dechow et al.（1996）研究表明，融資需求使上市公司發生財務重述的可能性大大提高。Richardson et al.（2002）也發現，進入資本市場融資之前，上市公司管理層為了向外界描繪公司未來的美好前景，很可能通過財務重述進行盈余管理。其次，滿足外部的財務預期會導致財務重述。Richardson et al.（2003）研究發現，盈余重述公司在未來盈利增長方面獲得了更高的市場期望。迫於維持盈利增長或超過預期的盈利的壓力，上市公司管理層有動機採用各種手段進行盈余管理，這最終使財務重述更加頻繁。再次，避免虧損也會導致財務重述。張為國、王霞（2004）對中國上市公司會計差錯的動因進行分析。研究結果表明，當上市公司當期利潤低於上期，有較高的資產負債率，線下項目收益高以及規模小或出現虧損時，更容易虛報盈余。最后，高管薪酬契約會導致財務重述。Burns &

Kedia（2006）考察了 1997—2002 年間 224 家發生財務重述的大公司中高管執行股票期權的情況，發現在一些財務重述程度嚴重的公司中，重述公司比控制樣本公司執行了更多的期權，且財務重述對盈余的影響幅度與高管可執行的期權數量成正相關關係。這一結果表明，持有股票期權的首席執行官（Chief Executive Officer，CEO）更有動機通過錯報影響股價而獲利。此外，監管機構的監管、稅務機構稽查、政府執法部門的督查和資本市場壓力等也可以迫使企業進行財務重述。當然，上市公司財務重述的動因往往並非單一，而是具有多重性特性。多數上市公司的財務重述涉及多方面原因。

二、財務重述與審計意見

魏志華、王毅輝（2008）認為，財務重述經常被認為是低質量的會計制度和會計實踐的結果。因此，市場對因會計問題或涉嫌詐欺引起的財務重述特別敏感。Owers et al.（2002）發現，市場對不同原因所引起的財務重述有不同的反應，其中因會計問題導致的負面財務重述會帶來最嚴重的市場負反應。Todd Kravet & Terry Shevlin（2010）對 1997—2002 年發布財務重述的公司進行研究，發現財務重述宣告的短期內信息風險定價會增加。Wu（2002）；Mercer（2004）；Efendi J，Srivastava A & Swanson EP（2007）的研究顯示，在財務重述公告發布後，投資者對管理層的能力產生懷疑，對公司的信心逐漸喪失。

財務重述所帶來的經濟后果和市場反應可能會增加審計師的風險，從而對審計意見產生影響。王霞、張為國（2005）以 1999—2002 年發生財務重述的 A 股上市公司作為研究樣本，研究財務重述與審計意見的關係，發現對於財務重述公司錯誤期的錯報，註冊會計師有所察覺，並反應在當年的審計意見中。在重述當期，審計師的非標準意見受財務重述幅度及重述涉及項目數量的顯著影響。田迎閣（2012）以 2008—2010 年發生了財務報告更正及補充公告的滬市 A 股公司為樣本，研究財務重述與審計意見的關係，發現審計師對財務重述公司出具非標準審計意見的概率較高。王霞、徐曉東（2009）以 1999—2005 年披露以前年度會計差錯的 A 股上市公司為研究樣本，發現超過重要性水平的錯報更容易被出具非標準意見，並且「大所」對超過重要性水平的錯誤更加敏感，更容易出具非標準意見。陳嬋等（2013）對財務重述幅度、財務重述項目與審計意見的關係進行研究，發現樣本公司的重述幅度越大，重述項目越多，被出具非標準

審計意見的概率越大，而前期差錯性質、差錯項目以及差錯方向對重述前期的非標準審計意見的影響不顯著。

三、研究假設與迴歸模型

（一）研究假設

從導致財務重述的動因來看，一方面可能是前期在會計處理過程中出現了計算錯誤、會計政策、會計估計運用錯誤、忽視或誤用財務報告公布日已經存在的事實等；另一方面可能是基於本期或未來財務業績的需求而進行的事先調整。由於前期錯誤而對報表進行的重述，如果涉及金額比較大，涉及面廣，可能反應出企業的管理存在問題，從而影響審計意見。重述影響幅度可以從兩個方面來體現：一是財務重述對重述期期初留存收益的累積影響額除以重述前期期末總資產的結果①。它反應了重述前期的累計盈餘差錯程度。二是財務重述的影響面，即所涉及項目的多少。財務重述的項目越多，說明公司以前年度財務報表存在的差錯項目越多，牽扯面越廣，報表不實反應的性質就越嚴重。審計師在判斷審計意見的類型時，往往會綜合考慮這兩個方面的影響。財務重述幅度越大，表明公司的財務狀況不好、盈余操縱可能性非常高。為了規避風險，審計師對重述幅度大的上市公司出具非標準審計意見的可能性就越大。由此提出假設1。

假設1：財務重述影響幅度與非標準審計意見正相關。

從財務重述對期初留存收益的累積影響來看，有調增和調減期初留存收益兩個截然不同的結果。調增期初留存收益，可能是由於前期的錯誤而進行的修正，也可能是基於避稅或其他需求。如果調整幅度不大，那麼對本期財務報表的影響有限。對於調減期初留存收益，既有可能是前期錯誤的修正，也有可能是為了提升本期或未來期間的財務業績。后者會增大會計盈餘的不確定性，增大審計師的風險。因此，審計師對其出具非標準審計意見的可能性較高。由此，提出假設2和假設3。

假設2：向上的財務重述與非標準審計意見不相關。

假設3：向下的財務重述與非標準審計意見正相關。

（二）迴歸模型

為了檢驗上述假設，建立的迴歸模型如下：

$$AUDOP = \alpha_0 + \alpha_1 REST + \alpha_2 LNSIZE + \alpha_3 ROA + \alpha_4 ALR + \alpha_5 TAT + \varepsilon \qquad (1)$$

---

① 中國上市公司在年報披露中涉及的前期會計差錯是調整報表最早期間的期初留存收益。

$$AUDOP=\alpha_0+\alpha_1 UREST+\alpha_2 LNSIZE+\alpha_3 ROA+\alpha_4 ALR+\alpha_5 TAT+\varepsilon \quad (2)$$

$$AUDOP=\alpha_0+\alpha_1 DREST+\alpha_2 LNSIZE+\alpha_3 ROA+\alpha_4 ALR+\alpha_5 TAT+\varepsilon \quad (3)$$

模型中各變量定義如表 2-15 所示。

表 2-15　　　　　　　　變量定義表

變量名	變量定義
AUDOP	審計意見，當審計意見為非標準審計意見時取 1，否則為 0
REST	財務重述，重述留存收益/重述期留存收益總額
UREST	向上財務重述，REST 大於 0 取 1，否則為 0
DREST	向下財務重述，REST 小於 0 取 1，否則為 0
LNSIZE	公司規模，以資產總額的對數計量
ROA	資產收益率
ALR	資產負債率
TAT	總資產週轉率

（三）數據來源

為了對研究假設進行檢驗，本書選用 2008—2012 年深滬上市公司的數據。剔除數據缺失和金融行業公司后，得到 5,911 個樣本。為消除極端值的影響，本書對迴歸中使用到的連續變量按 1% 進行了 Winsorize 縮尾處理。樣本數據來自於 CSMAR 數據庫。本書使用 Stata 12.0 對數據進行處理。

四、數據分析與結果

（一）描述性統計

表 2-16 報告了樣本的年度行業分佈情況。從表 2-16 可以看出，樣本在年度、各行業的分佈基本合理。

表 2-16　　　　　　　　樣本分佈表

行業	2008	2009	2010	2011	2012	Total
A	25	24	24	25	26	124
B	44	44	45	47	48	228
C	611	605	606	618	643	3,083
D	64	64	65	66	67	326
E	23	24	26	25	30	128

表2-16(續)

行業	2008	2009	2010	2011	2012	Total
F	53	53	54	59	59	278
G	54	52	53	55	56	270
H	90	90	90	92	94	456
J	103	105	109	110	110	537
K	33	32	34	37	37	173
L	14	14	15	18	22	83
M	45	43	43	47	47	225
合計	1,159	1,150	1,164	1,199	1,239	5,911

表2-17報告了變量的描述性統計。從表2-17可以看出，審計師出具的標準審計意見的比例較大，非標準審計意見的平均比例僅為4.60%。財務重述的影響程度均值為0.015。從比例上來看，調減期初留存收益的公司比例為11.13%，調增期初留存收益的公司比例則為13.13%。資產收益率的均值為3.49%。樣本的資產負債率的均值為52.67%。總資產週轉率的均值為0.748。

表2-17　　　　　　　　　變量描述性統計

變量	N	均值	標準差	最小值	最大值
AUDOP	5,911	0.046,016	0.209,537	0	1
REST	5,911	0.015,486	0.133,194	−0.338,45	0.997,29
UREST	5,911	0.131,280	0.337,735	0	1
DREST	5,911	0.111,318	0.314,552	0	1
ROA	5,911	0.034,938	0.070,281	−0.998,6	0.628,563
ALR	5,911	0.526,663	0.196,767	0.007,08	1.273,51
TAT	5,911	0.747,6	0.617,398	0	7.650,87
LNSIZE	5,911	22.016,41	1.369,494	15.376,4	28.405,2

表2-18報告了變量的相關係數。財務重述與非標準審計意見的相關性不顯著，需要進行迴歸並做進一步檢驗。其他變量與非標準審計意見關係顯著。

表 2-18　　　　　　　　　　相關係數表

	AUDOP	REST	UREST	DREST	ROA	ALR	TAT	LNSIZE
AUDOP	1							
REST	−0.005,00	1						
UREST	0.003,00	0.471***	1					
DREST	0.010,0	−0.226***	−0.138***	1				
ROA	−0.279***	0.099***	0.056***	−0.040***	1			
ALR	0.111***	0.003,00	0.046***	0.059***	−0.339***	1		
TAT	−0.073***	0.040***	0.042***	−0.021*	0.153***	0.070***	1	
LNSIZE	−0.218***	0.031**	0.089***	0.090***	0.160***	0.289***	0.076***	1

註：*，**，*** 分別表示在 10%、5% 和 1% 水平上顯著。

（二）迴歸結果分析

表 2-19 報告了各模型的迴歸結果，從模型（1）迴歸結果可以看出，REST 的迴歸系數顯著為正，且在 10% 水平上顯著，說明財務重述程度與非標準審計意見正相關，支持了假設 1。從模型（2）迴歸結果可以看出，UREST 的迴歸系數為正，但不顯著，說明向上的財務重述與非標準審計意見不相關，支持了假設 2。從模型（3）迴歸結果可以看出，DREST 的迴歸系數顯著為正，且在 10% 水平上顯著，說明向下的財務重述與非標準審計意見正相關，支持了假設 3。

表 2-19　　　　　　　　　　迴歸結果

	（1）AUDOP	（2）AUDOP	（3）AUDOP
REST	0.859*		
	(1.72)		
UREST		0.161	
		(0.74)	
DREST			0.383*
			(1.89)
ROA	−7.826***	−7.770***	−7.830***
	(−8.87)	(−8.79)	(−8.85)
ALR	2.831***	2.795***	2.783***
	(7.72)	(7.65)	(7.61)

表2-19(續)

	(1)	(2)	(3)
	AUDOP	AUDOP	AUDOP
TAT	-0.379*	-0.375*	-0.378*
	(-2.39)	(-2.36)	(-2.38)
LNSIZE	-0.937***	-0.929***	-0.934***
	(-14.07)	(-14.04)	(-14.06)
_cons	15.68***	15.53***	15.61***
	(11.70)	(11.65)	(11.68)
N	5,911	5,911	5,911
LR chi2 (5)	598.13	594.92	597.75
Prob > chi2	0.000,0	0.000,0	0.000,0
Pseudo R2	0.271,1	0.269,7	0.270,9
Log likelihood	-804.003,02	-805.610,79	-804.195,49

註：*,**,*** 分別表示在10%、5%和1%水平上顯著。

五、研究結論

通過對2008—2012年的數據分析得到如下結論：上市公司的財務重述與非標準審計意見正相關。在向上和向下兩種不同方向的財務重述中，審計師更加關註向下財務重述對財務報表的影響。

第四節 財務困境與審計意見

一、財務困境概述

作為「經濟人」，企業存在的目的是追逐利益，實現資本的增值。但在企業的經營過程中，會有很多風險因素，使得企業很可能使企業陷入財務困境。國內外學者對財務困境概念的界定眾說紛紜，目前並沒有明確一致的定義。國外早期的研究將財務困境定義為企業破產。隨著研究的進一步深入，Beaver（1966）將財務困境內涵擴展到企業拖欠債務或優先股股利。Lau AH（1987）將企業財務狀況劃分成不同的階段，將取消或減少股利到破產清算劃分為困境期。在國內，吳世農、盧賢義等（2001）將財務

困境公司界定為被 ST 的公司。彭韶兵、邢精平（2005）把從資金管理技術性失敗到大規模重組作為財務困境的階段。吳星澤（2011）將企業危機力量導致的支付能力不足視為財務困境。

早期財務困境預測僅為單變量，如 Beaver（1966）提出的財務困境預測模型中使用了 5 個財務指標，並對 79 對困境公司和健康公司做了一元判定分析，發現現金流量分析與總負債的比率具有更高的判定效率。之后，Beaver（1966）在之前的研究基礎上，使用一元判定模型對股價信息進行財務困境預測，發現財務指標比市場收益率有更好的預測能力。1968 年，Altman 首次使用多元判別分析預測企業的財務困境，其提出的 Z 模型相比之前的財務預測模型有了更好的預測能力和預測效率。在此基礎上，Altman & Haldeman（1977）提出了著名的 ZETA 模型。該模型通過財務比率，分析企業信用風險。在對樣本公司的分析結論中，該模型預測會發生財務危機的企業精確度高達 96.2%，不會發生財務危機的企業精確度高達 89.7%。

二、財務困境與審計意見

李小榮（2009）認為，外部審計作為監督企業的一項重要手段，能通過對企業財務資料的審查發現公司在財務收支和日常經營上存在的問題，並通過審計意見反饋給企業管理當局。由於審計意見是對企業報告期財務狀況和經營狀況的反應，因此，距離企業發生財務困境的時間越短的審計意見類型具有更強的解釋力。而遠期的審計意見只說明了企業過去的財務和經營狀況。在這段時間內企業會採取措施來改善企業日常經營，其解釋能力被企業的行為所削弱。Ireland JC & Lennox CS（2002）研究發現，債務槓桿高、具有破產傾向的公司容易被出具非標準意見。袁榮京（2013）利用 Z 指數（Z Score）模型來判斷企業是否陷入財務困境及其程度，通過統計分析財務困境公司與非標準意見的關係，發現獲得非標準審計意見的公司中，財務狀況陷入困境的上市公司占了大部分。由此本書提出如下假設：陷入財務困境的公司被出具非標準審計意見的可能性更大。

三、研究設計

（一）迴歸模型

為了檢驗上述假設，建立的迴歸模型如下：

$$AUDOP=\alpha_0+\alpha_1 Z+\alpha_2 ROA+\alpha_3 ALR+\alpha_4 TAT+\alpha_5 LNSIZE+\varepsilon \tag{1}$$

其中，Z 為企業陷入財務困境的程度，用 Z 指數（Z Score）模型來判斷，具體計算方法參照 Altman（1968）建立的多元判別模型，具體為：

$$Z=1.2X_1+1.4X_2+3.3X_3+0.6X_4+0.999X_5$$

模型中 X_1 是營運資本與總資產的比值，用於反應企業變現能力；X_2 是累積留存收益與總資產的比值，用於反應企業的累計獲利能力；X_3 是息稅前利潤與總資產的比值，用於反應企業當期獲利能力；X_4 是股票市場價值總額與負債帳面價值總額的比值，反應企業的財務結構和長期償債能力；X_5 是銷售收入與總資產的比值即企業的總資產週轉率，用於反應企業全部資產的經營質量和利用效率。一般來講，Z 分值越低，表明企業陷入財務困境的可能性越大、程度越嚴重。當 Z 值小於 1.81 時，公司會在不久的幾年內走向破產。如果 Z 值大於 2.99，則表明公司運作正常，不會出現財務困境。如果公司的 Z 值介於 1.81~2.99，則是所謂的「灰色地帶」，在這一區段內，公司的未來很難通過 Z 值進行推測，很可能發生破產，也很可能正常地運作下去。模型中其他變量定義如表 2-20 所示。

表 2-20　　　　　　　　　變量定義表

變量名	變量定義
AUDOP	審計意見，當審計意見為非標準審計意見時取 1，否則為 0
ROA	資產收益率
ALR	資產負債率
TAT	總資產週轉率
LNSIZE	公司規模，以資產總額的對數計量

（二）數據來源

為了對研究假設進行檢驗，本書選用 2007—2012 年深滬上市公司的數據。剔除數據缺失和金融行業公司後，得到 5,996 個樣本。為消除極端值的影響，本書對迴歸中使用到的連續變量按 1% 進行了 Winsorize 縮尾處理。樣本數據來自於 CSMAR 數據庫。本書使用 Stata 12.0 對數據進行處理。

四、數據分析與結果

（一）描述性統計

表 2-21 報告了樣本的年度行業分佈情況。從表 2-21 可以看出，樣本在年度、各行業的分佈基本合理。

表 2-21　　　　　　　　　　樣本分佈表

行業	2007年	2008年	2009年	2010年	2011年	2012年	合計
A	24	25	24	24	25	2	124
B	40	45	45	46	47	5	228
C	609	612	604	612	638	65	3,140
D	63	64	65	66	67	7	332
E	22	24	26	26	28	0	126
F	53	54	54	59	59	6	285
G	53	53	52	54	55	9	276
H	89	90	90	92	94	11	466
J	99	103	106	109	110	9	536
K	34	33	33	34	37	4	175
L	14	14	14	16	19	3	80
M	46	45	43	45	47	2	228
合計	1,146	1,162	1,156	1,183	1,226	123	5,996

表 2-22 報告了變量的描述性統計。從表 2-22 可以看出，審計師出具的標準審計意見的比例較大，非標準審計意見的平均比例僅為 4.79%。Z 分值的均值為 3.81，大於 2.99，表明樣本公司總體運作正常。資產收益率的均值為 3.77%。樣本的資產負債率均值為 52.22%。總資產週轉率的均值為 0.759。

表 2-22　　　　　　　　　　變量描述性統計

變量	N	均值	標準差	最小值	最大值
AUDOP	5,996	0.047,865	0.213,499	0	1
Z	5,996	3.812,407	4.261,965	−0.292,94	28.603,74
ROA	5,996	0.037,689	0.072,693	−0.998,6	0.628,563
ALR	5,996	0.522,267	0.193,005	0.007,08	1.262,41
TAT	5,996	0.759,225	0.615,696	0	7.650,87
LNSIZE	5,996	21.893,49	1.327,357	15.376,4	28.282,1

表 2-23 報告了變量的相關係數。Z 分值與非標準審計意見的相關性不顯著，需要進行迴歸並進一步檢驗。其他變量與非標準審計意見關係顯著。

表 2-23　　　　　　　　　　　　相關係數表

	AUDOP	Z	ROA	ALR	TAT	LNSIZE
AUDOP	1					
Z	−0.015,0	1				
ROA	−0.289***	0.279***	1			
ALR	0.131***	−0.650***	−0.322***	1		
TAT	−0.074***	0.130***	0.161***	0.078***	1	
LNSIZE	−0.208***	−0.294***	0.182***	0.256***	0.096***	1

註：*、**、***分別表示在10%、5%和1%水平上顯著。

(二) 迴歸結果分析

表 2-24 報告了各模型的迴歸結果。在迴歸結果 (1) 中，Z 為各公司根據 Altman (1968) 模型計算得出的 Z 指數。從迴歸結果可以看出，Z 的迴歸系數為正，且在1%水平上顯著，說明企業陷入財務困境的可能性越大，越有可能被出具非標準審計意見，支持了本書的假設。

為了進一步分析，本書以 1.81 作為臨界點，將 Z 分值小於 1 的公司界定為財務困境公司。若 Z 取 1，而其他公司則為 0，然後進行迴歸，結果如 (2) 所示。從 (2) 可以看出，Z 的迴歸系數為正，且在1%水平上顯著，說明陷入財務困境的公司與非標準審計意見顯著正相關，支持了本書的假設。

表 2-24　　　　　　　　　　迴歸結果

	(1) AUDOP	(2) AUDOP
Z	0.065,6***	0.847***
	(3.53)	(4.40)
ROA	−7.606***	−6.506***
	(−9.27)	(−7.87)
ALR	4.163***	2.317***
	(9.02)	(5.59)
TAT	−0.374*	−0.124
	(−2.50)	(−0.83)
LNSIZE	−0.838***	−0.941***
	(−12.27)	(−13.65)

表2-24(續)

	(1) AUDOP	(2) AUDOP
_cons	12.57***	15.66***
	(8.66)	(11.22)
N	5,996	5,996
LRchi2 (5)	620.53	628.13
Prob>chi2	0.000,0	0.000,0
PseudoR2	0.269,3	0.272,6
Loglikelihood	-842.053,05	-838.250,63

註：*，**，*** 分別表示在10%、5%和1%水平上顯著。

五、研究結論

通過對2007—2012年的數據分析得到如下結論：陷入財務困境的公司與非標準審計意見顯著正相關，即企業陷入財務困境的可能性越大，越有可能被出具非標準審計意見。

第五節　公司治理與審計意見

一、背景分析

從已有的研究文獻來看，對於審計意見影響因素研究除了關註審計對象的經營業績外，公司治理因素近年來也受到越來越多的重視。公司治理是一個多角度、多層次的概念。國內外眾多學者對此有不同的描述。

吳敬璉（1994）認為，公司治理結構是指由所有者、董事會和高級經理人員組成的一種組織結構。林毅夫（1997）認為，公司治理結構是指所有者對一個企業的經營管理和績效進行監督和控制的一整套制度安排。同時，A. SHLEIFER & RW VISHNY（1997）對公司治理的界定是：保證融資供給方（投資者）保證自身投資收益的方式。張維迎（1999）從狹義和廣義兩個方面來界定公司治理。狹義的公司治理結構是指有關公司董事會的功能與結構、股東的權力等方面的制度安排；廣義的公司治理則是指有

關公司控制權和剩余索取權分配的一整套法律、文化和制度性安排。這些安排決定公司的目標，誰在什麼狀態下實施控制，如何控制，風險和收益如何在不同企業成員之間分配等。廣義的公司治理結構是企業所有權安排的具體化。李維安（2000）認為，狹義的公司治理，是指所有者（主要是股東）對經營者的一種監督與制衡機制。其主要特點是通過股東大會、董事會、監事會及管理層所構成的公司治理結構的內部治理。廣義的公司治理則是通過一套包括正式或非正式的內部或外部的制度或機制來協調公司與所有利益相關者（股東、債權人、供應者、雇員、政府、社區）之間的利益關係。朱長春（2014）則認為，從廣義角度理解，公司治理是研究企業權力安排的一門科學。從狹義角度上理解，公司治理是居於企業所有權層次，研究如何授權給職業經理人並針對職業經理人履行職務行為行使監管職能的科學。

在一個良好的公司治理結構下，廣大股東能夠表達自己的意志，能夠影響公司的重大決策，使得公司的重大決策能夠符合廣大股東的根本利益；董事會能夠盡職盡責，一方面能夠對公司的重大戰略進行決策，另一方面又能夠有效地監督管理層，使其按照股東利益最大化的原則管理公司的日常運作；管理層能夠貫徹執行公司的決策，並通過自己的辛勤工作，得到相應的報酬。在一個良好的內部治理結構下，公司的重大經營戰略一般不會出現重大錯誤，公司的各項規章制度也能夠有效地實施，內部控制制度能夠有效運行，從而能夠合理地保證財務報告的可靠性、經營的效率和效果以及對法律法規的遵守。此外，對於治理結構良好的公司，其業績在未來會有更好的表現。同時，劉霄侖等（2012）認為，公司治理健全有效的公司不易進行盈餘管理等行為，這些都使得審計風險要低很多。因此，一個擁有較為完善的內部治理結構的公司，其財務報告被審計師出具非標準審計意見的概率會比較低。相反，如果公司的內部治理結構不健全，治理質量不高，那麼公司經營的合法合規、經營效率和效果及財務報告的可靠性就難以得到保證。此時，審計師在出具審計意見時就會加以權衡，如果認為審計風險過大，就很有可能對其出具非標準的審計意見。

二、公司治理與審計意見

Cadbury（1992）和龐靖祺、吳國強（2005）都認為，科學的公司治理結構保證了審計機構不受控於經理層，有助於審計師獨立性和審計質量的提高，使審計師能夠以超然獨立的姿態對會計報表發表公正的審計意

見，因此能夠降低公司被出具非標準審計意見的可能性。張俊瑞、董南雁（2006）參照連城國際研究諮詢集團公布的中國上市公司治理排名數據，檢驗公司治理整體與審計意見類型之間的關係，發現公司治理質量愈高，不清潔審計意見出現的概率愈低。王震和彭敬芳（2007）、林妍（2011）的研究均發現，公司治理不健全是導致公司被出具非標準審計意見的一個原因，完善上市公司治理結構將有利於降低公司被出具非標準審計意見的可能性。劉霄侖等（2012）以2007—2011年中國民營上市公司為研究對象，利用混合的一般邏輯迴歸模型以及基於平衡面板數據的固定效應、隨機效應和樣本平均迴歸模型，檢驗公司治理狀況與審計意見類型的相關性，研究發現公司治理質量確實是影響審計意見類型的重要因素之一，即公司治理好的公司更容易被出具標準無保留審計意見類型。

（一）董事會特徵與審計意見

董事會特徵包括董事會規模、董事會會議頻率、獨立董事所占比例、董事長兼任總經理的情況和董事會持股比例等方面。不同的董事會特徵對審計意見的影響程度不同。

1. 董事會規模與審計意見

董事會是公司的最高決策機構。管理層受聘於董事會，並在董事會授權範圍內經營企業。董事會規模的大小可能對會計信息質量產生影響。Lipton & Lorsch（1992）建議限制董事會的人數為10個，最佳的董事會規模應該是8個或9個。Jensen（1993）也指出，董事會把工作的重點多置於客氣、禮貌和謙恭上。當董事會的規模超出7人或8人時，董事會成員間的溝通和協調問題就會增多。董事之間的相互仇視和報復現象會增加，這可能會削弱對經理的監督，導致控制管理層的能力下降、決策有效性降低，致使公司更容易被CEO所控制，從而可能無法有效監控會計信息質量，收到非標準審計意見的可能性會比較大。從實證研究結果來看，關於董事會規模與審計意見的關係並沒有一致的結論。Chaganti（1985）認為較大規模的董事會可以提供更大範圍內較好的服務，公司不容易陷入財務困境。Ken ML Ching et al.（2006）發現，董事會規模與當期操控性應計項目正相關，過大規模的董事會會提高管理當局利用操控性應計項目的機會主義傾向，小規模的董事會反而能夠發揮監督作用。而李萃等（2010）根據實證研究的結果，認為董事會的規模作為董事會的一個外在的、形式上的特徵，從根本上來說對董事會的治理效率沒有產生實質性的影響。

2. 董事會獨立性與審計意見。

在董事會中引入獨立董事，是為了解決股東與經理層的代理問題以及大股東利益侵占問題。大股東和經理層為了獲取自身的利益，往往對財務報告過程施加影響，降低會計信息的質量。而趙德武等（2008）認為，獨立董事可以利用其專業知識和商業經驗進行最有利的監督，從而減少經營者通過控制董事會而合謀剝奪所有者財富、占用公司資源謀取更多私利的可能性。張俊瑞、董南雁（2006）認為，獨立董事的比例越高，表明其越客觀、越中立，對公司的監督力度就越大，有利於強化董事會的獨立性和客觀性，從而保證公司會計信息的質量，有助於公司收到標準無保留審計意見。Beasley（1996）發現，公司發生財務報告舞弊的可能性與獨立董事所占比例負相關，即獨立董事比例越高，非正常應計項越低，財務報告舞弊的可能性越低，獲取標準意見審計報告的可能性越大。Carcello & Neal（2000）的研究表明，審計委員會成員與公司關係越密切，則公司被出具持續經營疑慮意見的可能性就越小。

審計委員會是公司治理的四大基石之一。唐躍軍（2008）和呂敏蓉（2011）認為，在董事會中設立審計委員會一定程度上有利於對管理層審計意見購買行為進行有效制衡。Jayanthi & Krishnan（2005）；Goh（2009）的研究均顯示，內部控制缺陷與審計委員會獨立性、審計委員會成員中財務金融知識背景存在顯著的負相關關係，即審計委員會的獨立性和專業性對修正內部控制重大缺陷有重大影響。Stephens et al.（2009）認為，審計委員會質量高的公司更傾向於披露內部控制缺陷。因此，周水平等（2009）認為，提高審計委員會的獨立性，能夠提高公司財務報告的質量，從而更容易獲得標準無保留意見審計報告。

儘管大部分的研究認為獨立董事制度的實施有助於提高公司財務報告質量，但也有少量文獻的結論與此相反。曹建新（2007）通過實證研究發現，獨立董事比例、審計委員會的設置與審計意見呈弱的正相關係，但是這種影響程度並不顯著。他從而指出，當前中國上市公司通過設置監事會、審計委員會和實施獨立董事制度來監督代理人存在的問題，其監管作用並未得到有效的發揮或未達到預定的效果。李萃等（2010）以2008年被出具保留意見和無法表示意見的35家上市公司為對象，檢驗審計意見與董事會特徵之間的關係，發現獨立董事比例與審計意見沒有顯著的相關性。費愛華（2006）以2001—2002年A股上市公司為研究對象，結果發現設置審計委員會與非標準審計意見顯著正相關。這可能是因為中國證監

會推出的審計委員時間較短，機制不健全，對上市公司的監管沒有起到預期的作用，不能有效限制或禁止 CPA 與上市公司管理當局合謀，也有可能是因為設立審計委員會的樣本公司較少，不具有代表性。

3. 董事會會議次數與審計意見

董事會通過董事會會議的形式形成決策和行為，來完成對公司經理的監督，使經理層依據股東利益行事。董事會會議頻率有兩個截然不同的表徵：一方面，董事會會議召開的次數可以看做董事會活躍程度的一個度量標，一定程度上可以降低經理層對報表造假的可能性，提高會計信息的質量；另一方面，董事會增加會議可能是由於公司內部有較多的問題需要解決。此時，董事會會議次數的增加，意味著公司內部管理存在問題或面臨的風險增加。因此，在董事會會議頻率與審計意見關係的問題上，國內外學術界得出了截然相反的結論。Lipton & Lorsch（1992）認為，足夠的工作時間是董事履行監督職能的基本條件之一。董事會會議越頻繁，董事們就越能履行好自己的職責，經理層粉飾財務報表的可能性就減小，被出具非標準審計意見的可能性就降低。Jensen（1993）則認為，董事會會議往往形同虛設，董事們平時相對不活躍，在出現問題時才會維持較高的活動水平。這種跡象會加大審計師對企業會計信息質量的疑慮。國內近期的文獻支持了 Jensen（1993）的觀點。周洋、夏新利（2006）的研究結論顯示，董事會會議次數與不潔淨意見顯著正相關。周水平等（2009）和李萃等（2010）發現，董事會會議頻率越高的公司收到非標準審計意見的概率也越大。這意味著在中國，董事會會議往往不是董事會事前積極參與公司事務的表徵，而是常常在危機時頻繁發生，是董事會對公司遇到困境時的一種被動的反應。

4. 兩職分離與審計意見

兩職分離的領導結構有助於解決公司中剩余風險承擔和控制分離帶來的代理問題。Fama & Jensen（1983）認為，如果董事長與總經理兩職合一，那麼意味著總經理自己監督自己，董事會對高級管理層的監控作用就被大大削弱了，董事會就難以完成其相關的職能，從而推測，當董事長和總經理的職位合二為一時，就會導致內部人控制董事會，代理成本增加，從而增加被出具非標準審計意見的可能性。Dunn（2004）也認為，董事長與總經理兩職合一的公司更有可能會發布虛假的財務信息。周洋、夏新利（2006）以 2006 年 128 家上市公司為研究樣本，研究公司治理質量與審計意見類型的關係。結果發現董事長兼任總經理與不潔淨意見正相關。這說

明兩職合一公司更容易被出具非標準審計意見。而周水平等（2009）增加了研究對象，以 2001—2003 年 3,216 家上市公司為研究對象，分析公司董事會特徵與審計意見之間的關係。結果發現，董事長與總經理兩職是否合一對審計意見沒有顯著影響。李萃等（2010）採用與周洋、夏新利（2006）類似的方法，選用 2008 年 70 家公司為研究樣本，研究董事會特徵與審計意見的關係，其研究結論支持了周水平等（2009）的結果。

5. 薪酬與審計意見

Beasley（1996）認為要使董事會的監控有效實施，不僅需要董事成員具有相關的知識和能力水平，而且需要對他們給予適當的激勵。而在中國，董事聲譽激勵和股權激勵制度還不太完善，薪酬激勵應該能夠起到一定的作用。Spatt（2006）指出，由於董事的代理衝突問題，在適當範圍內增加董事報酬將使他們更加認真地履行職責，由此推斷，增加董事的報酬有利於激發董事的積極性，加強董事對管理層的監督。莊炎國（2012）發現，董事報酬與被出具非標準無保留審計意見存在著顯著負相關關係。

6. 董事持股比例與審計意見

董事擁有相當數量的所有權份額可以在董事、股東和管理者之間形成一種更強的聯盟，因為董事作為股東，有很強的動機行使監督權。由此推斷，董事持股比例較高的公司，可以激勵董事努力工作，起到更好的監督經理層的作用。Chen et al.（2001）考察了以利潤調整為主要目的的盈餘管理與審計意見之間的關係，發現提高公司治理水平、董事會持股比例以及外資股比例有利於提高財務信息的質量，從而有利於減少公司收到非標準無保留審計意見的可能。薛祖雲、黃彤（2004）的研究也表明，董事適度持股能夠激勵其真正履行監督職責。對於持股董事人數較多、持股董事比例較高的公司，其財務報告被出具非標準無保留意見的可能性較小。周水平等（2009）的研究也證實，董事會持股董事比例越高，公司更可能收到標準審計意見。但李萃等（2010）和莊炎國（2012）的研究結果卻表明，上市公司董事持股比例與審計意見之間的相關性不具有顯著性。可能的原因是中國上市公司董事會成員持股比例低，大部分董事不持股。在這種情況下，股權激勵有可能不能充分發揮出來，各董事的積極性沒有被充分調動，因此這一指標在董事會特徵中所起的作用很小，對審計意見的影響不容易被發現。

（二）股權集中度與審計意見

從理論上講，上市公司股權集中度越高，控股股東對上市公司的控制

能力越強，大股東通過關聯交易盈余管理從上市公司轉移利益的動機、能力和程度應該更大。Shleifer & Vishny（1997）認為，當股權集中度增加到第一大股東可以有效控制公司時，第一大股東傾向於通過對少數股東的剝奪來實現自身效用。Zingales（1995）也認為，如果大股東可以對公司進行強有力的控制以解決委託代理問題，那麼他們同樣可以利用這種信息優勢掏空上市公司。唐躍軍等（2006）認為，為了制衡大股東的行為，其他股東有可能通過與外部審計者合作，配合註冊會計師審計，向審計師人提供內部信息，以此來發現控股股東的財務粉飾和造假行為。李增泉等（2004）和張秀梅（2009）認為，高質量的外部審計應該會對該類公司出具非標準審計意見，因此，股權集中度和審計意見之間應該具有相關性。周洋、夏新利（2006）研究發現，第一大股東持股比例與不潔淨意見正相關。王震、彭敬芳（2007）的研究結果表明，流通股比例越高，越容易收到標準無保留的審計意見，代表股權集中度的前10位大股東持股比例的平方和與標準無保留審計意見負相關。張秀梅（2009）的研究結論也顯示，股權集中度與非標準審計意見正相關，並且股權集中度高的公司更容易獲得非標準審計意見。呂敏蓉（2011）以2007—2008年滬市A股上市公司為樣本，研究了上市公司股權特徵對非標準審計意見的影響。結果發現，第一大股東絕對控股是上市公司收到非標準審計意見的正向影響因素。

（三）股權制衡與審計意見

中小股東無法獲取粉飾財務報表所帶來的收益，相反還可能承擔由此帶來的風險和損失，因此他們通常會採取一些制衡措施來監督大股東的控制權和私人收益，更多地扮演著監督和制衡的角色。理論上講，其他股東對控股股東的制衡能力越強，控股股東財務造假和舞弊的可能性就越小，報表重大錯報的可能性就越低，被出具非標準意見的可能性就越小。王躍堂、趙子夜（2003）研究了股權制衡度對審計意見類型的影響，發現股權制衡度越高，上市公司被出具非標準無保留審計意見的可能性越小。張力（2010）的實證檢驗表明，股權制衡對上市公司大股東占款以及審計師出具非標準意見有著顯著的影響，即隨著股權制衡度的提高，審計師對大股東占用上市公司資金的行為更有可能出具非標準審計意見。張敏、馮虹茜、張雯（2011）研究發現，機構投資者持股比例越高，公司越可能聘請大型會計師事務所進行審計，也更容易獲得清潔的審計意見。

（四）內部控制與審計意見

公眾公司會計監察委員會（2004）認為，內部控制是影響財務報告可

靠性的一種重要機制。防止、發現並糾正財務報告錯誤或舞弊行為是內部控制的目標之一。設計、實施和維護與財務報表編製相關的內部控制，以使財務報表不存在由舞弊或錯誤而導致的重大錯報，是上市公司管理層對財務報表應負的責任。在風險導向審計模式下，審計程序是根據財務報表重大錯報風險的評估結果來設計的。在進行風險評估時，註冊會計師需要考慮與財務報表編製相關的內部控制。如果在對內部控制進行瞭解的過程中發現內部控制存在重大缺陷，那麼公司的財務風險往往可能比較高。根據風險傳導效應，被審計單位的內部控制風險越高，財務報告出現重大錯報的可能性就越大。楊德明等（2009）認為，這就增加了審計失敗的風險，導致審計師面臨的訴訟風險增大。出於規避審計風險的考慮，註冊會計師可能更傾向於出具非標準審計意見。

蔡春等（2005）發現公司內部管理質量特徵指標對審計意見存在顯著影響。Hollis Ashbaugh-Skaife et al.（2007）研究發現，內部控制質量與應計盈餘質量相關，連續數年內部控制審計意見的變化也會導致應計盈餘質量的同方向變化。Hammersley（2008）研究了404條款頒布后市場對內部控制缺陷披露的反應，發現對於那些可能發生內部控制缺陷的公司的市場反應普遍不好。李壽喜等（2013）認為，對於存在內部控制缺陷的公司，其財務風險或信息的不確定性往往較高。出於規避審計風險的考慮，註冊會計師更傾向於出具非標準審計意見。楊德明和胡婷（2010）、潘芹（2011）、楊群輝和王玉蓉（2011）、孫麗華（2013）、李祎（2013）等的研究均表明，公司內部控制質量與非清潔審計意見顯著負相關。上市公司提高內部控制質量，能夠顯著地降低審計師對公司出具非標準審計意見的概率。肖成民、李茸（2012）以內部控制指數作為上市公司內部控制有效性的衡量指標。研究發現，上市公司的內部控制有效性越弱，其年度報告被註冊會計師出具非標準審計意見的可能性越高，並且這一結果在非標準審計意見樣本之中仍然存在。上市公司的內部控制有效性越弱，越可能被出具懲罰力更強的審計意見。項苗（2012）進一步研究上市公司內部控制缺陷與審計意見之間的關係。通過較為深入的實證分析發現，社會責任內部控制缺陷、資金活動內部控制缺陷、資產管理內部控制缺陷、合同管理內部控制缺陷均與非標準審計意見呈顯著正相關關係。

孫麗華（2013）認為，內部控制信息披露程度反應了企業內部控制的總體水平，內部控制信息披露的詳細程度能一定程度上反應了管理當局對企業內部控制有效性的信心。內部管理質量好的公司更願意及時地將其優

質的信息傳遞給信息使用者，而內部管理質量差的公司則不願披露內部控制信息和註冊會計師對內部控制審計的結果。因此，上市公司內部控制自願披露的程度可以用作衡量上市公司內部控制有效性的重要標準。李明輝等（2003）對中國年上市公司年報中的內部控制信息披露狀況進行了分析，發現內部控制信息披露與財務報告質量、公司質量之間存在一定的關聯。高質量的公司披露內部控制信息的動力高於低質量的公司。標準無保留審計意見的公司披露情況好於非標準無保留意見的公司。王懷明、項敏（2009）發現，信息披露質量對註冊會計師出具無保留審計報告具有顯著的正面影響。陳麗蓉、牛藝琳（2010）利用 1,543 家 A 股上市公司數據，以 2008 年度中國 A 股上市公司中的非標準意見為視角，將內部控制信息披露程度、內部監督和外部監督作為內部控制效率的替代變量，探討內部控制效率對審計意見類型的影響。檢驗結果表明，上市公司內部控制效率的高低是影響審計意見類型的重要因素，非標準意見與內部控制信息披露程度、內部監督顯著負相關。袁鳳林、堯華英（2011）以 2006—2008 年深市主板上市公司為樣本數據，從外部審計的視角就外部審計與內部控制信息披露的關係進行了實證分析。結果表明審計意見類型與內部控制信息披露有重要相關性。

（五）內部審計與審計意見

除董事會和內部控制外，已有學者將研究的視角轉向企業的內部審計質量對外部審計意見的影響。孫曉光、鐘婷（2012）將客觀性、專業勝任能力和內部審計部門規模作為衡量內部審計質量的替代變量，檢驗內部審計質量和審計意見之間的關係。研究發現，在控制了其他變量的影響後，內部審計質量和審計意見顯著負相關，即高質量的內部審計能有效阻止舞弊，提高財務報表質量，增強外部審計師對其信賴程度，進而降低被出具非標準無保留意見的可能性。

三、研究設計

（一）研究假設

董事會規模是董事會職能履行的先決條件，因此被認為是影響會計信息質量的一個重要因素。關於董事會規模對會計信息質量的影響，學術界有不同看法。有些人認為，大規模的董事會能提高治理效率。董事會規模比較大、成員多，可以為董事會帶來更多的知識和經驗。並且，董事會成員多，意味著成員兼有各個專業領域的特長。這樣董事可以從自己的專業

角度對企業的經營管理提出建議，實現優勢互補，同時在進行決策時可以聽取各方面的不同意見，兼容並包，將企業的經營風險降到最低。另外，董事會由代表不同利益主體的人員組成。在成員較多的情況下，董事會可以更好地協調各主體間的利益。而有的人則認為，小規模的董事會更能提高公司治理效率。因為，董事會人數越多，成員間彼此溝通與協調就越困難，就越難形成有效的決議，對管理層的監督作用也越弱，此時董事會更容易被總經理所控制。因此，適度規模的董事會有助於提高會計信息質量，降低審計師的審計風險，由此提出假設1。

假設1：董事會規模與非標準審計意見正相關。

影響董事會運行效率的一個重要因素就是獨立董事的比例。其一，獨立董事來源於企業外部。因此相對於內部董事而言，他們更加中立，能更加客觀地評價管理層的對董事會決議的執行情況。其二，獨立董事能夠更好地發揮監督的職能，減少外界的干預，預防財務詐欺，確保財務信息的真實、可靠。其三，獨立董事往往都具有很高的專業能力，而且他們能夠對公司的決策提出很好的建議。因此，提高獨立董事比例，有助於削弱控股股東對經營信息的壟斷性，提高大股東操縱會計信息的機會主義成本，確保會計信息的質量，降低審計師的審計風險，由此提出假設2。

假設2：獨立董事比例與非標準審計意見負相關。

召開董事會會議是董事會履行監督決策職能的最常見方式。關於董事會會議頻率與會計信息質量的關係，現有研究主要形成了以下三種觀點：第一，董事會會議僅是一種形式，所起到的實際作用相當有限，與董事會運行效率和信息質量關係不大。第二，舉行董事會會議並非是董事們的主動行為，而是解決公司異常事件或重大失誤的「滅火器」。高頻率的董事會會議可能是公司較差業績的一種外在表現形式，而差的公司業績為報表舞弊提供了動機。第三，董事會會議次數的多少反應了公司董事履職是否勤勉。同時，會議次數多意味著董事之間的溝通比較及時，內部信息交流也比較充分，察覺管理層問題行為的可能性就越高。由此，提出假設3。

假設3：董事會會議頻率與非標準審計意見正相關。

委託代理理論認為，為了解決股東和經營者之間由於信息不對稱而產生的逆向選擇和道德風險問題，需要一定的監督措施。股東為了更好地監督經理層的行為設置董事會。董事會制度可以在一定程度上減少委託代理存在的風險和矛盾。董事會的一項職責就是對公司的經營做出決策，並監督管理層的執行。總經理作為管理層的首要負責人，要對董事會決策的執

行情況負最終的責任。在兩職合一時，經理層的個人權利很大，存在很大的尋租空間，容易形成內部人控制。董事會對管理層的監督職能形同虛設，披露出來的會計信息對實際控制人有利，但對外部投資者而言沒有參考價值，從而對會計信息質量產生不利的影響。董事長與總經理的兩職分離，會使公司治理結構中的外部約束監督機制得到加強。經理層在約束下會採用較為穩健的會計政策，從而提高了公司的會計信息質量，降低審計師的審計風險，由此提出假設4。

假設4：董事長與總經理兩職合一與非標準審計意見正相關。

激勵約束機制是委託人為了降低代理成本，防止形成內部人控制的局面而設計的。激勵管理層從股東利益出發，謀取公司價值的最大化。合理的薪酬能夠很好地將董事、監事和管理層的利益與企業的利益聯繫到一起，這樣就可以更好地解決代理問題，提高公司價值。由此提出假設5。

假設5：董事、監事和經理層薪酬與非標準審計意見負相關。

董事對公司的經營和管理起著至關重要的作用。董事會對公司的經營做出決策，並監督管理層的執行。對於董事而言，持有公司股票能夠帶來的收入是一種未來的收益。這份收益的實際價值的關鍵在於其所負責公司的實際經營業績。業績好壞會導致這份收益的實際價值有較大程度的不同。由於股票價值的實現往往需要較長時間，因此董事們若要實現自身利益的最大化，必須重視公司的長遠發展。董事會成員可以通過有效的經營決策來實現企業價值最大化，同時行使監督職責以約束經理層的不當行為，由此實現了自身利益與公司長期利益的捆綁。在此目的的驅動下，公司對外披露的會計信息質量會得到提高。由此提出假設6。

假設6：董事持股比例與非標準審計意見負相關。

第一大股東持股比例反應了一個公司股權集中度的高低。從理論上講，股權集中度既不能過高，也不能過低。如果股權太過於分散的話，那麼各大股東對企業均沒有控制力，各大股東通過協商達成一致決議的成本就會很高，此時公司的管理就會缺乏效率。隨著第一大股東持股比例的提高，股東對公司管理層的監管能力越來越強。但如果股權太過集中，大股東就有能力利用自己的職權去侵害小股東的利益，也會對公司的經營產生不利影響。股權集中度影響會計信息質量披露的原因在於會計政策的選擇會受股權結構的影響。對於高度集中的股權結構，會計政策會向絕對控股股東利益傾斜。另外，中國相當一部分上市公司都是由以前的國企改制而成的。在這些公司中，國家作為第一大股東占據了公司大部分的股份，國

資委等部門在代表國家和人們行使股東權利的時候缺乏動力去監督管理者，出現「所有者缺位」的現象。因此股權集中度高的公司，存在虛構和隱瞞不利信息的可能性更高。由此提出假設 7。

假設 7：股權集中度與非標準審計意見正相關

Shleifer & Vishny（1997）認為，公司其他股東對第一大股東的制衡是保護外部投資者利益的一種重要機制。Pagano & Roel（1998）研究了多個大股東的存在對抑制資產侵占行為的作用，發現多個大股東的存在可以起到相互監督和制衡的作用。BENNEDSEN & DANIEL WOLFENZON（2000）也認為，如果除去第一大股東之外的其他幾大股東聯合起來有能力影響公司決策，那麼就可以阻止第一大股東隨心所欲的為所欲為。這種對第一大股東的制約作用會改善公司的治理環境。在中國，受「一股獨大」的現象影響，部分上市公司董事會的監督職能可能會被削弱。除第一大股東以外的其他大股東出於自身利益的考慮，會選擇與外部審計師合作，配合審計師對大股東侵占上市公司資金的行為進行監督，從而保護自身和中小投資者的利益。因此，我們提出如下研究假設 8。

假設 8：股權制衡度與非標準審計意見負相關。

(二) 迴歸模型

為了檢驗上述假設，建立的迴歸模型如下：

$$AUDOP = \alpha_0 + \alpha_1 CP + \alpha_2 ROA + \alpha_3 ALR + \alpha_4 TAT + \alpha_5 LNSIZE + \varepsilon \tag{1}$$

其中，CP 代表公司治理。模型中其他變量定義如表 2-25 所示。

表 2-25　　　　　　　　　　變量定義表

變量名		變量定義
AUDOP		審計意見，當審計意見為非標準審計意見時取 1，否則為 0
CP	BOARD	董事人數
	INDE	獨立董事占董事會的比例
	BOAME	董事會會議次數
	COMB	董事長與總經理兼任時取 1，否則為 0
CP	SALA	董事薪酬的對數
	BDHL	董事會持股數量的對數
	NEGS	股權集中度，公司第一大流通股股東持股比例
	NEGSZ	股權制衡度，公司第一大流通股股東與第二大流通股股東持股比例的比值

表2-25(續)

變量名	變量定義
ROA	資產收益率
ALR	資產負債率
TAT	總資產週轉率
LNSIZE	公司規模，以資產總額的對數計量

(三) 數據來源

為了對研究假設進行檢驗，本書選用1999—2012年深滬上市公司的數據。剔除數據缺失和金融行業公司后，得到14,065個樣本。為消除極端值的影響，本書對迴歸中使用到的連續變量按1%進行了Winsorize縮尾處理。樣本數據來自於CSMAR數據庫。本書使用Stata 12.0對數據進行處理。

四、數據分析與結果

(一) 描述性統計

表2-26報告了樣本的年度行業分佈情況。從表2-26可以看出，樣本在年度、各行業的分佈基本合理。

表2-26　　　　　　　　　樣本分佈表

行業	1999年	2000年	2001年	2002年	2003年	2004年	2005年	2006年	2007年	2008年	2009年	2010年	2011年	2012年	合計
A	4	6	15	20	20	26	26	26	24	24	24	24	25	25	289
B	9	8	26	28	31	38	38	38	43	43	43	44	43	43	475
C	185	154	443	525	538	611	622	620	615	616	614	625	643	650	7,461
D	27	17	41	44	48	56	59	58	62	59	62	64	63	63	723
E	3	5	13	15	16	22	23	23	25	25	27	26	30	29	282
F	17	11	28	35	40	46	44	47	52	52	55	59	59	59	604
G	8	9	35	39	49	58	54	54	56	57	57	57	57	55	645
H	28	22	77	89	83	85	85	86	88	88	89	92	92	91	1,095
J	44	40	84	90	87	102	104	98	105	104	106	107	108	108	1,287
K	11	12	25	27	23	30	34	34	35	36	38	38	38	39	420
L	5	1	14	17	15	17	15	15	16	17	18	19	20	20	209
M	19	11	37	42	43	47	47	47	47	48	45	47	47	48	575
合計	360	296	838	971	993	1,138	1,153	1,146	1,168	1,168	1,177	1,202	1,225	1,230	14,065

表 2-27 報告了變量的描述性統計。從表 2-27 可以看出，審計師出具的標準審計意見的比例較大，非標準審計意見的平均比例僅為 7.27%。董事會規模（BOARD）的最大值為 19，最小值為 3。獨立董事在董事會所占比例的最大值為 80%，最小值為 0[1]。在全部樣本公司中，董事會會議（BOAME）的最大值為 56 次，最小值為 2 次。公司第一大流通股股東持股比例 NEGS 的最大值為 61.1%，最小值為 9.38%。公司第一大流通股股東與第二大流通股股東持股比例的比值 NEGSZ 的最大值為 131.01，最小值為 1。資產收益率均值為 2.91%。樣本的資產負債率均值為 52.60%。總資產週轉率均值為 0.719。

表 2-27 變量描述性統計

變量	N	均值	標準差	最小值	最大值
AUDOP	14,065	0.072,663	0.259,591	0	1
BOARD	14,064	9.317,762	1.958,884	3	19
INDE	14,065	0.358,319,1	0.056,312,8	0	0.8
BOAME	14,065	8.854,177	3.778,682	2	56
COMB	14,065	0.129,044	0.335,26	0	1
SALA	14,065	13.073,91	1.085,51	4.753,59	16.963,74
BDHL	14,065	5.565,203	5.896,882	0	20.759,98
NEGS	14,065	13.923,49	17.005,78	9.38	61.1
NEGSZ	14,065	9.892,595	21.038,55	1	131.012,7
ROA	14,065	0.029,116	0.070,754	−0.279,4	0.215,846
ALR	14,065	0.526,015	0.197,66	0.074,292	0.943,38
TAT	14,065	0.718,571	0.543,139	0.029,07	2.865,92
LNSIZE	14,065	21.715,43	1.279,176	12.314,2	28.405,2

表 2-28 報告了變量的相關係數。從表 2-28 可以看出，各變量之間存在顯著的相關關係。除了 BOARD 與 INDE 之間的系數為 0.767，其他變量之間的系數均小於 0.6。

---

[1] 2001 年 8 月中國證監會發布了《關於在上市公司建立獨立董事制度的指導意見》（以下簡稱《意見》），強制要求所有上市公司必須按照《意見》規定，開始建立獨立董事制度。

(二) 迴歸結果分析

表2-29報告了單變量迴歸結果。從表2-29結果（1）可以看出，BOARD與AUDOP正相關，且在1%水平下顯著，說明董事會規模與非標準審計意見負相關，支持了假設1。結果（2）則顯示，INDE與AUDOP負相關但不顯著，表明董事會中獨立董事的比例並沒有顯著提高公司的會計信息質量，即假設2沒有得到支持。結果（3）則顯示，BOAME與AUDOP的迴歸係數為負但不顯著，表明董事會會議次數與非標準審計意見不存在顯著的關係，即假設3沒有得到支持。結果（4）顯示，COMB與AUDOP的迴歸係數為負，並且在5%水平下顯著，說明董事長與總經理雙職合一的公司被出具非標準審計意見的可能性更小，即假設4沒有得到支持。這可能是因為中國目前經理人市場還不夠完善。在此情況下雙職合一的企業管理效率更高，並且在雙職合一情況下，經理層在外部審計的聘請上話語權更大，對審計師的壓力會更大，從而可能會影響審計師審計意見的簽發。結果（5）顯示，SALA與AUDOP的迴歸係數為負，並且在10%水平下顯著，說明董事成員薪酬水平與非標準審計負相關，即薪酬水平越高，企業被出具非標準審計意見的可能性就越低，支持了假設5。結果（6）顯示，BDHL與AUDOP的迴歸係數為負，並且在1%水平下顯著，說明董事會成員持股數量越多，被出具非標準審計意見的可能性就越小，支持了假設6。結果（7）顯示，NEGS與AUDOP的迴歸係數為負，並且在1%水平下顯著，說明第一大股東持股比例越大，被出具非標準審計意見的可能性就越小，即假設7沒有得到支持。結果（8）顯示，NEGSZ與AUDOP的迴歸係數為負，並且在10%水平下顯著，說明股權制衡度越大，被出具非標準審計意見的可能性就越小，支持了假設8。

為了分析公司治理與審計意見之間的關係，本書還進行了多變量迴歸分析，結果顯示在表2-30中。從表2-30可以看出，BOARD與AUDOP正相關，且在1%水平下顯著，說明董事會規模與非標準審計意見負相關，支持了假設1。COMB，NEGS與AUDOP的迴歸係數為負，並且在5%水平下顯著，即假設4、假設7沒有得到支持。BDHL與AUDOP的迴歸係數為負，並且在1%水平下顯著，支持了假設6。SALA與AUDOP迴歸係數為負但顯著性不夠，說明董事成員薪酬水平與非標準審計意見僅存在弱相關性。INDE，BOAME，NEGSZ與AUDOP的迴歸係數不顯著，即假設2、假設3和假設8沒有得到支持。

表 2-28　相關係數表

	AUDOP	BOARD	INDE	BOAME	COMB	SALA	BDHL	NEGS	NEGSZ	ROA	ALR	TAT	LNSIZE
AUDOP	1												
BOARD	-0.054***	1											
INDE	-0.066***	0.767***	1										
BOAME	-0.015*	-0.051***	0.008.00	1									
COMB	0.030***	-0.088***	-0.078***	0.003.00	1								
SALA	-0.155***	0.121***	0.132***	0.133***	0.001.00	1							
BDHL	-0.080***	0.076***	0.039***	0.032***	0.029***	0.165***	1						
NEGS	-0.104***	-0.031***	0.060***	0.092***	-0.047***	0.108***	-0.049***	1					
NEGSZ	-0.054***	-0.015*	0.048***	0.027***	-0.037***	0.021***	-0.044***	0.559***	1				
ROA	-0.442***	0.077***	0.090***	0.005.00	-0.055***	0.241***	0.055***	0.113***	0.018**	1			
ALR	0.227***	0.018**	0.035***	0.151***	0.005.00	-0.021***	-0.004.00	0.041***	0.015*	-0.413***	1		
TAT	-0.132***	0.076***	0.078***	-0.033***	-0.028***	0.144***	0.061***	0.081***	0.054***	0.240***	0.046***	1	
LNSIZE	-0.227***	0.234***	0.290***	0.194***	-0.099***	0.343***	0.144***	0.319***	0.192***	0.237***	0.215***	0.140***	1

註：*，**，*** 分別表示在 10%，5% 和 1% 水平上顯著。

表 2-29　　　　　　　　　　　單變量迴歸結果

	(1) AUDOP	(2) AUDOP	(3) AUDOP	(4) AUDOP	(5) AUDOP	(6) AUDOP	(7) AUDOP	(8) AUDOP
BOARD	0.061,3***							
	(2.90)							
INDE		-0.126						
		(-0.18)						
BOAME			-0.006,04					
			(-0.53)					
COMB				-0.275**				
				(-2.40)				
SALA					-0.078,6*			
					(-1.87)			
BDHL						-0.028,1***		
						(-3.67)		
NEGS							-0.008,09***	
							(-2.72)	
NEGSZ								-0.004,12*
								(-1.69)
ROA	-11.22***	-11.21***	-11.22***	-11.31***	-11.13***	-11.36***	-11.15***	-11.24***
	(-21.71)	(-21.72)	(-21.76)	(-21.81)	(-21.54)	(-21.90)	(-21.60)	(-21.76)
ALR	3.121***	3.092***	3.099***	3.096***	3.051***	3.029***	3.097***	3.090***
	(14.21)	(14.12)	(14.13)	(14.11)	(13.88)	(13.83)	(14.12)	(14.09)
TAT	-0.523***	-0.499***	-0.499***	-0.502***	-0.479***	-0.477***	-0.479***	-0.491***
	(-5.21)	(-5.02)	(-5.03)	(-5.04)	(-4.81)	(-4.83)	(-4.83)	(-4.95)
LNSIZE	-0.752***	-0.727***	-0.725***	-0.736***	-0.704***	-0.696***	-0.705***	-0.716***
	(-18.45)	(-18.32)	(-18.16)	(-18.42)	(-17.04)	(-17.30)	(-17.37)	(-17.79)
_cons	11.29***	11.38***	11.34***	11.56***	11.87***	10.83***	10.94***	11.12***
	(13.97)	(13.49)	(14.04)	(14.20)	(13.86)	(13.33)	(13.30)	(13.63)
N	14,065	14,065	14,065	14,065	14,065	14,065	14,065	14,065
LRchi2(5)	2,495.91	2,487.68	2,487.93	2,493.65	2,491.12	2,501.35	2,495.33	2,490.73
Prob>chi2	0.000,0	0.000,0	0.000,0	0.000,0	0.000,0	0.000,0	0.000,0	0.000,0
PseudoR2	0.340,6	0.339,5	0.339,6	0.340,3	0.340,0	0.341,4	0.340,6	0.339,9
Loglikelihood	-2,415.52	-2,419.63	-2,419.58	-2,416.72	-2,417.98	-2,412.87	-2,415.88	-2,418.18

註：*，**，*** 分別表示在10%、5%和1%水平上顯著。

表 2-30　　　　　　　　　多變量迴歸結果

	AUDOP
BOARD	0.062,9***
	(2.81)
INDE	0.531
	(0.73)
BOAME	-0.002,02
	(-0.18)
COMB	-0.245**
	(-2.13)
SALA	-0.069,0
	(-1.61)
BDHL	-0.032,1***
	(-4.10)
NEGS	-0.008,75**
	(-2.36)
NEGSZ	-0.000,422
	(-0.14)
ROA	-11.33***
	(-21.56)
ALR	3.032***
	(13.69)
TAT	-0.465***
	(-4.64)
LNSIZE	-0.679***
	(-15.30)
_cons	10.73***
	(11.57)
N	14,065
LRchi2（5）	2,528.70
Prob>chi2	0.000,0
PseudoR2	0.345,1
Loglikelihood	-2,399.12

註：*，**，*** 分別表示在 10%、5% 和 1% 水平上顯著。

五、研究結論

通過對 1999—2012 年的數據分析得到如下結論：①董事會規模越大的公司，越有可能被出具非標準審計意見。②董事會成員薪酬水平越高，企業被出具非標準審計意見的可能性就越低。③董事會成員持股數量越多，企業被出具非標準審計意見的可能性就越小。④股權制衡度越大，企業被出具非標準審計意見的可能性就越小。⑤董事長與總經理雙職合一的公司被出具非標準審計意見的可能性更小。⑥第一大股東持股比例越大，企業被出具非標準審計意見的可能性就越小。⑦董事會中獨立董事的比例和董事會每年會議次數與非標準審計意見不存在顯著的相關關係。

第六節 違規行為與審計意見

一、違規行為概述

上市公司違規行為始終伴隨著證券市場的發展而存在。隨著中國證券市場的發展，每年都會出現不同類型、不同程度的違規行為。上市公司的重大違規行為，不僅嚴重損害了廣大投資者的利益，而且也嚴重困擾著證券市場的秩序，影響中國證券市場快速、健康的發展。上市公司的違規行為，按其表現形式可以分為財務信息不實、資金違規和操縱市場三類。

（一）財務信息不實

財務信息不實主要包括一般會計處理不當、虛構利潤、虛列資產、誤導性陳述、推遲披露、重大遺漏和披露不實等。

一般會計處理不當是指企業在會計核算過程中沒有完全按照會計準則和相關制度的要求進行處理，但其所涉及的事項或金額不重要。

虛構利潤是指企業通過多收收入或少計費用等方式，虛假增加對外報告利潤的違規行為。

虛列資產是指企業記錄了不存在的資產或高估資產入帳價值的行為。

誤導性陳述是指企業在信息披露文件中或者借助媒體，讓投資者對投資決策產生錯誤的判斷以及具有重大影響的違規陳述行為。上市公司對外披露的信息雖然並沒有違背真實情況，但是在表述上存在嚴重的缺陷或不當，使得投資者容易產生歧義性的理解，導致投資者無法做出正確的、客

觀的投資決策。

推遲披露是指上市公司對發生在生產經營過程中，可能對上市公司股價產生較大影響的重大事件，不及時披露；對在公共傳媒中出現的對上市公司股價產生誤導性影響的傳言或消息，不及時公開澄清；在資本市場上出現股價異常波動情況時，不及時披露原因。

重大遺漏是指上市公司在進行信息披露時，為了謀取某種不正當利益而在信息披露文件中對投資者應該知道的重大問題或有關事項進行部分披露或者隱瞞而根本不予披露的行為。重大遺漏根據主觀形態就分為過失遺漏與故意遺漏。根據客觀形態可以分為部分遺漏和完全遺漏。前者是指只公開了《中華人民共和國證券法》和《中華人民共和國公司法》等法律法規規定應該披露內容的一部分，而後者是指法定應該披露的事項根本不予披露，導致投資者根本不知道有此事項。

披露不實是指企業在依法公開披露的信息中做出不真實或包含重大遺漏的陳述，或對應該披露的事項不披露，導致廣大投資者在不知道真實情況下做出投資決策的違法違規行為。

（二）資金違規

資金違規行為主要包括詐欺上市、出資違規、擅自改變資金用途和占用公司資產等。

（三）操縱市場

操縱市場是指上市公司存在內幕交易、違規買賣股票、操縱股價和違規擔保等行為。

二、違規行為與審計意見

由於信息披露虛假、未及時披露公司重大事項、未按時披露定期報告和業績預測結果不準確或不及時等原因，上市公司會被證券交易所或證券監管委員會處分，施以公開批評、公開譴責或行政處罰等。當上市公司因為違規被審計單位處分時，更容易引起審計師的注意和警惕。監管機構對財務報告舞弊的行政處罰越嚴厲，對審計客戶和審計師的約束能力就越強，就越有利於改善審計意見。財務報告舞弊的行政處罰越嚴厲，意味著監管當局的監管力度越大，審計客戶與審計師合謀所面臨的監管風險越大。因此，張宏偉（2011）認為，財務報告舞弊的行政處罰越嚴厲，會使得審計師執業越加謹慎，從而提高了審計意見購買的難度，降低了自身被證券監管部門處罰的概率和程度。另外，彭冰（2008）認為，公司違規行

為帶來的法律風險往往體現了一個公司管理層的治理水平和經營能力。這既是企業整體風險的風向標，也是公司質量的重要影響因素。公司違規事件越多，表明公司治理能力越差，內部控制水平越低，財務報告的真實性越易受到懷疑，經營失敗的可能性就越高，審計師遭遇訴訟風險並進而導致損失的概率越高。馮延超和梁萊歆（2010）、賀穎（2010）認為，審計師在審計此類公司時，為了降低因出具不正確審計意見而被訴訟或被處罰的預期風險，更傾向於出具非標準的審計意見。

馮延超、梁萊歆（2010）的研究結果表明，上市公司的法律風險與審計意見類型顯著正相關，即上市公司涉及的訴訟和違規事件越多，越有可能被出具非標準的審計意見。任秀梅、王立嬌、柳汶言（2012）以2001—2010年所有被處罰的上市公司為研究對象，進行實證研究，發現在其他條件一定的情況下，上市公司被處罰的當年，註冊會計師出具非標準審計意見的概率明顯增大，且被處罰的程度越嚴重，得到非標準審計意見的可能性越高。趙彥、吳曉娟（2013）的研究結果也表明，在現代風險導向審計模式下，註冊會計師在實施審計的過程中和最終出具審計結論時，對被審計單位的法律風險給予了充分關註。在控制了其他影響因素後，相對於不存在訴訟仲裁和違規處分的上市公司，註冊會計師對於存在違規處分和訴訟仲裁的上市公司更傾向於出具非標準的審計意見。上市公司發生違規處分和訴訟仲裁的次數越多，被出具非標準審計意見的概率越大。

三、研究設計

（一）研究假設

上市公司因違規被處罰后，可能會導致監管部門的后續跟蹤監管，從而導致違規公司再次被監管審查的可能性相對較大。隨著社會對審計服務關註度的提高，監管機構對審計市場的監管力度也在不斷加大。一旦出具了不客觀的審計報告，會計師事務所不僅要面臨民事處罰，甚至還要面臨刑事處罰。另外，對於因違規行為而受到監管機構處罰的上市公司，其聲譽必然會受到違規行為的影響。報表使用者對該公司會計報告的可靠性和客觀性以及對該公司高管的誠信度和能力必然會產生質疑。作為公司的外部利益相關者的審計師，同樣會對公司違規的可信度評價較低，並且在對違規公司出具審計意見時，也會顯得比較謹慎。由此，提出以下假設。

假設：上市公司的違規行為與非標準審計意見正相關。

(二) 迴歸模型

為了檢驗上述假設，建立的迴歸模型如下：

$$AUDOP = \alpha_0 + \alpha_1 VITY + \alpha_2 ROA + \alpha_3 ALR + \alpha_4 TAT + \alpha_5 LNSIZE + \varepsilon \qquad (1)$$

其中，VITY 代表公司違規。模型中其他變量定義如表 2-31 所示。

表 2-31　　　　　　　　　　變量定義表

變量名		變量定義
AUDOP		審計意見，當審計意見為非標準審計意見時取 1，否則為 0
VITY	BBBS	報表不實，當公司虛構利潤、虛列資產、誤導性陳述、推遲披露、重大遺漏、披露不實等時取 1，否則為 0
	HSCW	當公司存在一般會計處理不當時取 1，否則為 0
	ZJWG	資金違規，當詐欺上市、出資違規、擅自改變資金用途、占用公司資產時取 1，否則為 0
	CZSC	操縱市場，當公司存在內幕交易、違規買賣股票、操縱股價、違規擔保時取 1，否則為 0
	QT	其他，當公司存在除上述情形外的違規行為時取 1，否則為 0
ROA		資產收益率
ALR		資產負債率
TAT		總資產週轉率
LNSIZE		公司規模，以資產總額的對數計量

(三) 數據來源

為了對研究假設進行檢驗，本書選用 2000—2012 年深滬上市公司的數據。剔除數據缺失和金融行業公司后，得到 15,000 個樣本。為消除極端值的影響，本書對迴歸中使用到的連續變量按 1% 進行了 Winsorize 縮尾處理。樣本數據來自於 CSMAR 數據庫。本書使用 Stata 12.0 對數據進行處理。

四、數據分析與結果

(一) 描述性統計

表 2-32 報告了樣本的年度行業分佈情況。從表 2-32 可以看出，樣本在年度、各行業的分佈基本合理。

表 2-32　　　　　　　　　　　樣本分佈表

行業	2000年	2001年	2002年	2003年	2004年	2005年	2006年	2007年	2008年	2009年	2010年	2011年	2012年	合計
A	19	21	22	24	25	24	24	24	26	24	25	25	26	309
B	24	29	31	35	39	39	38	42	45	45	46	47	49	509
C	485	541	576	609	642	621	617	616	620	618	626	646	676	7,893
D	48	51	54	56	63	62	63	63	65	66	66	67	67	791
E	13	16	19	21	23	23	23	24	24	26	27	29	30	298
F	33	37	42	48	47	52	55	56	57	55	60	61	63	658
G	48	51	54	59	58	57	54	54	55	54	55	58	56	713
H	82	86	91	89	89	87	87	89	90	90	93	94	98	1,165
J	98	107	107	111	108	101	100	100	104	107	109	110	112	1,375
K	34	33	36	33	34	35	36	34	33	34	34	37	40	453
L	15	17	19	18	17	16	16	14	14	15	16	20	23	220
M	51	52	52	50	48	45	45	46	45	44	45	47	47	617
合計	950	1,041	1,103	1,153	1,195	1,157	1,155	1,161	1,177	1,178	1,202	1,241	1,287	15,000

表 2-33 報告了變量的描述性統計。從表 2-33 可以看出，審計師出具的標準審計意見的比例較大，非標準審計意見的平均比例僅為 7.65%。樣本中違規公司的比例（VITY）為 7.21%，在所有的違規行為中，報表不實 BBBS 所占比重最大，占全部樣本公司的 5.55%；一般會計處理不當 HSCW 所占比重最小，僅為 0.59%；資金違規和操縱市場的比例分別為 1.03% 和 1.30%。資產收益率的均值為 3.01%。樣本的資產負債率均值為 49.96%。總資產週轉率的均值為 0.692。

表 2-33　　　　　　　　　變量描述性統計

變量	N	均值	標準差	最小值	最大值
AUDOP	15,000	0.076,528,2	0.265,85	0	1
VITY	15,000	0.072,128,5	0.258,709	0	1
BBBS	15,000	0.055,529,6	0.229,019	0	1
HSCW	15,000	0.005,932,9	0.076,799	0	1
ZJWG	15,000	0.010,332,6	0.101,127	0	1
CZSC	15,000	0.013,065,8	0.113,56	0	1
QT	15,000	0.031,331,2	0.174,217	0	1

表2-33(續)

變量	N	均值	標準差	最小值	最大值
ROA	15,000	0.030,157	0.077,766	-1.680,61	0.628,563
ALR	15,000	0.499,648,4	0.190,283	0.078,358	0.939,523
TAT	15,000	0.692,861,6	0.572,613	0	7.650,87
LNSIZE	15,000	21.537,82	1.233,788	12.314,2	28.405,2

表 2-34 報告了變量的相關係數。從表 2-34 可以看出，各變量之間存在顯著的相關關係。BBBS 與 VITY 之間的系數為 0.870。QT 與 VITY 之間的系數為 0.870 為 0.645。其他各變量之間的系數均小於 0.6。由於 BBBS 和 QT 均不在同一迴歸模型中出現，因此不存在多重共線性的問題。

表 2-34　　　　　　　　　　相關係數表

	AUDOP	VITY	BBBS	ZJWG	CZSC	HSCW	QT	ROA	ALR	TAT	LNSIZE
AUDOP	1										
VITY	0.192***	1									
BBBS	0.208***	0.870***	1								
ZJWG	0.119***	0.366***	0.378***	1							
CZSC	0.068***	0.413***	0.182***	0.122***	1						
HSCW	0.020**	0.277***	0.258***	0.112***	0.060***	1					
QT	0.092***	0.645***	0.538***	0.277***	0.117***	0.370***	1				
ROA	-0.384***	-0.159***	-0.175***	-0.078***	-0.065***	-0.025***	-0.103***	1			
ALR	0.173***	0.079***	0.083***	0.033***	0.043***	0.032***	0.052***	-0.346***	1		
TAT	-0.121***	-0.082***	-0.084***	-0.041***	-0.023***	-0.002,00	-0.035***	0.196***	0.091***	1	
LNSIZE	-0.185***	-0.089***	-0.097***	-0.036***	-0.016**	0.005,00	-0.035***	0.200***	0.248***	0.148***	1

註：*，**，*** 分別表示在 10%、5% 和 1% 水平上顯著。

(二) 迴歸結果分析

表 2-35 報告了模型的迴歸結果。從表 2-35 結果（1）可以看出，VITY 與 AUDOP 顯著正相關，說明與其他公司相比，違規行為被出具非標準審計意見的可能性更高，證實了本書的假設。為了進一步分析各違規類型與審計意見之間的關係，本書將違規行為劃分為報表不實、操縱市場等。表 2-35 的（2）~（6）列示了相關迴歸結果。從結果（2）、（4）、（5）、（6）可以看出，BBBS、ZJWG、CZSC、QT 與 AUDOP 正相關，且在 1% 水平下顯著。這說明存在報表不實、資金違規、操縱市場和其他違規的公司，被出具非標準審計意見的可能性更大。結果（3）顯示，HSCW 與

AUDOP 正相關但不顯著。這表明存在一般會計處理不當的公司，其被出具非標準審計意見的可能性與其他無違規行為公司沒有顯著差異。

表 2-35　　　　　　　　　　迴歸結果

	(1) AUDOP	(2) AUDOP	(3) AUDOP	(4) AUDOP	(5) AUDOP	(6) AUDOP
VITY	0.999***					
	(10.60)					
BBBS		1.122***				
		(11.17)				
HSCW			0.399			
			(1.06)			
ZJWG				1.555***		
				(7.64)		
CZSC					0.822***	
					(3.73)	
QT						0.622***
						(4.25)
ROA	−9.723***	−9.672***	−10.08***	−9.945***	−10.03***	−9.951***
	(−20.11)	(−19.97)	(−20.98)	(−20.68)	(−20.89)	(−20.70)
ALR	2.562***	2.571***	2.676***	2.667***	2.661***	2.661***
	(12.47)	(12.48)	(13.06)	(12.99)	(12.99)	(12.99)
TAT	−0.629***	−0.624***	−0.711***	−0.697***	−0.702***	−0.697***
	(−6.53)	(−6.50)	(−7.32)	(−7.16)	(−7.23)	(−7.18)
LNSIZE	−0.580***	−0.580***	−0.603***	−0.604***	−0.603***	−0.601***
	(−15.69)	(−15.63)	(−16.36)	(−16.31)	(−16.35)	(−16.32)
_cons	8.664***	8.674***	9.263***	9.243***	9.264***	9.199***
	(11.57)	(11.54)	(12.43)	(12.34)	(12.41)	(12.35)
N	15,000	15,000	15,000	15,000	15,000	15,000
LR chi2 (5)	2,169.54	2,180.07	2,068.66	2,118.73	2,080.08	2,084.22
Prob > chi2	0.000,0	0.000,0	0.000,0	0.000,0	0.000,0	0.000,0
Pseudo R2	0.267,6	0.268,9	0.255,2	0.261,4	0.256,6	0.257,1
Log likelihood	−2,968.607	−2,963.343	−3,019.048	−2,994.013	−3,013.338	−3,011.264,5

註：*，**，*** 分別表示在 10%、5% 和 1% 水平上顯著。

五、研究結論

通過對 2000—2012 年的數據分析得到如下結論：①上市公司的違規行為與非標準審計意見正相關，存在違規行為的公司被出具非標準審計意見的可能性更大。②上市公司的違規行為與審計意見的關係會隨著違規行為的嚴重程度而變化。存在報表不實、資金違規、操縱市場和其他違規行為的公司，被出具非標準審計意見的可能性高，而存在一般會計處理不當的公司，被出具非標準審計意見的可能性與其他無違規行為公司沒有顯著差異。

參考文獻

［1］賀穎，軒春雷. 上市公司審計意見及其影響因素實證分析［J］. 經濟視角（下），2009（7）：44-47.

［2］NICHOLAS DOPUCH, ROBERT W HOLTHAUSEN, RICHARD W LEFTWICH. Predicting audit qualifications with financial and market variables［J］. Accounting Review, 1987：431-454.

［3］TIMOTHY B BELL, RICHARD H TABOR. Empirical analysis of audit uncertainty qualifications［J］. Journal of Accounting Research, 1991：350-370.

［4］NAHUM D MELUMAD, AMIR ZIV. A theoretical examination of the market reaction to auditors' qualifications［J］. Journal of Accounting Research, 1997, 35（2）：239-256.

［5］JERE R FRANCIS, JAGAN KRISHNAN. Accounting accruals and auditor reporting conservatism［J］. Contemporary Accounting Research, 1999, 16（1）：135-165.

［6］李學東，高學敏. 審計意見的形成機制與市場傳導效應分析［J］. 現代財經—天津財經大學學報，2008（8）：45-48.

［7］JANE F MUTCHLER. Auditors' perceptions of the going-concern opinion decision［J］. Auditing：a Journal of Practice & Theory, 1984, 3（2）：17-29.

［8］蔡春，楊麟，陳曉媛，等. 上市公司審計意見類型影響因素的實證分析——基於滬深股市 2003 年 A 股年報資料的研究［J］. 財經科學，

2005（1）：95-102.

　　[9] 李樹華. 上市公司非標準無保留意見審計報告的實證分析 [J]. 中國註冊會計師，1999（10）：28-30.

　　[10] 田利軍. 審計意見影響因素實證分析 [J]. 中南財經政法大學學報，2007（6）：116-122，144.

　　[11] 白憲生，高月娥. 關於上市公司財務指標對非標準審計意見影響的研究 [J]. 工業技術經濟，2009（6）：145-150.

　　[12] 吳錫皓，曹智學，祝孝明. 財務能力、審計意見與自願性審計師變更關係實證研究 [J]. 財會通訊，2009（12）：102-104.

　　[13] CHARLES JP CHEN, SHIMIN CHEN, XIJIA SU. Profitability regulation, earnings management, and modified audit opinions：evidence from China [J]. Auditing：a Journal of Practice & Theory，2001，20（2）：9-30.

　　[14] B BAO, G CHEN. Audit qualifications prediction using accounting and market variables：the case of Chinese listed companies [J]. Working Paper，1998.

　　[15] 黃雲煉. 上市公司財務指標與審計意見類型相關性研究 [D]. 浙江大學，2006.

　　[16] 劉斌，孫回回，李嘉明. 自願性會計政策變更與非標準審計意見的相關性研究——來自1998—2002年深滬上市公司的經驗證據 [J]. 財貿研究，2004（3）：101-107.

　　[17] 邢俊. 中國上市公司盈餘管理與審計意見的實證研究 [J]. 黑龍江對外經貿，2007（8）：114-116.

　　[18] 江嶺. 關於上市公司年報審計意見的一項實證分析 [J]. 西南大學學報：社會科學版，2008（6）：125-129.

　　[19] 韋德洪，賈瑩丹，楊柳. 公司財務能力與審計意見類型的相關性研究 [J]. 會計之友，2011（28）：7-11.

　　[20] 魯桂華，余為政，張晶. 客戶相對規模、非訴訟成本與審計意見決策 [J]. 中國會計評論，2007（1）：95-110.

　　[21] 朱小平，余謙. 上市公司的財務指標與審計意見類型相關性的實證分析 [J]. 中國會計評論，2003（00）：29-48.

　　[22] 馬惠媚，袁春力. 公司績效與審計意見類型的相關性——基於中國製造行業上市公司的實證分析 [J]. 價值工程，2009（5）：140-143.

　　[23] 唐戀炯，王振易. 中國證券市場審計意見的決定因素 [J]. 河北

科技師範學院學報：社會科學版，2005（2）：15-18.

［24］李補喜，王平心. 上市公司年報審計意見影響因素實證研究［J］. 山西大學學報：哲學社會科學版，2006（1）：67-71.

［25］康豔利，呂瑩瑩，向榮. 財務狀況對審計意見影響的實證研究——基於中國上市公司的數據［J］. 中國鄉鎮企業會計，2009（6）：147-149.

［26］吳粒，趙秀梅，郭濤，等. 影響審計意見因素的實證分析［J］. 沈陽工業大學學報，2005（4）：453-457.

［27］楊華. 上市公司審計意見類型影響因素實證研究——以2004年滬、深兩市A股為例［J］. 山東工商學院學報，2008（4）：74-81.

［28］呂敏蓉. 上市公司非標準審計意見影響因素的實證研究——來自滬市A股證券市場的經驗證據［J］. 財會通訊，2011（12）：107-109，117.

［29］周楊. 中國上市公司審計意見影響因素的實證研究——基於2008年滬深A股年報數據的分析［J］. 會計之友，2011（4）：62-64.

［30］JEN C IRELAND, CLIVE S LENNOX. The large audit firm fee premium: a case of selectivity bias? ［J］. Journal of Accounting, Auditing & Finance, 2002, 17 (1): 73-91.

［31］夏立軍，楊海斌. 從審計意見看審計質量——上市公司2000年度財務報告審計意見實證分析［J］. 中國註冊會計師，2002（10）：3，23-26.

［32］高雷，張杰，宋順林. 關聯交易與審計意見的實證研究［J］. 山西財經大學學報，2007（2）：118-124.

［33］呂偉，林昭呈. 關聯方交易、審計意見與外部監管［J］. 審計研究，2007（4）：59-66.

［34］PAUL FRISHKOFF. An empirical investigation of the concept of materiality in accounting［J］. Journal of Accounting Research, 1970: 116-129.

［35］JAMES R BOATSMAN, JACK C ROBERTSON. Policy-capturing on selected materiality judgments［J］. The Accounting Review, 1974, 49 (2): 342-352.

［36］CW THOMAS, JL KROGSTAD, AMERICAN INSTITUTE of CERTIFIED PUBLIC ACCOUNTANTS, et al. Materiality guidance for authors［J］. Journal of Accountancy, 1979, 147 (2): 74-77.

[37] KATHERINE SCHIPPER. Commentary on earnings management [J]. Accounting Horizons, 1989, 3 (4): 91-102.

[38] ROSS L WATTS, JEROLD L ZIMMERMAN. Positive accounting theory: a ten year perspective [J]. Accounting Review, 1990: 131-156.

[39] KATHRYN ANDERSON - LEVITT. Local meanings, global schooling: anthropology and world culture theory [M]. London: Palgrave Macmillan, 2003.

[40] WILLIAM R SCOTT. Financial accounting theory [M]. Toronto: Pearson Education Canada, 2014.

[41] 魏明海. 盈余管理基本理論及其研究述評 [J]. 會計研究, 2000 (9): 34-42.

[42] 寧亞平. 盈余管理的定義及其意義研究 [J]. 會計研究, 2004, 9 (9): 62-66.

[43] 吳文鵬. 盈余管理文獻綜述 [J]. 新會計, 2010 (12): 47-49.

[44] 孫錚, 王躍堂. 審計報告說明段與變更審計意見之實證分析 [J]. 審計研究資料, 1999 (6): 10-15.

[45] ROBERT W HOLTHAUSEN. Accounting method choice: opportunistic behavior, efficient contracting, and information perspectives [J]. Journal of Accounting and Economics, 1990, 12 (1): 207-218.

[46] KR SUBRAMANYAM. The pricing of discretionary accruals [J]. Journal of Accounting and Economics, 1996, 22 (1): 249-281.

[47] 陳小林, 林昕. 盈余管理、盈余管理屬性與審計意見——基於中國證券市場的經驗證據 [J]. 會計研究, 2011 (6): 77-85, 96.

[48] PAUL M HEALY. The effect of bonus schemes on accounting decisions [J]. Journal of Accounting and Economics, 1985, 7 (1): 85-107.

[49] JENNIFER J JONES. Earnings management during import relief investigations [J]. Journal of Accounting Research, 1991: 193-228.

[50] PAUL M HEALY, JAMES M WAHLEN. A review of the earnings management literature and its implications for standard setting [J]. Accounting Horizons, 1999, 13 (4): 365-383.

[51] PAUL K CHANEY, CRAIG M LEWIS. Earnings management and firm valuation under asymmetric information [J]. Journal of Corporate Finance, 1995, 1 (3): 319-345.

[52] JOSEPH AHARONY, CHI-WEN JEVONS LEE, TAK JUN WONG. Financial packaging of ipo firms in China [J]. Journal of Accounting Research, 2000: 103-126.

[53] 林舒, 魏明海. 中國 A 股發行公司首次公開募股過程中的盈利管理 [J]. 中國會計與財務研究, 2000, 2 (2): 87-130.

[54] 陳小悅, 肖星, 過曉豔. 配股權與上市公司利潤操縱 [J]. 經濟研究, 2000, 1 (1): 30-36.

[55] LINDA ELIZABETH DEANGELO. Accounting numbers as market valuation substitutes: a study of management buyouts of public stockholders [J]. Accounting Review, 1986: 400-420.

[56] 何問陶, 倪全宏. 中國上市公司 MBO 前一年盈余管理實證研究 [J]. 會計研究, 2005, 6 (6): 58-64.

[57] SUSAN E PERRY, THOMAS H WILLIAMS. Earnings management preceding management buyout offers [J]. Journal of Accounting and Economics, 1994, 18 (2): 157-179.

[58] HENOCK LOUIS. Earnings management and the market performance of acquiring firms [J]. Journal of Financial Economics, 2004, 74 (1): 121-148.

[59] 黃新建, 段克潤. 中國上市公司併購與盈餘管理實證研究 [J]. 軟科學, 2008, 21 (6): 66-69.

[60] 程敏. 盈餘管理行為對併購溢價影響的實證研究 [J]. 中南財經政法大學學報, 2009 (1): 106-111.

[61] 陸建橋. 中國虧損上市公司會計政策選擇實證研究 [J]. 會計研究, 1999.

[62] 劉大志, 李韻彤. 盈餘管理計量方法綜述 [J]. 當代會計, 2014 (2): 53-55.

[63] 賀穎. 審計意見影響因素實證研究 [J]. 科技和產業, 2010 (2): 90-93, 101.

[64] 章永奎, 劉峰. 盈餘管理與審計意見相關性實證研究 [J]. 中國會計與財務研究, 2002, 4 (1): 1-29.

[65] 何紅渠, 張志紅. 有關審計意見識別盈餘管理能力的研究——來自滬市製造業的經驗證據 [J]. 財經理論與實踐, 2003 (6): 70-74.

[66] 李維安, 王新漢, 王威. 盈餘管理與審計意見關係的實證研究

——基於非經營性收益的分析[J]. 財經研究, 2004 (11): 126-135.

[67] 楊秀豔, 鄭少鋒. 審計意見對上市公司盈余管理的識別分析[J]. 中國海洋大學學報: 社會科學版, 2007 (2): 73-76.

[68] 王慶輝. 上市公司盈余管理與審計意見的實證研究[J]. 財會通訊, 2011 (12): 90-91, 97.

[69] 白憲生, 田新翠. 上市公司盈余管理與審計意見關係研究[J]. 商業研究, 2012 (7): 183-188.

[70] 金玉娜. 盈余管理會影響審計意見——基於兩類盈余管理的經驗研究[J]. 金融教學與研究, 2012 (5): 42-45.

[71] 劉磊. 審計意見可以揭示上市公司盈余管理嗎?——基於滬市生物制藥行業的數據[J]. 會計師, 2013 (12): 3-5.

[72] 費愛華. 非標準無保留審計意見的影響因素分析[J]. 統計與決策, 2006 (22): 110-113.

[73] 朱德勝, 魏鳳. 盈余管理與審計意見的相關性研究——基於中國A股市場的經驗數據[J]. 山東財政學院學報, 2009 (4): 43-46.

[74] 張輝, 朱彩婕. 審計意見影響因素研究文獻綜述軌跡與啟示[J]. 山東社會科學, 2013 (S1): 261-263.

[75] 張敦力, 樂長徵, 陳小林, 等. 審計師行業專長、盈余管理屬性與審計意見決策——基於中國證券市場的經驗證據[J]. 雲南財經大學學報, 2012 (3): 131-138.

[76] 徐浩萍. 會計盈余管理與獨立審計質量[J]. 會計研究, 2004 (1): 44-49, 96.

[77] 張長海, 吳順祥. 盈余管理方向與審計意見的關係研究[J]. 財會月刊, 2010 (24): 63-66.

[78] 劉繼紅. 國有股權、盈余管理與審計意見[J]. 審計研究, 2009 (2): 32-39.

[79] MARK T BRADSHAW, SCOTT A RICHARDSON, RICHARD G SLOAN. Do analysts and auditors use information in accruals? [J]. Journal of Accounting Research, 2001, 39 (1): 45-74.

[80] 李東平, 黃德華, 王振林.「不清潔」審計意見、盈余管理與會計師事務所變更[J]. 會計研究, 2001 (6): 51-57.

[81] MARTY BUTLER, ANDREW J LEONE, MICHAEL WILLENBORG. An empirical analysis of auditor reporting and its association

with abnormal accruals [J]. Journal of Accounting and Economics, 2004, 37 (2): 139-165.

[82] 周媛, 李璐. 盈余管理與審計意見關係的實證研究 [J]. 邢臺學院學報, 2013 (2): 103-105.

[83] 王紫光, 李歡. 盈余管理、事務所選擇與審計意見——基於外部審計治理作用的經驗證據 [J]. 會計之友, 2012 (29): 104-109.

[84] 薄仙慧, 吳聯生. 盈余管理、信息風險與審計意見 [J]. 審計研究, 2011 (1): 90-97.

[85] 吳順祥, 張長海. 終極所有權、盈余管理與審計意見 [J]. 企業經濟, 2013 (5): 164-169.

[86] 喬爾, 赫爾曼, 杰林特, 等. 轉軌國家的政府俘獲、腐敗以及企業影響力 [J]. 經濟社會體制比較, 2009 (1): 1-12.

[87] 喻焱文. 上市公司財務重述的強度、動因及影響分析 [J]. 統計與決策, 2014 (14): 163-165.

[88] PATRICIA M DECHOW, RICHARD G SLOAN, AMY P SWEENEY. Causes and consequences of earnings manipulation: an analysis of firms subject to enforcement actions by the sec [J]. Contemporary Accounting Research, 1996, 13 (1): 1-36.

[89] SCOTT A RICHARDSON, A TUNA, MIN WU. Predicting earnings management: the case of earnings restatements [J]. Min, Predicting Earnings Management: the Case of Earnings Restatements (october 2002), 2002.

[90] SCOTT RICHARDSON, I TUNA, MIN WU. Capital market pressures and earnings management: the case of earnings restatements [D]. Philadelphia: University of Pennsylvania, Unpublished, 2003.

[91] 張為國, 王霞. 中國上市公司會計差錯的動因分析 [J]. 會計研究, 2004 (4): 24-29, 97.

[92] NATASHA BURNS, SIMI KEDIA. The impact of performance-based compensation on misreporting [J]. Journal of Financial Economics, 2006, 79 (1): 35-67.

[93] 魏志華, 王毅輝. 基於公司治理視角的財務重述研究綜述 [J]. 外國經濟與管理, 2007 (11): 32-37.

[94] TODD KRAVET, TERRY SHEVLIN. Accounting restatements and information risk [J]. Review of Accounting Studies, 2010, 15 (2): 264

-294.

[95] MIN WU. Earnings restatements: a capital market perspective [J]. Available at Ssrn 1844265, 2002.

[96] MOLLY MERCER. How do investors assess the credibility of management disclosures [J]. Accounting Horizons, 2004, 18 (3): 185-196.

[97] JAP EFENDI, ANUP SRIVASTAVA, EDWARD P SWANSON. Why do corporate managers misstate financial statements? The role of option compensation and other factors [J]. Journal of Financial Economics, 2007, 85 (3): 667-708.

[98] 王霞, 張為國. 財務重述與獨立審計質量 [J]. 審計研究, 2005 (3): 56-61.

[99] 田迎閣. 中國上市公司財務重述對審計意見影響的實證研究 [D]. 北京交通大學, 2012.

[100] 王霞, 徐曉東. 審計重要性水平、事務所規模與審計意見 [J]. 財經研究, 2009 (1): 37-48.

[101] 陳嬋, 王思妍. 公司治理、財務重述與審計意見 [J]. 湖南財政經濟學院學報, 2013 (1): 93-99.

[102] 楊小軍, 張蛟龍. 企業財務困境研究綜述 [J]. 中國商貿, 2015 (5): 34-36.

[103] WILLIAM H BEAVER. Financial ratios as predictors of failure [J]. Journal of Accounting Research, 1966: 71-111.

[104] AMY HING-LING LAU. A Five-state financial distress prediction model [J]. Journal of Accounting Research, 1987: 127-138.

[105] 夏寧, 宋學良. 財務困境預測模型綜述 [J]. 會計之友, 2015 (8): 27-29.

[106] EDWARD I ALTMAN. Financial ratios, discriminant analysis and the prediction of corporate bankruptcy [J]. The Journal of Finance, 1968, 23 (4): 589-609.

[107] EDWARD I ALTMAN, ROBERT G HALDEMAN, PAUL NARAYANAN. Zeta tm analysis a new model to identify bankruptcy risk of corporations [J]. Journal of Banking & Finance, 1977, 1 (1): 29-54.

[108] 李小榮. 審計意見與財務困境預測——基於中國上市公司的實證研究 [J]. 財會通訊, 2009 (18): 115-116.

[109] 袁榮京. 上市公司財務困境與審計意見類型分析——基於 Z 指數模型和部分上市公司財務數據分析 [J]. 財會通訊, 2013 (22): 78-80.

[110] 吳敬璉. 什麼是現代企業制度 [J]. 改革, 1994, 1 (9): 9.

[111] 林毅夫, 李周. 現代企業制度的內涵與國有企業改革方向 [J]. 經濟研究, 1997, 3 (3): 10.

[112] ANDREI SHLEIFER, ROBERT W VISHNY. A survey of corporate governance [J]. The Journal of Finance, 1997, 52 (2): 737-783.

[113] 張維迎. 企業理論與中國企業改革 [M]. 北京: 北京大學出版社, 1999.

[114] 李維安. 改革實踐的呼喚: 中國公司治理原則 [J]. 中國改革, 2000 (10): 26-29.

[115] 朱長春. 公司治理標準 [M]. 北京: 清華大學出版社, 2014.

[116] 劉霄侖, 郝臣, 褚玉萍. 公司治理對上市公司審計意見類型影響的研究——基於2007—2011年中國民營上市公司的面板數據 [J]. 審計研究, 2012 (5): 51-57.

[117] ADRIAN CADBURY, JIM BUTLER, SYDNEY LIPWORTH, et al. The committee on the financial aspects of corporate governance [J]. Gee and Company, 1992.

[118] 龐靖麒, 吳國強. 公司治理結構與獨立審計質量 [J]. 管理科學文摘, 2005, 2: 21.

[119] 張俊瑞, 董南雁. 公司治理與審計意見: 來自中國上市公司的證據 [J]. 當代財經, 2006 (11): 113-117.

[120] 王震, 彭敬芳. 中國上市公司治理結構與審計意見的相關性研究 [J]. 審計與經濟研究, 2007 (6): 16-19, 30.

[121] 林妍. 上市公司治理結構對審計意見的影響及實證研究 [J]. 中國集體經濟, 2011 (4): 192-193.

[122] MARTIN LIPTON, JAY W LORSCH. A modest proposal for improved corporate governance [J]. The Business Lawyer, 1992: 59-77.

[123] MICHAEL C JENSEN. The modern industrial revolution, exit, and the failure of internal control systems [J]. The Journal of Finance, 1993, 48 (3): 831-880.

[124] RAJESWARARAO S CHAGANTI, VIJAY MAHAJAN, SUBHASH SHARMA. Corporate board size, composition and corporate failures in retailing

industry [J]. Journal of Management Studies, 1985, 22 (4): 400-417.

[125] KEN ML CHING, MICHAEL FIRTH, OLIVER M RUI. The information content of insider trading around seasoned equity offerings [J]. Pacific-basin Finance Journal, 2006, 14 (1): 91-117.

[126] 李萃, 袁建華, 解飛. 董事會特徵、會計信息質量與審計意見的實證研究 [J]. 綠色財會, 2010 (7): 6-9.

[127] 趙德武, 曾力, 譚莉川. 獨立董事監督力與盈余穩健性——基於中國上市公司的實證研究 [J]. 會計研究, 2008, 9: 55-63.

[128] MARK S BEASLEY. An empirical analysis of the relation between the board of director composition and financial statement fraud [J]. Accounting Review, 1996: 443-465.

[129] JOSEPH V CARCELLO, TERRY L NEAL. Audit committee composition and auditor reporting [J]. The Accounting Review, 2000, 75 (4): 453-467.

[130] 唐躍軍. 審計委員會治理與審計意見 [J]. 金融研究, 2008 (1): 148-162.

[131] JAYANTHI KRISHNAN. Audit committee quality and internal control: an empirical analysis [J]. The Accounting Review, 2005, 80 (2): 649-675.

[132] BENG WEE GOH. Audit committees, boards of directors, and remediation of material weaknesses in internal control [J]. Contemporary Accounting Research, 2009, 26 (2): 549-579.

[133] NATHANIEL STEPHENS. Corporate governance quality and internal control reporting under sox section 302 [EB/OL]. (2009-08-28). http://dx.doi.org/10.2139/ssrn.1313339.

[134] 周水平, 陳小林. 董事會特徵與審計意見 [J]. 企業經濟, 2009 (12): 170-174.

[135] 曹建新. 中國上市公司監督成本對審計意見的選擇行為實證研究 [J]. 系統工程, 2007 (10): 88-93.

[136] 周洋, 夏新利. 公司治理與審計意見 [J]. 合作經濟與科技, 2006 (5): 79-80.

[137] EUGENE F FAMA, MICHAEL C JENSEN. Separation of ownership and control [J]. Journal of Law and Economics, 1983, 26 (2): 301-325.

[138] PAUL DUNN. The impact of insider power on fraudulent financial reporting [J]. Journal of Management, 2004, 30 (3): 397-412.

[139] CHESTER S SPATT. Executive compensation and contracting [J]. The Journal of Financial Economics, 2004 (12).

[140] 莊炎國. 董事會對會計師審計意見的影響研究 [J]. 會計之友, 2012 (35): 53-55.

[141] KEN Y CHEN, JIAN ZHOU. Audit committee, board characteristics and auditor switch decisions by Andersen's clients [J]. Contemporary Accounting Research, 2007, 24 (4): 1085-1117.

[142] 薛祖雲, 黃彤. 董事會、監事會制度特徵與會計信息質量——來自中國資本市場的經驗分析 [J]. 財經理論與實踐, 2004, 7: 84-89.

[143] LUIGI ZINGALES. What determines the value of corporate votes [J]. The Quarterly Journal of Economics, 1995, 110 (4): 1047-1073.

[144] 唐躍軍, 李維安, 謝仍明. 大股東制衡, 信息不對稱與外部審計約束——來自 2001—2004 年中國上市公司的證據 [J]. 審計研究, 2006, 5: 9.

[145] 李增泉, 孫錚, 王志偉.「掏空」與所有權安排——來自中國上市公司大股東資金占用的經驗證據 [J]. 會計研究, 2004 (12): 3-13, 97.

[146] 張秀梅. 審計意見與股權集中度相關性研究 [J]. 財會通訊, 2009 (6): 64-66.

[147] 王躍堂, 趙子夜. 審計獨立風險的動因、環境及其治理 [J]. 當代財經, 2003 (9): 109-112.

[148] 張力, 於海林. 基於股權制衡視角的大股東占款與審計意見關係研究 [J]. 經濟問題, 2010 (10): 108-112.

[149] 張敏, 馮虹茜, 張雯. 機構持股、審計師選擇與審計意見 [J]. 審計研究, 2011 (6): 82-88.

[150] 楊德明, 王春麗, 王兵. 內部控制、審計鑒證與審計意見 [J]. 財經理論與實踐, 2009 (2): 60-66.

[151] HOLLIS ASHBAUGH-SKAIFE, DANIEL W COLLINS, WILLIAM R KINNEY JR. The discovery and reporting of internal control deficiencies prior to sox-mandated audits [J]. Journal of Accounting and Economics, 2007, 44 (1): 166-192.

[152] JACQUELINE S HAMMERSLEY, LINDA A MYERS, CATHERINE SHAKESPEARE. Market reactions to the disclosure of internal control weaknesses and to the characteristics of those weaknesses under section 302 of the sarbanes oxley act of 2002 [J]. Review of Accounting Studies, 2008, 13 (1): 141-165.

[153] 李壽喜, 韓丹. 上市公司財務報告內部控制缺陷與審計意見的關係研究 [J]. 財會通訊, 2013 (18): 24-27.

[154] 楊德明, 胡婷. 內部控制、盈余管理與審計意見 [J]. 審計研究, 2010 (5): 90-97.

[155] 潘芹. 內部控制審計對審計意見的影響研究——基於2009年中國A股公司數據 [J]. 財會月刊, 2011 (9): 80-82.

[156] 楊群輝, 王玉蓉. 公司內部控制質量對審計意見的影響——基於2009年中國上市公司數據的實證檢驗 [J]. 財會月刊, 2011 (33): 76-80.

[157] 孫麗華. 上市公司內部控制有效性對審計意見影響研究 [J]. 財會通訊, 2013 (24): 30-32.

[158] 李祎. 內部控制與審計意見 [J]. 財會通訊, 2013 (24): 33-36.

[159] 肖成民, 李茸. 內部控制會影響審計意見嗎? [J]. 會計與經濟研究, 2012 (2): 34-41.

[160] 項苗. 上市公司內部控制缺陷與審計意見關係的實證研究 [J]. 財會月刊, 2012 (20): 50-53.

[161] 李明輝, 何海, 馬夕奎. 中國上市公司內部控制信息披露狀況的分析 [J]. 審計研究, 2003 (1): 38-43.

[162] 王懷明, 項敏. 公司內部治理機制對審計意見類型的影響——基於深市A股上市公司的研究 [J]. 會計之友: 中旬刊, 2009 (2): 86-89.

[163] 陳麗蓉, 牛藝琳. 內部控制有效性對審計意見影響的實證研究——來自中國證券市場的經驗數據 [J]. 會計之友: 上旬刊, 2010 (9): 66-71.

[164] 袁鳳林, 堯華英. 外部審計對內部控制信息披露影響的實證研究 [J]. 統計與決策, 2011, 6: 46.

[165] 孫曉光, 鐘婷. 內部審計質量與審計意見相關性研究——來自

中國上市公司的經驗證據［J］．財會通訊，2012（27）：42-45．

［166］MARCO PAGANO, AILSA RÖELL. The choice of stock ownership structure: agency costs, monitoring and the decision to go public［J］. The Quarterly Journal of Economics, 1998, 113（1）: 187-225.

［167］MORTEN BENNEDSEN, DANIEL WOLFENZON. The balance of power in closely held corporations［J］. Journal of Financial Economics, 2000, 58（1）: 113-139.

［168］張宏偉．財務報告舞弊行政處罰嚴厲程度與審計意見購買［J］．財貿研究，2011（5）：149-155．

［169］馮延超，梁萊歆．上市公司法律風險、審計收費及非標準審計意見——來自中國上市公司的經驗證據［J］．審計研究，2010（3）：75-81．

［170］趙彥，吳曉娟．上市公司法律風險對審計意見影響的實證研究［J］．中國註冊會計師，2013（6）：59-64．

第三章
會計師事務所特徵與審計意見

第一節 會計師事務所規模與審計意見

一、會計師事務所規模概述

(一) 研究背景

中國經濟的發展要求會計師事務所做大做強。會計師事務所的規模以及會計師事務所提供的審計服務能否滿足中國企業發展的需求，將影響到資本市場能否健康發展，也關係到會計師事務所能否發展壯大。為此，財政部在《關於加快發展中國註冊會計師行業的若干意見》（2009）中表明要大力支持註冊會計師行業做大做強。中國註冊會計師協會（以下簡稱「中註協」）於2011年7月28日通過的《中國註冊會計師行業發展規劃（2011—2015年）》也強調要深化落實會計師事務所做大戰略，繼續推動會計師事務所做大做強。

會計師事務所做大做強戰略實施以來取得了卓越成效。會計師事務所通過聯合和兼併實現了規模的擴大和實力的增強。根據中註協發布的會計師事務所百強排名，中國本土會計師事務所與國際「四大」的差距越來越小。2013年，瑞華會計師事務所以24.37億元的業務收入一舉超越畢馬威和安永，排名第3。2014年，瑞華會計師事務所和立信會計師事務所躋身「四甲」，分列第三和第四。

會計師事務所做大做強的關鍵是要保證高質量的審計服務。國內外學者從聲譽理論等角度研究會計師事務所規模與審計質量的關係，得出「會計師事務所規模越大，審計質量越高」的結論。在中國，對於不同規模會計師事務所的審計質量是否存在差異，實務界與理論界一直存在爭議，沒有一個統一的結論。特別是中國做大做強戰略促進會計師事務所實現規模的擴大后，有沒有顯著提高審計質量，學者們從不同的角度進行了研究，得出的結論也不一樣。

(二) 會計師事務所規模的衡量

規模指的是相關主體所具有的格局、形式或範圍。會計師事務所規模的衡量既可以用直接指標，也可以用間接指標。直接指標主要包括：會計師事務所的業務收入、客戶數量、從業人數、淨資產數量等。間接指標主要包括：客戶的銷售收入、客戶的資產規模等。中國註冊會計師協會公布

的會計師事務所百強名單就是以會計師事務所審計業務收入、非審計業務收入、註冊會計師人數等直接指標進行單項評分后綜合計算總分排名得到的。

國內外學者在實證研究中對會計師事務所規模的劃分普遍採用了二分法，即選擇一個或多個指標，將會計師事務所分為規模最大的幾家，稱為幾大，而其余會計師事務所作為另一類，稱為非幾大。在近幾的劃分中，將會計師事務所劃分為「十大」與非「十大」、「四大」與非「四大」是最常見的劃分方式。

(三) 會計師事務所規模與審計質量

1. 知識和經驗的累積

會計師事務所規模越大，其審計客戶數量較多或其承接審計客戶的業務較為複雜。為了更好地執行審計工作，審計師需要對客戶及其所處的行業背景、競爭狀況、外部環境等進行深入的分析。這有助於審計師專業知識的累積。會計師事務所規模越大，審計師的分工越明確，審計師執行某行業的審計業務越多，會形成行業專長。行業專長的形成可以節約審計過程中的信息搜尋成本、重複學習成本，從而提高會計師事務所獲得知識和累積經驗的能力，提高審計工作的效率和質量。

2. 專業勝任能力的提升

審計行業最重要的要素是人力資本。審計人員專業能力的提升是決定審計質量的關鍵因素。規模大的會計師事務所在審計人員專業勝任能力的提升方面存在比較大的優勢：第一，資源比較充足，能為員工提供良好的薪酬和職業發展空間，比規模小的會計師事務所更能吸引優秀人才。第二，人力資源管理制度較為健全，運作流程規範，員工的考核和晉升有制度化的保證。第三，培訓機會多，培訓成本相對較低。由於規模經濟效應的存在，規模大的會計師事務所可以提供更多的內部職業培訓，員工之間的經驗交流較為容易。第四，規模大的會計師事務所有能力投入更多的人力、物力和財力並對會計準則、審計準則、法律法規和行業動態進行分析和研究，並將相關成果在內部進行共享，為審計師的勝任力的提升提供了更多的支持，有助於審計師解決實際工作中遇到的問題。

3. 獨立性

獨立性是審計的靈魂，對審計質量影響重大。註冊會計師一旦缺乏獨立性，就難以保證以客觀公正的態度執行審計工作，審計質量將受到威脅。會計師事務所規模的大小會對獨立性產生影響。大型會計師事務所擁

有的客戶數量較多，來源於單個客戶的收入在其整個經濟收入中所占的比重較小，對客戶的經濟依賴性較低。當某個客戶要求註冊會計師降低執業標準進行審計或發表不符合實際情況的審計意見時，大規模會計師事務所由於對單個客戶的經濟依賴性低、抵禦壓力的能力高，因此不會因某個客戶的壓力，進行違規操作。另外，大型會計師事務所內部的分工比較明確，其對審計和管理諮詢的割分更為容易。

4. 職業聲譽

王帆、張龍平（2012）認為，審計師聲譽是社會公眾及利益相關者對會計師事務所與審計師個人保護投資者利益和維護職業道德規範活動的整體認知與評價。良好的職業聲譽是會計師事務所重要的無形資產，是促使會計師事務所保持自身獨立性的重要動機。具有良好聲譽的會計師事務所若提供了低質量的審計服務，這種信號便會迅速傳遞，使其聲譽嚴重受損，從而會損失更多的收益。DeAngelo（1981）認為，大規模的會計師事務所由於受其高聲譽的約束，發生機會主義的動機較小，因為審計師不會為了迎合某一個客戶而犧牲其已經建立起來的品牌和地位。DeAngelo（1981）研究發現，對於開展審計業務來說，為了能爭取到更多的客戶，其拓展成本比較高。但是，一旦客戶選擇與某一會計師事務所簽訂合同，那麼該會計師事務所就能比其他與之競爭的會計師事務所更有優勢，這種在后續審計中獲得的成本優勢被稱為「準租金」。審計過程中，審計師基於損失準租金的可能和為了在激烈的競爭能夠保持客戶，存在替客戶隱瞞重大錯報的利益動機。但如果審計師的「欺騙行為」被市場發現，其審計報告的可信性會下降，那麼審計師可能丟失掉所有的客戶，損失其他客戶的準租金。審計師不會願意冒著失去其他所有客戶準租金的風險來實施「欺騙行為」用以保持某一家客戶的準租金，這樣，其他客戶的相關準租金則成為該審計師保持獨立性的一種擔保。對於客戶數量越多的會計師事務所，其擔保價值越大，獨立性也就越高。會計師事務所規模越大，通常客戶數量就越多。為了維護審計市場上已經建立的高聲譽和保持數量眾多的審計客戶的準租金，大規模的會計師事務所對審計質量更加重視。

5. 訴訟風險

「深口袋」理論認為，會計師事務所規模越大，其擁有的財富就越多，賠償能力越強，因此更容易遭受利益相關者的訴訟。因此，對於那些具有較高聲譽的大型會計師事務所來說，法律訴訟成本是巨大的。為了盡可能地減少訴訟和賠償的可能或者為了在被起訴時能夠提供更多的證據證明自

己在審計過程中遵守了相應的審計法律，執行了恰當的審計程序並保持了應有的職業關註和謹慎，大型會計師事務所更有動力提高審計質量從而規避審計責任。

二、會計師事務所規模與審計意見

DeAngelo（1981）認為，會計師事務所的規模越大，其簽約客戶的準租金越高，更註重維持長期累積的良好聲譽，其獨立性也就越強；同時，會計師事務所規模越大，其所擁有的客戶資源越豐富，可以杜絕對某一大客戶的收入依賴性，從而擁有更強的獨立性，其出具非標準審計意見的概率更高。Palmrose（1988），ML DeFond et al.（2002）研究發現，會計師事務所規模越大，出具非清潔型審計意見的概率越高，其原因可以用聲譽理論和深口袋理論解釋。蔡春等（2005）研究發現，會計師事務所規模是影響上市公司審計意見的主要因素。李春濤等（2006）採用了個連續變量測度會計師事務所規模，證實會計師事務所規模對審計意見有顯著影響。呂先鎧、王偉（2007）採用中國 2005 年上市公司的行業數據對非清潔審計意見影響因素進行檢驗。結果表明，上市公司由大規模會計師事務所審計是註冊會計師出具非標準審計意見的決定因素。於鵬（2007）以 2002—2004 年中國 A 股上市公司為研究對象，結合公司的具體特徵，檢驗國際「四大」與「非四大」對不同特徵公司出具審計意見類型的差異。研究結果表明，從總體上看，沒有發現國際「四大」出具非標準意見的概率與「非四大」存在顯著差異。但針對到上市公司的具體特徵，國際「四大」出具非標準意見的概率與「非四大」則存在顯著差異，國際「四大」對業績差、風險高的公司出具非標準意見的概率更高。王霞、徐曉東（2009）的研究也沒有發現會計師事務所規模對審計意見類型存在顯著影響，但是當將重要性水平與會計師事務所規模結合在一起考慮時，發現不同規模的會計師事務所對重要性水平的執行標準是有差異的。規模大的會計師事務所對超過重要性水平的錯誤更加敏感。「大所」在執行審計業務時對超過重要性水平的錯誤報表更容易出具非標準意見。

唐戀炯、王振易（2005）的研究則發現，會計師事務所的規模未影響到公司的審計意見。楊華（2008）、賀穎（2010）、黃天笑（2012）、顧濛和郭志勇（2013）等的研究也表明，會計師事務所是否屬於「十大」與上市公司被出具非標準審計意見的可能性無顯著相關性。

三、研究設計

(一) 研究假設

與小規模會計師事務所相比,大型會計師事務所的人力資源充足,專業分工更加明確,審計人員的專業勝任能力提升更快,並且受職業聲譽和訴訟風險的影響更大,從而更能保持獨立性,由此提出假設1。

假設1:會計師事務所規模與非標準審計意見負相關。

「大所」為了規避「深口袋」效應,必然理性地對可能導致的訴訟保持警惕。這反應在審計意見上,會表現為對某些公司特徵的特別關註。當上市公司業績比較好、經營風險比較低時,投資者可以獲得良好的回報,上市公司也處於平穩的營運之中。在這種情況下,即使審計意見不真實,投資者沒有必要也不可能去起訴審計師要求賠償。此時可以預見大規模的會計師事務所會出具相對樂觀的審計意見。而當被審計的上市公司業績比較差、經營風險比較高時,公司經營失敗的概率大幅增加,出於對可能出現的訴訟與賠償的強烈排斥,規模大的會計師事務所有更強烈的動機對經營業績差、風險高的上市公司出具非標準意見。由此,本書提出假設2和假設3。

假設2:大型會計師事務所對經營業績差的上市公司出具非標準意見的概率高於小型會計師事務所。

假設3:大型會計師事務所對財務風險高的上市公司出具非標準意見的概率高於小型會計師事務所。

(二) 迴歸模型

為了檢驗上述假設,建立的迴歸模型如下:

$$AUDOP = \alpha_0 + \alpha_1 BIG + \alpha_2 ROA + \alpha_3 ALR + \alpha_4 TAT + \alpha_5 LNSIZE + \varepsilon \quad (1)$$

其中,BIG 代表大型會計師事務所。模型中變量定義如表3-1所示。

表 3-1　　　　　　　　　　變量定義表

變量名		變量定義
AUDOP		審計意見,當審計意見為非標準審計意見時取1,否則為0
BIG	BIG4	當會計師事務所為國際「四大」時取1,否則為0
	BIG10	當會計師事務所排名前10時取1,否則為0
ROA		資產收益率
ALR		資產負債率
TAT		總資產週轉率
LNSIZE		公司規模,以資產總額的對數計量

(三) 數據來源

為了對研究假設進行檢驗，本書選用 2002—2012 年深滬上市公司的數據。剔除數據缺失和金融行業公司后，得到 14,065 個樣本。為消除極端值的影響，本書對迴歸中使用到的連續變量按 1% 進行了 Winsorize 縮尾處理。樣本數據來自於 CSMAR 數據庫。本書使用 Stata 12.0 對數據進行處理。

四、數據分析與結果

(一) 描述性統計

表 3-2 報告了樣本的年度行業分佈情況。從表 3-2 可以看出，樣本在年度、各行業的分佈基本合理。

表 3-2 樣本分佈表

行業	2002年	2003年	2004年	2005年	2006年	2007年	2008年	2009年	2010年	2011年	2012年	合計
A	22	24	25	24	24	24	25	24	25	25	26	268
B	28	33	37	37	35	36	38	38	39	40	41	402
C	546	581	613	598	591	589	590	585	591	611	625	6,520
D	53	55	61	60	60	60	61	63	63	64	64	664
E	17	21	23	23	23	21	22	23	23	25	26	247
F	38	41	43	41	44	45	45	44	48	49	49	487
G	52	57	56	54	52	51	52	50	53	53	54	584
H	89	89	89	87	87	89	90	90	93	94	96	993
J	104	105	105	100	99	99	102	105	108	109	109	1,145
K	33	32	33	34	35	33	32	33	33	36	39	373
L	19	18	17	16	16	14	14	15	16	20	23	188
M	51	49	47	45	45	46	45	43	45	47	47	510
合計	1,052	1,105	1,149	1,119	1,111	1,107	1,116	1,113	1,137	1,173	1,199	12,381

表 3-3 報告了變量的描述性統計。從表 3-3 可以看出，審計師出具的標準審計意見的比例較大，非標準審計意見的平均比例僅為 6.48%。「四大」的客戶所占比例為 3.17%，「十大」客戶所占的比例為 26.55%。資產收益率的均值為 3.01%。樣本的資產負債率均值為 50.82%。總資產週轉率的均值為 0.703。

表 3-3　　　　　　　　　　變量描述性統計

變量	N	均值	標準差	最小值	最大值
AUDOP	12,381	0.064,777	0.246,141	0	1
BIG4	12,381	0.031,661	0.175,104	0	1
BIG10	12,381	0.265,487	0.441,61	0	1
ROA	12,381	0.030,078	0.063,699	-0.239,02	0.202,331
ALR	12,381	0.508,227	0.189,882	0.074,929	0.936,899
TAT	12,381	0.703,468	0.526,244	0.037,142	2.798,18
LNSIZE	12,381	21.544,37	1.111,269	19.124,7	24.715,4

表 3-4 報告了變量的相關係數。從表 3-4 可以看出，各變量之間存在顯著的相關關係。BIG4、BIG10 與 AUDOP 均存在顯著的負相關關係，與假設 1 不一致。

表 3-4　　　　　　　　　　相關係數表

	AUDOP	BIG4	BIG10	ROA	ALR	TAT	LNSIZE
AUDOP	1						
BIG4	-0.036***	1					
BIG10	-0.043***	0.301***	1				
ROA	-0.387***	0.084***	0.078***	1			
ALR	0.159***	-0.010,0	0.026***	-0.354***	1		
TAT	-0.128***	0.053***	0.075***	0.232***	0.091***	1	
LNSIZE	-0.185***	0.220***	0.251***	0.221***	0.258***	0.145***	1

註：*，**，*** 分別表示在 10%、5% 和 1% 水平上顯著。

（二）迴歸結果分析

表 3-5 報告了單變量迴歸結果。從表 3-5 結果（1）可以看出，BIG4 與 AUDOP 的迴歸係數為負且不顯著，說明「四大」與非標準審計意見不相關。從結果（2）可以看出，BIG10 與 AUDOP 的迴歸係數為正，但不顯著。這說明「十大」與非標準審計意見僅有弱的相關性。結果（1）和（2）均顯示，大型會計師事務所與非標準審計意見沒有顯著的相關性，即假設 1 沒有得到支持。這可能是因為，大會計師事務所收費相對比較高，願意聘請大所進行審計的企業一般管理都比較規範，其財務風險相對較低，本身被出具非標準審計意見的可能性就比較小。

表3-5中（3）、（4）分別列示的是業績差的公司的迴歸結果。從迴歸結果來看，BIG4、BIG10均與非標準審計意見負相關，但都不顯著。這說明對於業績差的公司，大型會計師事務所出具非標準審計意見的可能性並沒有大於小型會計師事務所，即假設2沒有得到支持。

表3-5中（5）、（6）分別列示的是財務風險高的公司[①]的迴歸結果。從迴歸結果來看，BIG4與非標準審計意見負相關，BIG10與非標準審計意見正相關，但都不顯著。這說明對於財務風險高的公司，大型會計師事務所出具非標準審計意見的可能性並沒有大於小型會計師事務所，即假設3沒有得到支持。

表3-5　　　　　　　　迴歸結果

	（1）AUDOP	（2）AUDOP	（3）AUDOP	（4）AUDOP	（5）AUDOP	（6）AUDOP
BIG4	-0.175		-0.252		-0.071,2	
	(-0.39)		(-0.37)		(-0.16)	
BIG10		0.155		-0.017,3		0.158
		(1.47)		(-0.11)		(1.29)
ROA	-10.23***	-10.23***	-4.754***	-4.748***	-10.45***	-10.44***
	(-18.49)	(-18.48)	(-6.32)	(-6.31)	(-17.04)	(-17.02)
ALR	2.577***	2.590***	2.500***	2.501***	2.587***	2.589***
	(10.92)	(10.97)	(7.51)	(7.51)	(9.53)	(9.55)
TAT	-0.683***	-0.694***	-0.778***	-0.781***	-0.911***	-0.917***
	(-6.00)	(-6.08)	(-4.10)	(-4.11)	(-6.24)	(-6.28)
LNSIZE	-0.644***	-0.659***	-0.373***	-0.375***	-0.564***	-0.580***
	(-14.45)	(-14.60)	(-5.39)	(-5.34)	(-11.42)	(-11.50)
_cons	9.937***	10.22***	5.266***	5.313***	8.383***	8.690***
	(11.00)	(11.21)	(3.75)	(3.74)	(8.32)	(8.47)
N	12,381	12,381	1,484	1,484	8,333	8,333
LRchi2（5）	1,587.59	1,589.54	283.80	283.67	1,279.83	1,281.44
Prob>chi2	0.000,0	0.000,0	0.000,0	0.000,0	0.000,0	0.000,0
PseudoR2	0.267,2	0.267,6	0.154,3	0.154,2	0.275,1	0.275,4
Loglikelihood	-2,176.572	-2,175.596	-777.612,3	-777.677,5	-1,686.388,6	-1,685.584,4

註：*，**，***分別表示在10%、5%和1%水平上顯著。

[①] 財務風險的判斷是依據Altman（1968）建立的多元判別模型來進行判別的。具體為：$Z=1.2X_1+1.4X_2+3.3X_3+0.6X_4+0.999X_5$。模型中$X_1$是營運資本與總資產的比值，$X_2$是累積留存收益與總資產的比值，$X_3$是息稅前利潤與總資產的比值，$X_4$是股票市場價值總額與負債帳面價值總額的比值，$X_5$是銷售收入與總資產的比值即企業的總資產週轉率。當模型計算出的Z值小於2.99時確定為公司的財務風險高。

五、研究結論

通過對 2002—2012 年的數據分析得到如下結論：①會計師事務所規模與非標準審計意見不存在顯著的相關關係。這一結論與黃天笑（2012）、顧濛和郭志勇（2013）等的研究相一致。②對於業績差或高財務風險的公司，大型會計師事務所出具非標準審計意見的可能性與其他會計師事務所沒有顯著差異。

第二節 審計師變更與審計意見

一、審計師變更概述

審計師變更是指由於會計師事務所和上市公司中有一方無法或沒有意願接受對方特徵發生巨大變化，而導致兩者之間合同關係終止。按變更是否出自會計師事務所方面的自願，會計師事務所變更可進一步劃分為自願性變更和強制性變更。

（一）自願性變更

《公司法》規定，上市公司的股東大會具有聘用、解聘會計師事務所的權力。在會計師事務所聘期屆滿之前，當上市公司認為與其具有聘用關係的會計師事務所的行為特徵不符合自身利益時，可以向會計師事務所提出解聘，從而導致上市公司與所聘用的會計師事務所關係的終止，即發生自願性會計師事務所變更。會計師事務所的自願性變更還可能是審計師基於客戶的風險因素考慮而主動變更的。謝香兵（2009）認為，當審計師繼續審計所帶來的期望收益小於客戶風險提高對審計師未來預期訴訟責任、聲譽損失等所帶來的成本時，辭聘就會產生。

（二）強制性變更

強制性變更是違背會計師事務所意願的一種變更行為。強制性變更主要包括上市公司解聘會計師事務所、政府監管部門強制要求上市公司變更會計師事務所以及由不可控因素導致上市公司不得不和所聘用的會計師事務所終止合同關係。強制性變更可能是因為前任會計師事務所自身的原因，比如前任會計師事務所發生合併重組、未通過年檢等；也可能變更的發起方既不是上市公司，也不是會計師事務所，而是政府，比如國家監管

部門規定，同一會計師事務所連續承擔企業財務決算審計業務的年限不應該超過5年，達到規定年限的上市公司必須實行強制輪換。

　　在證券市場上，審計的意義在於，通過實施審計程序，盡可能多地找出企業財務報告中可能存在的重大錯漏報事項，並以審計報告的形式向外界披露，幫助社會公眾能在第一時間瞭解到企業內部可能存在的重大財務舞弊風險，以便其及時做出調整，從而將可能的損失降到最低。從這個意義上講，非標準審計意見有助於信息使用者識別企業可能存在的風險。但作為財務報告編製者的管理層，不希望公司對外報送的財務報告被會計師事務所出具非標準審計意見。非標準意見可能會給企業帶來一些不利的后果：第一，非標準審計意見的出現將會嚴重影響上市公司的股票價格，損害股東的利益；第二，非標準審計意見不利於上市公司向銀行等相關金融機構申請貸款以及企業進行大規模融資；第三，上市公司管理層必須定期向公司股東報告其受託責任的履行情況。一旦財務報告顯示上市公司財務狀況出現了問題，上市公司管理層就很有可能面臨相應責任的追究，甚至有被公司辭聘的風險。因此，上市公司管理層會對會計師事務所出具的審計意見類型持密切關注態度。一旦與會計師事務所審計意見上出現分歧，公司管理層為避免被出具不利審計意見，保證其自身利益不受損害，便很有可能更換現任會計師事務所，轉而尋求能夠滿足其自身利益即更容易被收買的會計師事務所作為其合作夥伴。中國當前的審計市場競爭異常激烈。會計師事務所為了獲得更多的審計業務，往往處於劣勢地位，這就使得一些上市公司會經常利用其在審計地位上的優勢威脅會計師事務所被動配合進行審計意見購買。因此，變更會計師事務所方式是上市公司為實現審計意見購買而採取的一種手段，將有助於上市公司獲得較好的審計意見。

二、會計師事務所變更與審計意見

　　對於審計師變更與審計意見之間的關係，眾多研究文獻沒有得到一致的結論。Chow & Rice（1982）認為，審計師變更與變更前最近會計年度的保留審計意見密切相關。李東平、黃德華、王振林（2001）通過實證研究發現，審計師出具的非標準無保留審計意見是導致中國資本市場中審計師變更的基本原因。Kym Boon（2008）等研究證實，審計師變更僅與前一年的審計意見類型存在顯著正相關關係，在變更當年接收到清潔審計意見的概率並無顯著提高。但 Branson & Diane Breesch（2004）卻認為審計師變更

與過去無關，而與上市公司當年能否收到清潔的審計意見的預期有關。WB Johnson & T Lys（1990）的研究也並未發現保留意見和意見分歧與審計師變更方向之間存在顯著的相關性。張曉嵐、楊春隆（2010）以2004—2007年中國滬深A股市場發生自願性變更審計師的上市公司為研究對象，研究自願性變更審計師與審計意見之間的關係，發現相對於被出具標準審計意見的公司，上期被出具非標準審計意見的公司不僅不會傾向於本期變更審計師，而且當其上期被出具持續經營非標準審計意見時，其本期發生變更審計師的可能性顯著降低。顧濛、郭志勇（2013）的進一步研究則發現，當上市公司變更會計師事務所時，上市公司被出具非標準審計意見的可能性越高。

陸正飛、童盼（2003）在以證監會2001年發布的14號規則為例，對不同監管政策下審計意見與審計師變更之間關係進行研究，發現審計師變更與上市公司審計意見存在顯著的相關性。李爽、吳溪（2002）也認為，對於在變更前一年度被出具非標準審計意見的上市公司，通過變更審計師，確實能夠在一定程度上減輕審計意見的嚴重程度。張曉嵐、楊春隆（2010）的實證檢驗的結果證實，變更審計師行為一方面顯著提高了公司被出具標準審計意見的概率，另一方面顯著降低了公司被出具持續經營非標準審計意見的概率。

耿建新、楊鶴（2001）的研究發現，當上市公司變更會計師事務所后，其審計報告中標準的無保留意見顯著地多於非標準的無保留意見。唐躍軍（2009）的研究也表明，雖然變更審計師增加了上市公司年報被出具非標準審計意見和審計意見惡化的可能性，但是審計師變更更為顯著地提高了審計意見改善的可能性。趙文佳、安亞人（2011）與陳淑芳、曹政（2012）等的研究均發現，上一年被出具非標準無保留意見的上市公司通過變更審計師，在第二年更容易獲得審計意見的改善。

三、研究設計

（一）研究假設

公司更換會計師事務所，有可能是由於該公司正處於財務困境階段（王春飛，2006）或公司管理層試圖通過改聘審計師來實現盈余操縱（劉偉，劉星，2007）或公司內部控制存有缺陷，內部控制質量低（方紅星，劉丹，2013）。在公司變更了會計師事務所的情況下，與公司相關的不利信息很可能已經被傳遞給市場。在當前監管比較嚴格的情況下，后任會計

師事務所基於風險的考量，在出具審計意見時會比較謹慎，即對於變更后仍存在問題的公司，仍出具非標準審計意見。因此，本書提出以下假設。

假設1：公司變更審計師與當年非標準審計意見正相關。

學者們一般認為，當非標準審計意見對股票價格和經理人報酬產生影響時，經理人就很可能通過威脅更換審計師的舉措，來脅迫審計師出具清潔審計意見。陳淑芳、曹政（2012）認為，在中國，由於公司治理結構異化，部分上市公司的決策權、管理權和監督權都集中於管理當局一身，因此管理當局在與審計師的雙向互動中占據優勢地位，出於自身利益有可能運用選聘權威脅現任審計師。同時，審計市場的激烈競爭可能迫使審計師選擇與管理當局配合，從而造成了審計意見的變通。如果審計師拒絕配合，那麼擁有私人信息的管理層將會利用股東與審計師之間以及審計師與管理層之間的信息不對稱，試圖在市場上尋找願意出具有利審計意見的審計師。因此，張曉嵐、楊春隆（2010）認為，審計師出具審計意見的行為會對上市公司變更審計師決策產生影響。具有自利動機的公司管理層通過權衡變更審計師的利弊，在進行變更審計師決策時，會考慮變更審計師所帶來的預期審計意見改善程度。儘管會計師事務所的變更不一定會使得公司的審計意見由非標準意見直接變更為標準意見，但是實現從性質比較嚴重的無法表示意見或保留意見改善為性質不太嚴重的無保留加說明段的可能性比較大。由此，提出本書的假設2。

假設2：變更審計師對當年度審計意見的改善有正向影響。

不同類型的會計師事務所提供的審計服務存在異質性。大型會計師事務所能夠提供高質量的審計服務。DeAngelo（1981）認為，在其他條件相同的情況下，隨著會計師事務所審計客戶的增加，會計師事務所做出機會主義行為的可能性會減少，因為如果會計師事務所不能發現並指出某一個客戶的重大錯報，那麼將會失去更多或全部客戶。相對於「小所」而言，為了避免損失更多的獲取未來準租金的機會，規模大的會計師事務所有更強的內在經濟動機以提供高質量的審計來維護其品牌。因此，在企業將其主所會計師事務所由「非四大」向「四大」變更時，其審計意見獲得改善的可能性更小，但由「大所」向「小所」變更則獲得審計意見改善的可能性會變大。由此，提出假設3和假設4。

假設3：與其他變更相比，由「非四大」向「四大」變更使得審計意見得到改善的可能性更小。

假設4：與其他變更相比，由「四大」向「非四大」變更使得審計意

見得到改善的可能性更大。

(二) 迴歸模型

為了檢驗上述假設，建立的迴歸模型如下：

$$AUDOP = \alpha_0 + \alpha_1 CHANG + \alpha_2 ROA + \alpha_3 ALR + \alpha_4 TAT + \alpha_5 LNSIZE + \varepsilon \quad (1)$$

$$IMP = \alpha_0 + \alpha_1 CHANG + \alpha_2 ROA + \alpha_3 ALR + \alpha_4 TAT + \alpha_5 LNSIZE + \varepsilon \quad (2)$$

$$IMP = \alpha_0 + \alpha_1 STB + \alpha_2 ROA + \alpha_3 ALR + \alpha_4 TAT + \alpha_5 LNSIZE + \varepsilon \quad (3)$$

$$IMP = \alpha_0 + \alpha_1 BTS + \alpha_2 ROA + \alpha_3 ALR + \alpha_4 TAT + \alpha_5 LNSIZE + \varepsilon \quad (4)$$

模型中各變量定義如表3-6所示。

表3-6　　　　　　　　　變量定義表

變量名	變量定義
AUDOP	審計意見，當審計意見為非標準審計意見時取1，否則為0
IMP	審計意見改善，將審計意見按嚴重程度排列為無法表示意見、保留意見、帶說明段無保留意見和標準無保留意見。如果上一年為嚴重程度高，而下一年為嚴重程度低，則定義為得到改善，IMP取1，否則為0
CHANG	當出現會計師事務所變更時取1，否則為0
STB	當會計師事務所變更是由「非四大」向「四大」變更時取1，否則為0
BTS	當會計師事務所變更是由「四大」向「非四大」變更時取1，否則為0
ROA	資產收益率
ALR	資產負債率
TAT	總資產週轉率
LNSIZE	公司規模，以資產總額的對數計量

(三) 數據來源

為了對研究假設進行檢驗，本書選用2002—2012年深滬上市公司的數據。剔除數據缺失和金融行業公司后，得到12,381個樣本。為消除極端值的影響，本書對迴歸中使用到的連續變量按1%進行了Winsorize縮尾處理。樣本數據來自於CSMAR數據庫。本書使用Stata 12.0對數據進行處理。

四、數據分析與結果

(一) 描述性統計

表3-7報告了樣本的年度行業分佈情況。從表3-7可以看出，樣本在年度、各行業的分佈基本合理。

表 3-7　　　　　　　　　　　　樣本分佈表

合計	2002年	2003年	2004年	2005年	2006年	2007年	2008年	2009年	2010年	2011年	2012年	合計
A	22	24	25	24	24	24	25	24	25	25	26	268
B	28	33	37	37	35	36	38	38	39	40	41	402
C	546	581	613	598	591	589	590	585	591	611	625	6,520
D	53	55	61	60	60	60	61	63	63	64	64	664
E	17	21	23	23	23	21	22	23	23	25	26	247
F	38	41	43	41	44	45	45	44	48	49	49	487
G	52	57	56	54	52	51	52	50	53	53	54	584
H	89	89	89	87	87	89	90	90	93	94	96	993
J	104	105	105	100	99	99	102	105	108	109	109	1,145
K	33	32	33	34	35	33	32	33	33	36	39	373
L	19	18	17	16	16	14	14	15	16	20	23	188
M	51	49	47	45	45	46	45	43	45	47	47	510
合計	1,052	1,105	1,149	1,119	1,111	1,107	1,116	1,113	1,137	1,173	1,199	12,381

　　表 3-8 報告了變量的描述性統計。從表 3-8 可以看出，審計師出具的標準審計意見的比例較大，非標準審計意見的平均比例僅為 6.47%。樣本公司中發現會計師事務所變更的比例為 9.04%，其中由「非四大」向「四大」的變更為 2.99%，由「四大」向「非四大」的變更為 4.44%。變更后審計意見得到的改善的比例為 3.13%。公司資產收益率的均值為 3.01%，樣本的資產負債率均值為 50.82%，總資產週轉率的均值為 0.734。

表 3-8　　　　　　　　　　　變量描述性統計

變量	N	均值	標準差	最小值	最大值
AUDOP	12,381	0.064,777	0.246,141	0	1
CHANG	12,381	0.090,38	0.286,738	0	1
IMP	12,381	0.031,323	0.174,192	0	1
STB	12,381	0.002,988,5	0.054,587,2	0	1
BTS	12,381	0.004,442,3	0.066,505	0	1
ROA	12,381	0.030,078	0.063,699	−0.239,02	0.202,331
ALR	12,381	0.508,227	0.189,882	0.074,929	0.936,899
TAT	12,381	0.703,468	0.526,244	0.037,142	2.798,18
LNSIZE	12,381	21.544,37	1.111,269	19.124,7	24.715,4

表 3-9、表 3-10 報告了變量的相關係數。從表 3-9、表 3-10 可以看出，各變量之間存在顯著的相關關係，變量之間的系數均小於 0.6，不存在多重共線性。

表 3-9　　　　　　　　　　相關係數表

	AUDOP	CHANG	ROA	ALR	TAT	LNSIZE
AUDOP	1					
CHANG	0.037***	1				
ROA	-0.387***	-0.030***	1			
ALR	0.159***	0.031***	-0.354***	1		
TAT	-0.128***	-0.008,00	0.232***	0.091***	1	
LNSIZE	-0.185***	-0.002,00	0.221***	0.258***	0.145***	1

註：*，**，*** 分別表示在 10%、5% 和 1% 水平上顯著。

表 3-10　　　　　　　　　　相關係數表

	IMP	CHANG	ROA	ALR	TAT	LNSIZE
IMP	1					
CHANG	0.079***	1				
ROA	-0.045***	-0.030***	1			
ALR	0.050***	0.031***	-0.354***	1		
TAT	-0.055***	-0.008,00	0.232***	0.091***	1	
LNSIZE	-0.105***	-0.002,00	0.221***	0.258***	0.145***	1

註：*，**，*** 分別表示在 10%、5% 和 1% 水平上顯著。

(二) 迴歸結果分析

表 3-11 報告了單變量迴歸結果。從表 3-11 結果 (1) 可以看出，CHANG 與 AUDOP 的迴歸係數為正，且在 5% 水平上顯著。這說明與其他企業相比，當年變更會計師事務所的企業，被出具非標準審計意見的可能性更大，支持了假設 1。從結果 (2) 可以看出，CHANG 與 IMP 顯著正相關。這說明變更當年，確實實現了審計意見的改善，支持了假設 2。從結果 (3) 可以看出，STB 與 IMP 的迴歸係數為正，但不顯著。這說明由「非四大」向「四大」的變更並沒有使得審計意見得到改善，支持了假設 3。從結果 (4) 可以看出，BTS 與 IMP 的迴歸係數為正，且在 1% 水平不顯著。這說明由「四大」向「非四大」的變更使得審計意見得到了顯著改善，支

持了假設 4。

表 3-11　　　　　　　　　　迴歸結果

	（1）AUDOP	（2）IMP	（3）IMP	（4）IMP
CHANG	0.298**	0.998***		
	(2.31)	(8.02)		
STB			0.632	
			(1.06)	
BTS				1.447***
				(3.02)
ROA	-11.93***	2.809***	2.858***	2.716***
	(-20.82)	(3.55)	(3.59)	(3.41)
ALR	2.446***	2.506***	2.468***	2.547***
	(10.21)	(8.72)	(8.61)	(8.88)
TAT	-0.811***	-0.640***	-0.631***	-0.648***
	(-6.81)	(-5.02)	(-4.99)	(-5.10)
LNSIZE	-0.622***	-0.654***	-0.663***	-0.659***
	(-13.33)	(-12.55)	(-12.70)	(-12.63)
_cons	9.583***	9.471***	9.840***	9.690***
	(10.12)	(8.94)	(9.24)	(9.12)
N	12,381	12,381	12,092	12,381
LR chi2 (5)	1,634.96	308.47	252.45	260.47
Prob > chi2	0.000,0	0.000,0	0.000,0	0.000,0
Pseudo R2	0.275,2	0.080,7	0.066,4	0.068,2
Log likelihood	-2,152.887,3	-1,756.088,2	-1,773.439,2	-1,780.090,1

註：*，**，*** 分別表示在 10%、5% 和 1% 水平上顯著。

五、研究結論

通過對 2002—2012 年的數據分析得到如下結論：①儘管會計師事務所的變更沒有使得公司的審計意見由非標準意見直接變更為標準意見，但是確實實現了從性質比較嚴重的審計意見改善為性質不太嚴重的審計意見，即會計師事務所的變更實現了審計意見的改善。②從變更的類型來看，由

「小所」變「大所」並沒有使得審計意見得到改善，但從「大所」向「小所」變更確實實現了審計意見的改善。

第三節 獨立性與審計意見

一、概述

在市場經濟條件下，投資者主要依賴財務報表判斷投資風險，在投資機會中做出選擇。如果審計師不能與客戶保持獨立性，而是存在經濟利益、關聯關係，或屈從於外界壓力，就很難取信於社會公眾。獨立性，是指不受外來力量控制、支配，按照一定規則行事。獨立性包括實質上的獨立性和形式上的獨立性。實質上的獨立性是一種內心狀態，使得審計師在提出結論時不受損害職業判斷的因素影響，誠信行事，遵循客觀和公正原則，保持職業懷疑態度。形式上的獨立性是一種外在表現，使得一個理性且掌握充分信息的第三方，在權衡所有相關事實和情況后，認為會計師事務所或審計項目組成員沒有損害誠信原則、客觀和公正原則或職業懷疑態度。實質上的獨立是無形的、難以衡量，而形式獨立是有形的，可以觀察到。審計師在審計服務的實施中，不僅要保持獨立性的本質，而且要保持形式上的獨立。可能對審計師獨立性產生不利影響的因素包括自身利益、自我評價、過度推介、密切關係和外在壓力。在上述因素中，經濟利益與獨立性之間的關係是學者們研究的焦點之一。

經濟利益是指因持有某一實體的股權、債券和其他證券以及其他債務性的工具而擁有的利益，包括為取得這種利益享有的權利和承擔的義務。經濟利益包括直接經濟利益和間接經濟利益。從現有文獻看，當前中國對審計獨立性影響因素的實證研究主要集中於非審計服務、審計任期和客戶重要性。

縱觀國內外非審計服務對審計獨立性影響的相關文獻，我們發現學者們對於這一問題的研究結論仍存在分歧。Frankel（2002）等人對審計師的獨立性和向審計公司支付非審計費用之間是否存在聯繫進行研究，發現非審計費用與可操縱應計利潤的幅度正相關。這表明高的非審計費用可能會損害審計師的獨立性。Firth（2002）也認為，提供非審計服務會增加審計師與客戶的經濟聯繫，從而損害審計師的審計獨立性。胡波（2009）認為

如果審計師從非審計服務收費中獲取審計服務補償從而降低審計服務定價，那麼可以認為非審計服務的提供降低了審計獨立性。而 Ashbaugh et al. (2003 年) 修正了 Frankel (2002) 等研究的指標設計缺陷，並重複了 Frankel 的研究。結果顯示非審計費用與可操縱應計利潤之間沒有顯著的正相關關係，即非審計服務對審計獨立性沒有顯著影響。董普、田高良、嚴鶿 (2007) 以操控性應計利潤作為審計獨立性的替代變量，實證檢驗非審計服務費對審計獨立性的影響。結果發現，在中國非審計服務不但不會損害反而提高了審計師的審計獨立性。

在審計師任期方面，DeAngelo (1981) 認為審計師的任期越長，審計師越可能與客戶建立私人友情，產生經濟依賴性，從而有損審計師的審計獨立性，進而影響審計質量。而 J N yers & L A yersr (2003) 和費愛華 (2006) 等的實證研究卻得出相反結論。他們發現，在會計師事務所規模較大、連續審計任期較短或異地審計的情況下，出具非標準無保留意見的可能性較大。

在客戶重要性方面，陸正飛、王春飛、伍利娜 (2012) 以 2003—2009 年中國 A 股市場上市企業集團為研究樣本，研究集團客戶重要性與非標準審計意見之間的關係。他們發現集團客戶重要性與非標準審計意見的出具概率顯著負相關，即集團客戶越重要，審計師的獨立性越有可能受到影響。但是，這種影響主要體現在小規模會計師事務所，即「小所」更可能受集團客戶經濟依賴程度的影響，而「大所」能保持應有的執業謹慎。魯桂華等 (2007) 以 2004 年滬深兩市非金融類上市公司為樣本，對客戶相對規模和審計意見進行檢驗。結果表明，在控制審計收費、操控性應計、違規記錄、財務困境以及其他可能影響審計意見的因素後，客戶相對規模較小[①]的客戶被出具非標準審計意見的概率較高。

二、審計費用與審計意見

韓麗榮 (2005) 認為，作為審計師審計制度激勵機制的重要組成部分，審計費用是保證該制度能夠不斷自我實施、正常發揮信息鑒證功能、確保資本市場有效運行的必要條件。合理的審計費用有助於激勵審計師按照博弈規則切實、正確地履行職業責任，對上市公司進行有效監督，保證

---

① 用第 i 家公司的資產或營業收入占審計師所審計的全部公司的資產或營業收入總和之比來衡量該公司在審計師全部客戶中的相對大小。

會計信息質量。一般認為，審計費用會受到審計服務的生產成本、風險成本和審計市場供求關係等因素的影響。

部分學者認為，審計費用最為重要的影響因素是客戶規模。客戶規模直接影響審計的投入，即審計時間和審計成本，進而影響審計費用。因此，Simunic（1980）認為，預期客戶規模與審計費用存在正相關關係。Simunic（1980）、Hackenbrack & Knechel（1997）認為，從客戶業務複雜度的角度來看，客戶的業務複雜度越大，審計難度越大，審計師需要投入的審計時間和審計成本越大，就會導致審計費用增加。客戶的一些屬性變量與其業務複雜度直接相關，如公司營運範圍、子公司數、公司營運部門地理分佈、海外資產的占比以及多元化經營等。對於客戶風險，當前研究主要檢驗固有風險、控制風險以及舞弊風險對審計費用的影響。Simunic（1980），Stice（1991）認為，審計風險模型表明，風險越高，審計所要投入的時間越多和審計測試的範圍越大，測試程度越深入，因此引致審計費用提升。

伍利娜（2003）在研究盈餘管理對審計費用的影響因素中，以中國2001年按照證監會要求披露審計費用的公司數據為研究樣本，結果發現國際「五大」「四大」）會計師事務所獲得了審計收費溢價。田利輝等（2013）以2003—2010年中國上市公司為研究對象，在控制了會計師事務所規模和競爭程度后研究會計師事務所品牌聲譽對審計收費的影響。結果發現，國際「四大」和國內「十大」均因其品牌聲譽獲得了審計收費溢價。

當非標準意見在市場發布后，投資者會認為上市公司的財務信息存在虛假，會降低對該企業的預期，從而會影響上市公司的股價和增發、配股等融資活動，因此企業有購買審計意見的動機。在中國，上市公司管理當局在一定程度上掌握著審計師的聘任、解聘和審計報酬的定價、支付等決策權。李補喜、王平心（2006）認為，他們有動機通過提高審計費用來影響審計意見，而審計師在經濟利益驅動下也酌情考慮上市公司管理當局的意願，最終導致審計意見與審計費用率相關，審計缺乏獨立性。費愛華（2006）發現，非標準意見類的會計師事務所獲取的審計費用顯著高於標準意見類的會計師事務所。這與出具非標準無保留意見的會計師事務所所審業務的工作量較大可能有關。但是，標準意見類的會計師事務所的費用比率顯著低於非標準意見類，這可能是由於出具標準無保留意見的會計師事務所雖獲取小金額的審計費用但獲取了大金額的非審計費用。顧濛、郭志勇（2013）研究發現，審計費用越高，上市公司被出具非標準審計意

見的可能性越低。但是 M L DeFond et al.（2002）認為審計費用與審計意見並無顯著相關性。黃天笑（2010）以中國 2010 年上市製造企業的相關數據為樣本，研究審計費用與非標準審計意見的相關關係。結論顯示，兩者間存在負相關關係但不顯著。

　　理論上講，非標準審計意見需要更高的成本，這是因為：第一，公司被出具非標準意見，意味著財務報表的重大錯報風險比較高。按照風險導向審計的要求，重大錯報風險高需要審計師擴大審計測試的範圍，實施更多的審計程序，以獲取充分適當的審計證據，而更大範圍的審計測試會增加審計費用。第二，在審計過程中，審計師會就審計中發現的問題與被審計單位進行溝通和協商。由於非標準意見可能產生的負面影響，企業會花費更多的時間和精力與審計師進行交涉，以期獲得標準審計意見，在這個過程中審計師會耗費更多的時間和精力，引起審計費用增加。第三，非標準意見意味著該公司的財務報告沒有公允地反應其財務狀況和經營成果，存在一定的經營風險和財務風險，進而可能會導致審計師審計面臨更大的訴訟風險，從而需要更多的審計溢價來彌補這一潛在風險的損失。由此本書提出假設 1：審計費用與非標準審計意見正相關。

三、客戶重要性與審計意見

　　審計客戶重要性是指某一審計客戶對會計師事務所或審計師在經濟上的重大作用，即審計客戶通過各種因素對審計師客觀、公正的執行審計工作的影響力。就客戶重要性是否會影響審計質量和審計意見，學者們產生了很大的分歧。DeAngelo（1981）認為，如果會計師事務所從某一被審計單位處收取的業務費用占該會計師事務所全部收入的比重越大，那麼由該被審計單位帶來的對審計獨立性產生的不良影響就會越深遠，因為作為理性經濟人的審計師，在做出任何決策時必定以自身利益最大化為目標。對會計師事務所收入貢獻越多的客戶，即相對會計師事務所而言經濟依賴性越強的被審計單位可能會給審計業務帶來兩種截然不同的影響：一方面，審計師如果堅持了自己的職業道德，保持審計獨立性並保證了審計質量，則可能會與被審計單位管理層發生衝突，從而導致被解雇而使收益減少；另一方面，如果會計師事務所在被審計單位管理層的威逼利誘下未能堅持自己的職業判斷，降低了審計獨立性，損害了審計質量，獲得被審計單位管理層的滿意從而保住了這一業務，但如果被資本市場的參與者發現，那麼審計師將面臨巨大的審計風險和聲譽損失，從而使長期的經濟收益減

少。基於這兩方面的考慮,審計師在出具審計報告時會更加謹慎。

支持客戶重要性會影響審計意見類型的學者們認為,在競爭激烈的審計市場中,為了爭取重要客戶,會計師事務所可能以犧牲獨立性為代價,提供令被審計單位滿意但損害委託人利益的審計報告。並且由於會計師事務所對被審計單位的經濟依賴性很強,被審計單位的管理層很可能以更換會計師事務所為由,要挾會計師事務所而使其屈服於經濟利益之下提供對自己有利的審計服務,以達到公司目標的實現或者滿足管理層利益最大化。Carcello & Neal(2000)的研究發現,如果會計師事務所不配合被審計單位進行盈余管理而向外公布違規事項,那麼其以後從該被審計單位處所得到的經濟利益將大幅度減少。因此,國際會計師聯合會(IFAC)的《執業會計師道德準則》明確指出,如果某個職業會計師或會計師事務所從某一個客戶處或相互關聯的客戶集團中收取的費用占其執行所有公共業務的總收費費用的比例很大時,那麼必須認真考慮這一經濟依賴是否可能會引發對職業會計師獨立性的懷疑。Krishnan(1995)以潛在收到非標準審計意見的公司為樣本研究,發現客戶重要性水平越低的被審計單位,越有可能收到非標準意見。Michael(1985)從會計師事務所對被審計單位的經濟依賴性的大小的角度來研究被審計單位的規模與審計人員獨立性的關係。他發現被審計單位的經濟依賴性越強,審計其財務報表的審計人員獨立性越低,審計質量越差。Ahmed et al.(2006)以監督比較弱的公司為樣本研究,也得出了客戶重要性與審計質量顯著負相關的結論。DeAngelo(1981)認為,大規模會計師事務所比小規模會計師事務所更註重對聲譽和品牌的保護,不會為了追求被審計單位的經濟利益而降低審計獨立性以損害審計質量。但他也註意到,從被審計單位處獲得的數額巨大的審計服務費用可能會影響審計人員堅持自己的職業判斷以及堅守審計獨立性,最終會導致財務報告中的盈余管理幅度變大,審計質量下降。Ahmed(2006)等以國際「五大」或「四大」審計的公司為樣本,實證檢驗審計師對激進財務報告約束力的影響。他們發現,客戶經濟依賴性與非正常應計存在正相關關係,即會計師事務所對某客戶的經濟依賴度越高,則該客戶審計后的財務報告的非正常應計越多。

支持客戶重要性與審計質量不相關的學者們認為,在現有法制環境下,審計師承擔著相當大的法律責任。Pitt & Birenbaum(1997)認為,客戶的重要性不僅不會對審計師獨立性產生損害,而正是因為客戶的重要性,才能使得審計師以謹慎的態度來實施業務,深入地分析影響客戶風險

的內外部因素，從而能夠增加審計人員的專業知識和行業背景知識，讓被審計單位的經營風險和財務風險更早地暴露在審計人員的面前，有助於審計人員做出合理、恰當的職業判斷，有助於提高審計質量。Reynolds & Francis (2000) 也認為，被審計單位的規模越大，審計師對財務報告出具的審計意見則更為保守。這意味著重要客戶的經濟依賴對審計獨立性和審計意見並未有不良影響。Craswell (2002) 等學者考察了澳大利亞資本市場中的經濟依賴性對審計獨立性產生的影響。他們以審計人員是否對財務報告出具非標準審計意見作為因變量來進行實證設計。研究發現，會計師事務所對被審計單位經濟依賴性的提高並未使得審計師出具非標準意見的意向發生改變，也就是說，會計師事務所對被審計單位經濟依賴性的提高不會損害審計質量。Ashbaugh H et al. (2003) 分別以向被審計單位收取的費用占會計師事務所收入總額的比值來度量客戶重要性的大小。研究發現客戶重要性的大小不會對審計質量產生影響。Li (2009) 在研究會計師事務所對重要客戶的經濟依賴是否會損害審計質量時也發現，在薩班斯法案實施之前，客戶重要性對持續經營審計意見並未有比較明顯的影響。Chen, Sun & Wu (2010) 以銀廣夏事件的發生作為制度環境的分界點研究客戶重要性對審計意見的影響，他們得出的研究結果是：在銀廣夏事件發生之前，審計師出具非標準審計意見的可能性與被審計單位的經濟依賴性呈顯著負相關關係，而在銀廣夏事件發生之后，客戶重要性並不會顯著影響審計師出具非標準審計意見的可能性。基於上述的分析，提出假設 2：客戶重要性對非標準審計意見沒有顯著影響。

四、審計任期與審計意見

大多數研究審計任期的文獻將審計任期界定為審計師或是會計師事務所連續為一家公司提供審計服務的年限。自 20 世紀 60 年代起，審計任期就開始為學者所關註。2001 年美國安然事件發生后，審計任期與強制審計輪換受到人們的普遍關註。許多國家紛紛制定相關政策，要求對審計合夥人實行定期輪換，以減少審計任期過長對審計獨立性與審計質量的不利影響。中國證監會與財政部印發的《關於證券期貨審計業務簽字審計師定期輪換的規定》(2003) 將簽字審計師連續為某一相關機構提供審計服務的年限限定為五年。儘管理論認為過長的審計任期可能會對審計獨立性產生不利影響，但是關於審計任期與審計獨立性之間的關係，實證研究並未得出一致的結果。

（一）審計任期對獨立性有不利影響

美國獨立性準則委員會（ISB）發布的獨立性概念指出，威脅獨立性的情形主要有：自利威脅、自我評價威脅、自滿威脅、熟悉或信任威脅和脅迫威脅。審計任期過長可能會導致上述對獨立性產生威脅的情形[①]。

1. 審計任期與自利威脅

會計師事務所出於自身經濟利益的考慮而做出一些影響審計獨立性的行為，就構成了自利威脅。自利威脅主要來於會計師事務所對被審計對象的經濟依賴性。會計師事務所在初期決定為被審計對象提供審計服務的時候就意識到了要花費一定量的成本。初期成本一部分源於尋求客戶時的必要花銷，另一部分來自於簽訂審計合同后用於瞭解被審計對象基本情況的啟動成本。在簽訂審計合同之後，會計師事務所都會想盡辦法來彌補這早期的經濟成本，即準租金。盡可能地延長審計任期來獲得準租金就是一個最為常見的對策。客觀地說，準租金是一把雙刃劍。它能有效地在會計師事務所與被審計對象之間形成一種牽連，幫助穩定兩者的契約關係，但同時，這種牽連也增加了會計師事務所對被審計對象的經濟依賴性。如果之後被審計單位出於自身或是外部的原因終止與會計師事務所的審計合同，那麼會計師事務所就不能如願地收回預期的準租金。因此，即使他們意識到了被審計對象的不法動因，從經濟利益角度出發，會計師事務所或是審計師會向被審計對象妥協或屈服以達到延長審計任期的目的。這種經濟依賴性使得會計師事務所在與客戶的談判中處於劣勢，最后可能會以喪失審計獨立性為代價來換取審計任期的延長。因此，Deangelo（1981），Watts & Zimmerman（1983）都認為，長時間的審計任期容易使審計人員對被審計對象產生經濟依賴性，從而對審計師的獨立性與客觀性產生損害。

2. 審計任期與自我評價威脅

審計師在審查自己以往的工作時會下意識地認為是沒有差錯的，就可能產生自我評價威脅。自我評價威脅並非源於審計師的故意行為，而是受到其自身固有局限的影響而形成的。當審計師審查自己以往的審計工作的時候，都預期是不存在問題的，即使他們可能產生過會出現差錯的想法。這種結果正確的預期會導致未來期間審計師對與以前審計結果有關信息產生選擇性知覺，使審計師難以發現自己以前工作中的錯誤。即使發現以前年度的審計結果存在問題，審計師也會從多種事實證據中挑選出能夠有力

[①] 江偉，李斌. 審計任期與審計獨立性——持續經營審計意見的經驗研究 [J]. 審計與經濟研究，2011（2）：47-55.

證明自己預期的項目，使得自己的錯誤變得可以被理解和接受。審計任期的延長，必然導致這種錯誤的累積，進而導致審計師做出有偏的審計決策。因此，較長的審計任期顯然增大了審計師的自我評價威脅，影響了審計獨立性。

3. 審計任期與自滿威脅

在未來的審計中，審計師將以前的審計工作作為審計的起點，但無法根據當期的新環境或新信息進行充分調整，僅將未來的審計看做以前審計的一種重複而已，傾向於預期審計結果，而不是對客戶可能發生的細微但重要的異常情況或變化保持應有的職業謹慎。這一思維定勢的存在或例行公事的心態使審計師對自己所實施的審計程序產生了自滿心理。Johnson & Lys（1990）指出，審計任期的延長會使得審計師對審計工作產生倦怠，在執行審計任務的時候只是流於形式而沒有保持應有的敏感與警覺。審計師將自己以往的工作作為初始信息，對當期新獲取的信息進行補充與調整的決策方式是普遍存在的。很多相關研究都表明，審計師將自己以往的審計工作調整后作為本期工作的起點是不恰當的，因為調整后的結果過分地接近初始值而不能真實反應現實情況。審計師獲取信息的來源一般有兩個，即記憶與環境。首先，審計師開始新的審計任務時會試圖從記憶中查詢類似的處理過程與程序以作為參考與標準。但是值得註意的一點是，回憶起的審計過程並不是完好無損的，因為人腦對記憶的處理並不是原封不動地存放，待需要之時再開封取用，而是在人們試圖啟用它時被重建起來的。在重建的過程中，當遺漏許多使整個過程不連貫的細節時，審計師就會根據自己的經驗或是審計常識來進行添加與拼湊。這樣一來就意味著重新構建出來的記憶與事件發生時點會存在著偏差，進而導致依據記憶做出的審計判斷的不恰當性。其次，在遇到新環境時，審計師也會受到自己各方面心理因素的影響而有不同的感知結果。因此，審計師依據對新環境的感知而做出的調整也存在著選擇性與證實性，而不是對現實情況的真實與充分反應。當審計師根據自己的記憶或是對新環境的認知而做出的當期的審計決策得到他人正面的反饋時，就會增強審計師對已做判斷或已執行審計程序的信心。這種信心會讓審計師形成沿用以往審計結果與程序的習慣，而不會主動尋求改進與進步的機會。長此以往，審計師遭受到的自滿威脅將會加深加重。審計師不僅不能敏銳地察覺到細微的異常變化，甚至導致連常規性的重大問題都不能即時地發現與披露。因此，隨著審計任期的延長，審計師在審計中不斷以過去的審計作為基礎，對獨立性的自滿威

脅將更為突出，審計獨立性受到的不利影響也就更大。

4. 審計任期與熟悉或信任威脅

Mautz & Sharaf（1961）認為審計任期越長，審計師的獨立性越有可能受到影響。因為長時間的相處與溝通，審計師對被審計對象有更深入的瞭解，並產生一定的親近感與信賴感。審計師在出具審計意見時會自覺或不自覺地避免影響到被審計對象的利益，從而慢慢地、逐漸地損害審計師的獨立性。馬斯洛（1943）認為，人是社會化的動物，一種強烈而普遍的建立親密關係的慾望可能是人類的本性之一。這一慾望來源於人類基本的歸屬需要。審計師作為現實中的人，也尋求滿足社會性需求，希望與他人建立互信、互助的社會關係。相對於其他個體，審計師與其客戶的接近使得兩者反復接觸，頻繁交流，進而熟識，而熟識將使審計師產生一種情緒上的心理變化，即對客戶產生好感，使其更容易與客戶形成親密關係，互相信任。一旦這種信任被建立，審計師在審計過程中就更容易輕信被審對象的解釋而努力尋求證實的信息，而不是證偽的信息。這一主觀信任將取代審計師在審計過程中應持有的合理懷疑，導致審計師傾向於證實管理者的工作而非仔細檢查其工作，不利於審計獨立性，形成了對獨立性的熟悉或信任威脅。隨著審計任期的延長，審計師與客戶的交流增多，彼此的關係更密切，審計獨立性受到的熟悉或信任威脅將增大，導致審計獨立性受到的不利影響也就更大。

從上述理論分析可以預期，審計任期與審計獨立性之間存在負相關關係。眾多的實證研究結果支持了這一觀點。Davis（2002）發現，隨著審計任期的增加，客戶公司具有更大的報告彈性而且盈余預測誤差在下降，這導致審計獨立性和審計質量也跟著下降。李爽、吳溪（2003）在研究審計任期對審計獨立性的影響時發現，當以審計師是否出具有關公司持續經營審計意見作為衡量指標時，審計任期的增加會導致審計獨立性的降低。Kim JB et al.（2006）通過銀行貸款限制來觀察審計任期對審計質量的影響。結果顯示，隨著審計任期的增加，銀行對上市公司的貸款限制將變得更為嚴格，並且控制力度也會加大，由此可以推斷出審計任期與審計質量呈現負相關關係。羅黨論、黃腸楊（2008）在研究會計師事務所審計任期對審計質量的影響時，將盈余管理的程度作為審計質量衡量指標。研究發現，審計任期越長，上市公司進行盈余管理的程度就越大，進而證實了會計師事務所審計任期會對審計師的獨立性產生影響。王丹惠（2011）以製造行業為對象，研究審計任期與非標準意見之間的關係，結果發現大型會

計師事務所的任期越長，出具非標準意見的可能性越大。

　　有部分學者認為，審計任期與審計獨立性之間並非簡單的線性相關關係，而是呈倒 U 型關係。劉啓亮（2006）研究了中國 1998—2004 年間上市公司的審計任期與審計質量的關係。他通過控制會計師事務所規模、被審計對象規模及一些能體現盈利差異的干擾因素後，發現任期以 5 年為臨界點，當會計師事務所審計任期超過 5 年時，審計任期的增加會嚴重地損害審計質量。陳信元、夏立軍（2006）選取了 2000—2002 年間獲得標準無保留意見的上市公司作為對象，以可操縱性應計利潤來替代審計質量，研究審計任期與審計質量的關係。研究結果發現，兩者之間存在著 U 型關係，即以 6 年為分段點。當審計任期少於 6 年時，審計任期的增加會提高審計質量。當審計任期多於 6 年時，審計任期越長，審計質量就會越低。江偉、李斌（2011）從審計師審計任期與會計師事務所審計任期兩方面研究了審計任期對審計獨立性的影響。在衡量審計獨立性的時候，選取了是否出具有關公司持續經營審計意見這一指標。研究表明，審計師審計任期的增加會明顯地削弱審計獨立性。郭穎文（2014）以會計師出具非標準審計意見的可能性來衡量審計質量，研究會計師事務所審計任期和異常審計費用對審計質量的影響。實證結果顯示，審計任期的延長導致審計質量下降。在審計任期的初期，異常審計費用與審計質量正相關，且此正相關關係隨審計任期的延長而減弱。池玉蓮、楊寧霞（2015）以 2007—2012 年滬深 A 股上市公司為研究對象，以估計的可操控性應計間接衡量審計質量。通過一系列的實證檢驗發現，當審計師任期超過 5 年後，隨著審計師任期的增加，審計質量逐漸下降，從而驗證了簽字會計師 5 年期強制輪換制度的適當性。吳偉榮、鄭寶紅（2015）運用高層梯隊理論和公共壓力理論，以中國 2009—2013 年上市公司為樣本，考察在媒體監督的作用下，簽字審計師的既有任期和預期任期對審計質量的影響。結果發現，簽字審計師既有任期與審計質量呈倒 U 型關係，而簽字審計師預期任期與審計質量呈正相關關係。

　　（二）審計任期對獨立性無不利影響

　　盡量部分學者的實證研究支持了審計任期對審計獨立性有影響，進而對審計意見產生了不利的影響，但是也有相當多的實證研究結果認為，審計任期並不損害審計質量或獨立性，甚至有的研究還顯示，審計任期的增長有助於提高審計獨立性。

　　Blouin J et al.（2007）以安達信的客戶作為研究對象，使用調整后的

应计作为审计质量的衡量指标。结果显示，会计师事务所审计任期的改变对审计质量并不产生显著的影响。董南雁、张俊瑞（2007）以1998—2004年间上市公司为样本，从会计师事务所审计任期与审计师审计任期两个层面研究了审计任期对审计质量的影响。研究结果表明，审计师的审计任期对审计质量没有显著的影响。宋衍蓄等（2012）考虑了审计风险因素的影响，以发布过补充更正公告的公众利益实体为样本。研究结果表明会计师事务所任期对审计质量的影响是有限的。若审计风险较高，会计师事务所不会因任期较长而有损审计独立性。

　　Geiger & Raghunandan（2002）以1996—1998年间破产的美国上市公司为对象，以公司破产前是否被出具可持续经营的审计意见作为审计质量的衡量指标，研究审计任期与审计质量之间的关系。结果表明，审计任期的增加可以提升审计质量。Johnson（2002）将审计任期分为大于或等于9年、4至8年和小于或等于3年三组，研究盈余管理、应计持续性与会计师事务所任期的关联。结果发现，短任期的客户的异常应计绝对值要大一些，而任期大于或等于9年的审计质量不存在下降迹象。研究结论支持了审计任期的延长不会损害审计质量。Myers（2003）以利润质量作为审计质量的衡量指标。结果发现，随着审计任期的延长，审计师会更深入、准确地掌握审计对象的行业知识与经营状况，也能识别特定的风险，从而减少了对审计对象单方面提供的资料证据的依赖，在提升了专业胜任能力的同时也提高了审计质量。与Myers（2003）的结论相类似，夏立军（2006）的研究结果未发现会计师事务所任期会损害独立性；相反，审计任期的延长有可能改善审计师的专业胜任能力进而提高审计质量。Stanley & Dezoort（2007）采用了被审计对象是否进行了财务重述来代替其他指标去衡量审计独立性，研究审计任期与审计独立性的关系，对2000—2004年间的上市公司进行研究，发现审计任期的增加并不会必然地影响到审计独立性，反而是专业胜任能力受到审计任期的正向影响。Carcello & Nagy（2004）以被审计对象的财务报告是否存在诈欺与舞弊的情况来衡量审计质量，发现存在舞弊现象的财务报告更容易出现在审计任期的前几年，而没有明确的研究事实证明此类舞弊与诈欺的财务报告更容易发生在审计任期较长的年份，从而间接证明审计任期有助于提高审计质量。陈信元、夏立军（2005）以中国证券市场上1996—1998年间可能具有盈余管理行为的公司为样本，采用审计意见作为审计质量的衡量指标。研究结果发现，审计质量不会随着审计任期的增加而受到影响，而且对于那些规模较大的会计师

事務所來說，審計任期與審計獨立性呈現出正相關的關係。劉啟亮（2006）研究了審計質量與審計任期的關係，發現在正向盈余管理的子樣本中，審計師任期與審計質量呈倒 U 型關係，但是全樣本中，審計師任期與審計質量顯著正相關，即隨著會計師事務所任期的增加，審計客戶盈余管理反而小。

根據上述理論的分析來看，審計任期的增長可能對獨立性產生威脅，從而使得審計質量的下降。會計師事務所與客戶之間的長期關係，可能會導致審計師在出具非標準審計意見的時候更加謹慎，由此提出假設 3：審計任期與非標準意見負相關。

五、研究設計

（一）迴歸模型

為了檢驗上述假設，建立的迴歸模型如下：

$$AUDOP = \alpha_0 + \alpha_1 LNFEE + \alpha_2 ROA + \alpha_3 ALR + \alpha_4 TAT + \alpha_5 LNSIZE + \varepsilon \quad (1)$$

$$AUDOP = \alpha_0 + \alpha_1 FERAT + \alpha_2 ROA + \alpha_3 ALR + \alpha_4 TAT + \alpha_5 LNSIZE + \varepsilon \quad (2)$$

$$AUDOP = \alpha_0 + \alpha_1 RENQI + \alpha_2 ROA + \alpha_3 ALR + \alpha_4 TAT + \alpha_5 LNSIZE + \varepsilon \quad (3)$$

模型中各變量定義如表 3-12 所示。

表 3-12　　　　　　　　　　變量定義表

變量名	變量定義
AUDOP	審計意見，當審計意見為非標準審計意見時取 1，否則為 0
LNFEE	審計費用，以審計收費的對數計量
FERAT	客戶重要性，以某一客戶業務費用占會計師事務所總收入的比例計量
REQI	審計任期，當審計師任期大於或等於 3 時取 1，否則為 0
ROA	資產收益率
ALR	資產負債率
TAT	總資產週轉率
LNSIZE	公司規模，以資產總額的對數計量

（二）數據來源

為了對研究假設進行檢驗，本書選用 2009—2012 年深滬上市公司的數據。剔除缺失數據和金融行業公司后，得到 4,272 個樣本。為消除極端值的影響，本書對迴歸中使用到的連續變量按 1% 進行了 Winsorize 縮尾處理。

樣本數據來自於 CSMAR 數據庫。本書使用 Stata 12.0 對數據進行處理。

六、數據分析與結果

（一）描述性統計

表 3-13 報告了樣本的年度行業分佈情況。從表 3-13 可以看出，樣本在年度、各行業的分佈基本合理。

表 3-13　　　　　　　　　　樣本分佈表

行業	2009 年	2010 年	2011 年	2012 年	合計
A	18	22	25	26	91
B	26	32	38	41	137
C	440	545	600	636	2,221
D	54	60	63	69	246
E	17	23	24	25	89
F	36	45	53	51	185
G	40	50	51	55	196
H	72	85	92	95	344
J	82	98	103	107	390
K	29	29	34	39	131
L	11	15	19	24	69
M	38	42	46	47	173
合計	863	1,046	1,148	1,215	4,272

表 3-14 報告了變量的描述性統計。從表 3-14 可以看出，審計師出具的標準審計意見的比例較大，非標準審計意見的平均比例僅為 4.09%。樣本公司中審計任期大於或等於 3 年的比例為 62.34%。樣本公司資產收益率的均值為 3.91%。樣本的資產負債率均值為 52.09%。總資產週轉率的均值為 0.737。

表 3-14　　　　　　　　　變量描述性統計

變量	N	均值	標準差	最小值	最大值
AUDOP	4,272	0.040,964	0.198,231	0	1
LNFEE	4,272	13.359,75	0.585,861	12.154,78	15.238,62

表3-14(續)

變量	N	均值	標準差	最小值	最大值
FERAT	4,272	0.002,991	0.003,122	0.000,264	0.016,986
RENQI	4,272	0.623,377	0.484,599	0	1
ROA	4,272	0.039,101	0.057,058	-0.173,45	0.216,614
ALR	4,272	0.520,981	0.195,179	0.078,657	0.934,209
TAT	4,272	0.737,108	0.552,844	0.046,765	3.082,82
LNSIZE	4,272	22.003,18	1.214,61	19.189,3	25.228,6

表3-15報告了變量的相關係數。從表3-15可以看出，各變量之間存在顯著的相關關係，變量之間的係數均小於0.6，不存在多重共線性。

表3-15　　　　　　　　　　　相關係數表

	AUDOP	LNFEE	FERAT	RENQI	ROA	ALR	TAT	LNSIZE
AUDOP	1							
LNFEE	-0.104***	1						
FERAT	-0.026*	0.238***	1					
RENQI	-0.038**	0.061***	0.207***	1				
ROA	-0.269***	0.132***	0.052***	0.045***	1			
ALR	0.098***	0.186***	0.062***	-0.051***	-0.367***	1		
TAT	-0.070***	0.158***	0.099***	-0.002,00	0.179***	0.074***	1	
LNSIZE	-0.207***	0.691***	0.160***	0.007,00	0.145***	0.327***	0.062***	1

註：*，**，***分別表示在10%、5%和1%水平上顯著。

(二) 迴歸結果分析

表3-16報告了單變量迴歸結果。從表3-16結果 (1) 可以看出，LNFEE與AUDOP的迴歸係數為正，且在1%水平上顯著。這說明審計費用越高的企業，被出具非標準審計意見的可能性更大，支持了假設1。從結果 (2) 可以看出，FERAT與AUDOP的迴歸係數為正，但不顯著。這說明客戶的重要程度對非標準審計意見沒有顯著影響，支持了假設2。從結果 (3) 可以看出，RENQI與AUDOP的迴歸係數為負，但不顯著。這說明審計任期對非標準審計意見沒有顯著影響，即假設3沒有得到支持。

表 3-16　　　　　　　　　　迴歸結果

	（1）AUDOP	（2）AUDOP	（3）AUDOP
LNFEE	0.824***		
	(3.27)		
FERAT		22.00	
		(0.67)	
RENQI			-0.191
			(-1.10)
ROA	-11.81***	-11.65***	-11.52***
	(-8.77)	(-8.75)	(-8.66)
ALR	2.674***	2.618***	2.570***
	(5.73)	(5.65)	(5.55)
TAT	-0.434**	-0.393*	-0.376*
	(-2.16)	(-1.95)	(-1.87)
LNSIZE	-1.168***	-0.956***	-0.933***
	(-10.32)	(-10.67)	(-10.49)
_cons	9.905***	16.18***	15.91***
	(3.94)	(8.99)	(8.86)
N	4,272	4,272	4,272
LRchi2 (5)	410.05	399.89	386.69
Prob>chi2	0.000,0	0.000,0	0.000,0
PseudoR2	0.280,7	0.273,7	0.267,7
Loglikelihood	-525.473,77	-530.552,22	-528.978,78

註：*，**，*** 分別表示在 10%、5%和 1%水平上顯著。

七、研究結論

通過對 2009—2012 年的數據分析得到如下結論：①審計費用與非標準審計意見顯著正相關，即收費的費用越高，客戶被出具非標準審計意見的可能性就越大。②客戶重要性與非標準審計意見之間沒有顯著的相關關係。③審計任期的長短對非標準審計意見沒有顯著影響。

第四節　會計師事務所勝任能力與審計意見

一、行業專長概述

（一）會計師事務所行業專長的含義

行業專長是指具有某個行業特定的知識、技能和特長。具體到會計師事務所行業專長，學者們從各方面進行了界定（見表3-17）：

表 3-17　　　　　　　　　會計師事務所行業專長的定義

學者	會計師事務所行業專長的界定
Solomon et al. (1999)	審計師在某一個或某幾個行業的知識和經驗的體現
夏立軍（2004）	指會計師事務所擁有的某一行業的專有知識和專業技能
陳麗紅，張龍平（2010）	會計師事務所基於對行業知識和行業審計程序的高度重視而採取的一種經營戰略和市場競爭策略
馬莉（2011）	會計師事務所在其執業過程中，基於經營戰略而將其資源著重投入某個行業或某幾個行業中，進而掌握相關的專有知識和專業技能，形成在某行業審計中的領導地位
蘇文兵，常家瑛，王兵(2011)	會計師事務所將審計對象集中於某個行業，集中優勢資源學習這一行業的背景知識，開發適合於該行業的審計方法體系，形成獨特的行業審計程序，進而形成特定行業的審計競爭優勢和核心競爭能力
蘇菲（2012）	會計師事務所擁有的針對某一行業或某幾個行業的專業知識和專業技能，並因此獲取較高審計績效

從表3-17可以看出，儘管具體描述有所差異，但是學者們都將對某一行業專業知識和專業技能的掌握作為會計師事務所的行業專長的核心內容。

（二）會計師事務所行業專長產生的內在機理

行業專長產生於經濟學上的分工思想。亞當·斯密在《國富論》（1776）中第一次提出了勞動分工的觀點。斯密說：一個勞動者，如果對於這職業（分工的結果，使扣針的製造成為一種專門職業）沒有受過相當訓練，又不知怎樣使用這職業上的機械（使這種機械有發明的可能，恐怕也是分工的結果），那麼縱使竭力工作，一天也製造不出一枚扣針。要做二十枚，當然更不可能了。而在現代機器化大生產的背景下，勞動分工可

以將複雜的生產過程變成簡單的生產程序。正是由於勞動分工的出現，勞動者可以在勞動過程中累積經驗，形成專業技能，進而形成行業專長。分工及專業化，實質上就是指一個經濟行為主體趨向於只承擔一種或較少幾種經濟活動或在一種經濟活動中只承擔一種或較少幾種操作的生產方式的深化過程。20世紀90年代，以楊小凱（Yang）、黃有光、博蘭（Borland）和貝克爾（Beeker）等為主要代表的經濟學家，在對分工及專業化理論的分析中加入了知識的因素，認為分工及專業化水平決定了專業知識的累積速度和人類獲得技術知識的能力。分工及專業化與經濟增長之間可以通過知識累積而聯繫起來。

　　Robert Kuhn Mautz & Hussein A Sharaf（1961）在《審計理論結構》中首次論述了審計師的行業專長。他們在該著述中提到：「凡稍有公共會計能力和知識的人，都可以發揮其職業的各種專長。」胡南薇等（2009）認為，從經濟學觀點看，儘管會計師事務所的行業專長只是分工及專業化概念下的某一方面，但是，會計師事務所還是能通過分工及專業化的經營模式表現出較高的效率。Mayhew & Wilkins（2003）詳細討論了規模效率如何從會計師事務所行業專長中產生。這主要是因為具有行業專長的會計師事務所可以為具有相似特徵的大量客戶公司提供審計服務，從而在不同客戶公司之間分享所掌握的行業特有知識、培訓的人力資源以及累積的審計經驗，最終會計師事務所將這類成本分攤至更多的客戶公司，以降低平均審計成本。同時，專註於特定行業使得審計人員越來越熟悉該行業的具體特點、運作方式以及該行業審計客戶的經營情況，較快地提高審計服務的熟練程度，從而節約了審計時間。此外，專註於特定行業使得會計師事務所的組織和管理相對集中，從而降低會計師事務所質量管理工作的複雜程度，提高會計師事務所的管理效率。

　　（三）會計師事務所行業專長的衡量

　　由於行業專長的衡量會涉及會計師事務所的發展戰略、市場戰略和投資成本等保密信息，因此研究都很難獲得這些信息。國內外學者在考察分析會計師事務所行業專長時一般都採用可觀測的間接替代指標。這些替代指標的測算方法主要包括：行業市場份額法、行業組合份額法、行業加權市場份額法和自我宣揚法。

　　1. 行業市場份額法

　　Zeff & Fossum（1967）首次對美國審計市場的會計師事務所進行行業專長研究，並提出用行業市場份額來做會計師事務所行業專長的替代變

量。行業市場份額法從特定行業出發，計算某家會計師事務所在特定行業中的市場份額，以此來衡量其是否具有行業專長。行業市場份額法的內在邏輯在於，會計師事務所之所以在某個特定行業有較高的市場份額往往是其在該行業的經驗累積、行業專長投資、經營戰略等各方面共同作用的結果。會計師事務所在某行業擁有最大或較大的市場份額，可能是因為該會計師事務所在這個行業中進行了較多的專門化投資，累積了豐富的行業知識和審計經驗。自 Zeff 以來，國內外文獻大多採用市場份額法來衡量審計師行業專長。因此，行業市場份額法是目前研究行業專長的主流方法。趙秋君，崔宏楷（2010）的研究表明，中國部分學者也認為，會計師事務所在某個行業有較高的市場份額往往是其在特定行業的經營戰略、行業專長投資、行業知識與技術累積等因素共同作用的結果，因此可以作為勝任能力的替代變量。

2. 行業組合份額法

Yardley（1992）認為，行業組合份額法從特定會計師事務所出發，計算會計師事務所在特定行業內的收入總額占該會計師事務所在所有行業的收入總額的比例，以此來衡量該會計師事務所具有的行業專長。該方法的內在邏輯是，通過計算會計師事務所收入在行業間的分佈比例，推斷該會計師事務所在不同行業分配的專門化資源，即在某行業的組合份額最高說明會計師事務所在該行業進行了較多的專門化投資。Neal & Riley（2004）認為，即使該會計師事務所並非這個行業的絕對領先者，但仍然可以合理假定它在這個行業投入了較多資源，採取了相應的經營戰略，正努力發展這個行業的專家本領。

3. 行業加權市場份額法

Neal & Riley（2004）首先提出行業加權市場份額法。他們認為，行業市場份額法和行業組合份額法體現了會計師事務所在發展行業專長時的兩種不同的思路或特性。二者之間是互補的關係。因此同時考慮行業市場份額和行業組合份額能更全面地反應會計師事務所的行業專長水平。

4. 自我宣揚法

Hogan & Jeter（1999）提出採用自我宣揚法來衡量會計師事務所是否具有行業專長。該方法的內在邏輯是，企業一般會針對自己所擅長的優勢進行宣傳。如果會計師事務所公開宣稱自己是某些行業的專家，那麼可以合理推定該會計師事務所為該行業的專家。由於自我宣揚法衡量會計師事務所的行業專長具有一定的主觀性，因此在研究中較少學者使用該方法。

中國學者在研究會計師事務所行業專長時，通常借鑒國外的研究。蔡春和鮮文鐸（2007）、劉文軍等（2010）、陳麗紅和張龍平（2011）認為，較早時，學者衡量行業專長時常常同時使用行業市場份額和行業組合份額，並對比兩種衡量指標下結論的異同。但是，那時學者較少對兩種衡量方法的實質性差異進行研究，也沒有文獻探討到底哪種方法更適合中國審計市場。劉文軍等（2010）認為行業市場份額衡量行業專長可能具有普遍適用性，因為在某種程度上行業組合份額衡量的可能不是會計師事務所的行業專長，而是會計師事務所對該行業的經濟依賴性。后來，陳小林等（2013）、範經華（2013）、陳智和徐泓（2013）等越來越多的學者使用行業市場份額法來衡量會計師事務所的行業專長。

二、行業專長與審計質量

DeAngelo（1981）認為，審計質量通常是受審計人員的獨立性和專業技能兩方面因素共同影響的，而行業專長則是體現審計人員專業技能的重要因素之一。因此，會計師事務所行業專長與審計質量的關係是審計質量研究的一個重要方面，但不同的學者研究結論並不相同。

Lys & Watts（1994）以法律訴訟衡量審計質量，研究發現會計師事務所行業專長與法律訴訟沒有相關性，因而認為行業專長不會影響審計質量。而在發現錯報與系統漏洞方面，Hammersley（2006）研究發現，具有行業專長的審計師們比不具有行業專長的審計師表現得更出色。

Dies & Giroux（1992）也認為，會計師事務所的行業專門化程度越高，審計質量就越高。相比於非行業專長會計師事務所，行業專長會計師事務所能夠提供更高的審計服務質量。Maletta & Wright（1996）認為，具有行業專長的會計師事務所不僅更有能力發現管理層的機會主義行為，而且為了維護自身聲譽將管理層機會行為報告給外部信息使用者的可能性也更高。另外，Solomon & Michael（1999）認為，由於在某行業的長期經營，會計師事務所能加深對該行業的瞭解，掌握更多的行業知識，使得行業專長通過提升審計師的判斷力來提高審計質量。Craswell et al.（1995），Balsam S et al.（2003）的研究結果支持了會計師事務所的行業專長能夠提高審計服務的質量。

O'keefe（1994）發現，相對於不具有行業專門化的會計師事務所，具有行業專長的審計師違反 GAAS（Generally Accepted Auditing Standards，意為公認審計準則）的可能性更低。這從另外一個角度驗證了行業專門化能

提高審計質量。Owhoso & Messier（2002）研究了行業專長對於審計師發現錯報的影響。通過設計實驗發現，當高級審計員和公司經理單獨審閱財務報告時，高級審計員能發現更多操作層面的錯誤，而公司經理發現更多概念性錯誤。在行業專長領域，模擬的實驗組比實際審計人員組能找到更多操作性錯誤，但是並不能發現更多概念性錯誤。在非行業專長領域，不管是操作性還是概念性領域，兩組人員發現差錯的水平差距不大。這一研究結果表明，具有行業專長的審計師發現錯報的能力更強。

在對會計師事務所行業專門化與盈余管理兩者的關係進行研究后，Krishnan（2003）發現，在「六大」中不具有行業專門化的會計師事務所對客戶通過應計項目從事盈余管理更難防範。Balsam S et al. 以可操作應計利潤作為審計質量替代指標，發現具有行業專長的會計師事務所能夠提供比非行業專長會計師事務所更高的審計服務質量。相比於非行業專長會計師事務所，被行業專長會計師事務所審計的客戶會報告更低的應計利潤和更高的盈余反應系數。Kwon et al.（2007），Chi & Chin（2011）等的研究則表明，具有行業專長審計師審計的公司的盈余管理程度更低。Habib A & Bhuiyan MBU（2011）則認為行業專長會計師事務所可以在公司治理方面發揮更為重要的作用，在抑制管理層盈余管理行為方面扮演較為重要的角色。

在行業專長與信息披露關係方面，Dunn（2000）在研究財務分析師對由企業披露的信息進行評級后，發現與不具備行業專門化的會計師事務所相比，具有行業專門化的會計師事務所向客戶披露的信息可靠性更高。Dunn & Mayhew（2004）的研究認為，上市公司把選擇會計師事務所作為一項信息披露策略。具有行業專長的會計師事務所能幫助公司提高信息披露質量，但是這種作用僅限於不受管制的行業。對於那些受到管制的行業，選擇行業專長會計師事務所對提高信息披露質量的作用不大。

此外還有研究發現，審計師行業專長加大了持續經營非標準意見出具的概率（Lim & Tan, 2008），降低了財務重述的可能性（Romanus, 2008）。

而針對中國審計市場而言，蔡春、鮮文鐸（2007）採用行業市場份額和行業組合份額兩種方式衡量會計師事務所行業專長，以非操縱性應計利潤反應審計質量。研究發現，由於中國獨特的制度背景，會計師事務所的獨立性總體上比較低，受行業經濟負面影響程度較高。因此，在中國，會計師事務所的行業專長程度反而與審計質量呈負相關。韓洪靈（2006）用可操控性應計利潤作為審計質量的替代變量。研究發現，與不具有行業專長的會計師事務所相比，具有行業專長的會計師事務所的審計服務能夠提

高審計質量。胡南薇、曹強（2008）的研究同樣用可操控性應計利潤作為審計質量的替代變量，並採用對數模型擬合行業專門化程度。結果發現，可操控性應計利潤的絕對值隨著行業專門化程度的提高而下降，並且下降幅度在初期最為明顯。謝盛紋、孫俊奇（2010）基於內生性研究行業專門化與審計質量的關係，發現審計質量與行業專門化顯著正相關。劉文軍等（2010）以公司獲得的審計意見類型作為審計質量的替代變量，以受到證監會處罰的財務舞弊公司作為研究樣本，採用行業市場份額與行業組合份額兩種衡量方法計算會計師事務所行業專長。研究結果發現審計行業專門化程度與審計質量顯著正相關。

張敦力等（2012）研究結果證實，具有行業專長的審計師，對進行機會主義盈餘管理的公司發表非標準審計意見的概率大於進行決策有用性盈餘管理的公司。但劉學華（2010）研究發現，勝任能力不是影響持續經營有重大疑慮審計意見表達方式的顯著因素。行業專長會計師事務所與國際四大會計師事務所均未在持續經營有重大疑慮審計意見表達方式方面有著積極的表現。可能的原因是勝任能力強的審計師可以從審計市場上優先爭取到優質客戶，所以為客戶出具不利審計意見的比例反而比勝任能力弱的審計師要低。

三、研究設計

（一）研究假設

由於在某行業的長期經營，會計師事務所能加深對該行業的瞭解，掌握更多的行業知識，使得審計師的專業判斷力能力更強，因此具有行業專長的審計師更容易發現管理層的機會主義行為。同時，為了維護自身聲譽，具有行業專長的審計師能保持獨立性的可能性更高。在審計獨立性得到保證的前提下，對於審計中識別的重大錯報出具非標準審計意見的可能性更大。由此提出假設1。

假設1：審計師的行業專長與非標準審計意見正相關。

審計師的專業勝任能力，有助於加深審計師對企業的認識，使其更能夠熟知企業的情況，提高了審計師識別重大錯報風險的能力。除了行業專長外，勝任能力還可以通過註冊會計師數量進行衡量。黃天笑（2012）認為，註冊會計師人數決定了該會計師事務所的專業技能水平。如果會計師事務所中優秀的註冊會計師人才越多，越容易發現上市公司財務報表中的漏洞，從而發表的審計意見就越恰當。由此提出假設2。

假設 2：註冊會計師人數與非標準審計意見正相關。

(二) 迴歸模型

為了檢驗上述假設，建立的迴歸模型如下：

$$AUDOP = \alpha_0 + \alpha_1 SPE + \alpha_2 ROA + \alpha_3 ALR + \alpha_4 TAT + \alpha_5 LNSIZE + \varepsilon \qquad (1)$$

$$AUDOP = \alpha_0 + \alpha_1 SHEN + \alpha_2 ROA + \alpha_3 ALR + \alpha_4 TAT + \alpha_5 LNSIZE + \varepsilon \qquad (2)$$

其中 SPE 為行業專長。鑒於行業市場份額法是目前研究行業專長的主流方法，本書也採用這一方法來衡量行業專長。在該方法中所涉及的客戶規模指標中，最常用的指標有客戶營業收入和總資產。為保證研究結論的穩健性，本書同時採用這兩種指標，並依上述順序分別命名為 SPES 和 SPEA。它們分別代表以營業收入份額計算的行業專長和以資產總額計算的行業專長。關於行業分類，本書採用中國證監會 2001 年的行業分類標準，對製造業之外的行業採用 1 位代碼分類，對製造業採用 2 位代碼分類。具體公式如下：

$$SPES_{i,k} = \sum_{j=1}^{J} \sqrt{SALES_{ikj}} \bigg/ \sum_{i=1}^{I} \sum_{j=1}^{J} \sqrt{SALES_{ikj}}$$

$$SPEA_{i,k} = \sum_{j=1}^{J} \sqrt{ASSET_{ikj}} \bigg/ \sum_{i=1}^{I} \sum_{j=1}^{J} \sqrt{ASSET_{ikj}}$$

式中 $\sum_{i=1}^{I} \sqrt{SALES_{ikj}}$ 表示審計師 i 在行業 k 中的客戶營業收入的平方根之和，$\sum_{i=1}^{I} \sum_{j=1}^{J} \sqrt{SALES_{ikj}}$ 表示行業 k 中所有公司的營業收入的平方根之和，$\sum_{j=1}^{J} \sqrt{ASSET_{ikj}}$ 表示審計師 i 在行業 k 中的客戶總資產的平方根之和，$\sum_{i=1}^{I} \sum_{j=1}^{J} \sqrt{ASSET_{ikj}}$ 表示行業 k 中所有公司的總資產的平方根之和。

模型中其他變量定義如表 3-18 所示。

表 3-18　　　　　　　　　　變量定義表

變量名		變量定義
AUDOP		審計意見，當審計意見為非標準審計意見時取 1，否則為 0
SPE	SPES	以營業收入為基礎計量的行業專長
	SPEA	以資產總額為基礎計量的行業專長
SHEN	CPA	會計師事務所的註冊會計師人數
	BIG10	當會計師事務所為「十大」時取 1，否則為 0

表3-18(續)

變量名	變量定義
ROA	資產收益率
ALR	資產負債率
TAT	總資產週轉率
LNSIZE	公司規模，以資產總額的對數計量

(三) 數據來源

為了對研究假設進行檢驗，本書選用2009—2012年深滬上市公司的數據。剔除缺失數據和金融行業公司后，得到4,272個樣本。為消除極端值的影響，本書對迴歸中使用到的連續變量按1%進行了Winsorize縮尾處理。樣本數據來自於CSMAR數據庫。本書使用Stata 12.0對數據進行處理。

四、數據分析與結果

(一) 描述性統計

表3-19報告了樣本的年度行業分佈情況。從表3-19可以看出，樣本在年度、各行業的分佈基本合理。

表3-19　　　　　　　　　樣本分佈表

行業	2009年	2010年	2011年	2012年	合計
A	18	22	25	26	91
B	26	32	38	41	137
C	440	545	600	636	2,221
D	54	60	63	69	246
E	17	23	24	25	89
F	36	45	53	51	185
G	40	50	51	55	196
H	72	85	92	95	344
J	82	98	103	107	390
K	29	29	34	39	131
L	11	15	19	24	69
M	38	42	46	47	173
合計	863	1,046	1,148	1,215	4,272

表 3-20 報告了變量的描述性統計。從表 3-20 可以看出，審計師出具的標準審計意見的比例較大，非標準審計意見的平均比例僅為 4.09%。樣本公司中代表審計行業專長的 SPES、SPEA 的極大值分別為 0.239 和 0.247，極小值分別為 0.002,6、0.003,0。註冊會計師人數最大值為 1,431，最小值為 95。樣本公司資產收益率的均值為 3.91%。樣本的資產負債率均值為 52.09%。總資產週轉率的均值為 0.737。

表 3-20　　　　　　　　變量描述性統計

變量	N	均值	標準差	最小值	最大值
AUDOP	4,272	0.040,964	0.198,231	0	1
SPES	4,272	0.053,443	0.047,857	0.002,566	0.238,591
SPEA	4,272	0.053,793	0.047,52	0.002,989	0.247,054
CPA	4,272	587.195,7	373.476,9	95	1,431
BIG10	4,272	0.428,839	0.494,968	0	1
ROA	4,272	0.039,101	0.057,058	−0.173,45	0.216,614
ALR	4,272	0.520,981	0.195,179	0.078,657	0.934,209
TAT	4,272	0.737,108	0.552,844	0.046,765	3.082,82
LNSIZE	4,272	22.003,18	1.214,61	19.189,3	25.228,6

表 3-21 報告了變量的相關係數。從表 3-21 可以看出，除 CPA 與 AUDOP 外，各變量之間存在顯著的相關關係，變量之間的系數均小於 0.6①，不存在多重共線性。

表 3-21　　　　　　　　相關係數表

	AUDOP	SPES	SPEA	CPA	BIG10	ROA	ALR	TAT	LNSIZE
AUDOP	1								
SPES	−0.061***	1							
SPEA	−0.056***	0.985***	1						
CPA	−0.004,00	0.595***	0.609***	1					
BIG10	−0.038**	0.583***	0.589***	0.757***	1				
ROA	−0.269***	0.027*	0.014,0	0.007,00	0.031**	1			
ALR	0.098***	0.033**	0.028*	0.027*	0.022,0	−0.367***	1		
TAT	−0.070***	0.079***	0.017,0	0.015,0	0.045***	0.179***	0.074***	1	
LNSIZE	−0.207***	0.204***	0.207***	0.182***	0.172***	0.145***	0.327***	0.062***	1

註：*，**，***分別表示在 10%、5% 和 1% 水平上顯著。

---

① SPEA 與 SPES、CPA 與 SPEA、BIG10 與 CPA 之間的系數大於 0.6，但它們不在同一迴歸模型中。

(二) 迴歸結果分析

表3-22報告了單變量迴歸結果。從表3-22結果（1）可以看出，SPES與AUDOP的迴歸系數為負，但不顯著，說明以收入衡量的行業專長與出具的非標準審計意見沒有顯著的關係，即假設1沒有得到證實。從結果（2）可以看出，SPEA與AUDOP的迴歸系數為負，但不顯著，說明以資產衡量的行業專長與出具的非標準審計意見沒有顯著的關係，即假設1也沒有得到證實。從結果（3）可以看出，CPA與AUDOP的迴歸系數為正，且在5%水平上顯著，說明由會計師事務所擁有的註冊會計師數量與非標準審計意見顯著負相關，支持了假設3。從結果（4）可以看出，BIG10與AUDOP的迴歸系數為正，但不顯著。這說明大型會計師事務所與出具的非標準審計意見沒有顯著的關係，即假設2沒有得到證實。

表3-22　　　　　　　　　　迴歸結果

	(1) AUDOP	(2) AUDOP	(3) AUDOP	(4) AUDOP
SPES	−2.801 (−1.31)			
SPEA		−2.424 (−1.14)		
CPA			0.000,511** (2.17)	
BIG10				0.059,6 (0.32)
ROA	−11.73*** (−8.79)	−11.73*** (−8.79)	−11.57*** (−8.66)	−11.62*** (−8.72)
ALR	2.590*** (5.59)	2.593*** (5.59)	2.662*** (5.74)	2.627*** (5.67)
TAT	−0.372* (−1.85)	−0.385* (−1.91)	−0.392** (−1.96)	−0.391* (−1.94)
LNSIZE	−0.926*** (−10.30)	−0.927*** (−10.29)	−0.977*** (−10.90)	−0.953*** (−10.60)
_cons	15.74*** (8.72)	15.76*** (8.73)	16.38*** (9.14)	16.15*** (8.94)
N	4,272	4,272	4,272	4,272
LRchi2 (5)	401.28	400.82	404.09	399.56
Prob>chi2	0.000,0	0.000,0	0.000,0	0.000,0
PseudoR2	0.274,7	0.274,3	0.276,6	0.273,5
Loglikelihood	−529.857,31	−530.089,25	−528.455,05	−530.718,38

註：*，**，*** 分別表示在10%、5%和1%水平上顯著。

五、研究結論

通過對 2009—2012 年的數據分析得到如下結論：①審計師的行業專長與非標準審計意見沒有顯著的關係。②擁有註冊會計師越多的會計師事務所出具非標準審計意見的可能性更高。③與其他會計師事務所相比，大型會計師事務所出具的非標準審計意見沒有顯著差異。

參考文獻

［1］王帆，張龍平. 審計師聲譽研究：述評與展望［J］. 會計研究，2012（11）：74-78，95.

［2］DEANGELO LE. Auditor size and audit quality［J］. Journal of Accounting and Economics，1981，3（3）：183-199.

［3］張輝，朱彩婕. 審計意見影響因素研究文獻綜述軌跡與啟示［J］. 山東社會科學，2013（S1）：261-263.

［4］PALMROSE Z. 1987 Competitive manuscript co-winner: an analysis of auditor litigation and audit service quality［J］. Accounting Review，1988：55-73.

［5］DEFOND ML, RAGHUNANDAN K, SUBRAMANYAM K. Do non-audit service fees impair auditor independence? Evidence from going concern audit opinions［J］. Journal of Accounting Research，2002，40（4）：1247-1274.

［6］蔡春，楊麟，陳曉媛，等. 上市公司審計意見類型影響因素的實證分析——基於滬深股市 2003 年 A 股年報資料的研究［J］. 財經科學，2005（1）：95-102.

［7］李春濤，宋敏，黃曼麗. 審計意見的決定因素：來自中國上市公司的證據［J］. 中國會計評論，2006（2）：345-362.

［8］呂先錯，王偉. 註冊會計師非標準審計意見影響因素的實證研究——來自中國證券市場的行業經驗證據［J］. 審計研究，2007（1）：51-58.

［9］於鵬. 公司特徵、國際「四大」與審計意見［J］. 審計研究，2007（2）：53-60.

［10］王霞，徐曉東. 審計重要性水平、事務所規模與審計意見［J］. 財經研究，2009（1）：37-48.

［11］唐戀炯，王振易. 中國證券市場審計意見的決定因素［J］. 河北

科技師範學院學報：社會科學版，2005（2）：15-18.

[12] 楊華.上市公司審計意見類型影響因素實證研究——以 2004 年滬、深兩市 A 股為例 [J].山東工商學院學報，2008（4）：74-81.

[13] 賀穎.審計意見影響因素實證研究 [J].科技和產業，2010（2）：90-93，101.

[14] 黃天笑.會計師事務所特徵對審計意見的影響研究 [J].中國管理信息化，2012（20）：28-30.

[15] 顧瀠，郭志勇.上市公司非標準審計意見的影響因素研究 [J].中國商貿，2013（6）：67-68，70.

[16] 謝香兵.審計師變更、審計意見購買與政策監管——研究評述與中國的實踐 [J].財會通訊，2009（21）：64-66.

[17] CHOW CW, RICE SJ. Qualified audit opinions and auditor switching [J]. Accounting Review, 1982: 326-335.

[18] 李東平，黃德華，王振林.「不清潔」審計意見、盈余管理與會計師事務所變更 [J].會計研究，2001（6）：51-57.

[19] BOON K, MCKINNON J, ROSS P. Audit service quality in compulsory audit tendering: preparer perceptions and satisfaction [J]. Accounting Research Journal, 2008, 21（2）: 93-122.

[20] BRANSON J, BREESCH D. Referral as a determining factor for changing auditors in the belgian auditing market: an empirical study [J]. The International Journal of Accounting, 2004, 39（3）: 307-326.

[21] JOHNSON WB, LYS T. The market for audit services: evidence from voluntary auditor changes [J]. Journal of Accounting and Economics, 1990, 12（1）: 281-308.

[22] 張曉嵐，楊春隆.自願性變更審計師與審計意見關係的驗證 [J].審計與經濟研究，2010（3）：21-30.

[23] 陸正飛，童盼.審計意見、審計師變更與監管政策——一項以 14 號規則為例的經驗研究 [J].審計研究，2003（3）：30-35.

[24] 李爽，吳溪.制度因素與獨立審計質量——來自持續經營不確定性審計意見的經驗證據 [J].中國註冊會計師，2002（6）：3，29-34.

[25] 耿建新，楊鶴.中國上市公司變更會計師事務所情況的分析 [J].會計研究，2001，4（57）.

[26] 唐躍軍.審計師規模、審計費用與審計意見購買 [J].商業經濟

與管理, 2009 (10): 80-88.

[27] 溫國山, 丁朝霞. 事務所變更策略與非標準審計意見規避行為研究——來自中國證券市場2001—2004年A股上市公司的證據 [J]. 中山大學學報: 社會科學版, 2007 (4): 109-114, 128.

[28] 陳淑芳, 曹政. 審計師變更與審計意見變通互動關係研究——基於中國證券市場數據的實證分析 [J]. 統計與信息論壇, 2012 (10): 71-77.

[29] 王春飛. 扭虧、審計師變更與審計意見購買 [J]. 審計與經濟研究, 2006 (5): 31-35.

[30] 劉偉, 劉星. 審計師變更、盈餘操縱與審計師獨立性——來自中國A股上市公司的經驗證據 [J]. 管理世界, 2007 (9): 129-135.

[31] 方紅星, 劉丹. 內部控制質量與審計師變更——來自中國上市公司的經驗證據 [J]. 審計與經濟研究, 2013 (2): 16-24.

[32] FRANKEL RM, JOHNSON MF, NELSON KK. The relation between auditors' fees for nonaudit services and earnings management [J]. The Accounting Review, 2002, 77 (s-1): 71-105.

[33] FIRTH M. Auditor – provided consultancy services and their associations with audit fees and audit opinions [J]. Journal of Business Finance & Accounting, 2002, 29 (5): 661-693.

[34] 胡波. 對中國現行審計定價標準的幾點思考 [J]. 價格理論與實踐, 2009 (12): 44-45.

[35] ASHBAUGH H, LAFOND R, MAYHEW BW. Do nonaudit services compromise auditor independence? Further evidence [J]. The Accounting Review, 2003, 78 (3): 611-639.

[36] 董普, 田高良, 嚴騫. 非審計服務與審計質量關係的實證研究 [J]. 審計研究, 2007 (5): 42-49.

[37] MYERS JN, MYERS LA, OMER TC. Exploring the term of the auditor-client relationship and the quality of earnings: a case for mandatory auditor rotation? [J]. The Accounting Review, 2003, 78 (3): 779-799.

[38] 費愛華. 非標準無保留審計意見的影響因素分析 [J]. 統計與決策, 2006 (22): 110-113.

[39] 陸正飛, 王春飛, 伍利娜. 制度變遷、集團客戶重要性與非標準審計意見 [J]. 會計研究, 2012 (10): 71-78, 96.

[40] 魯桂華, 余為政, 張晶. 客戶相對規模、非訴訟成本與審計意見

決策 [J]. 中國會計評論, 2007 (1): 95-110.

[41] 韓麗榮, 鄭麗, 孫靜. 阻礙東北老工業基地發展的制度缺失分析——以吉林省註冊會計師審計制度為例進行的問卷調查 [J]. 吉林大學社會科學學報, 2005 (5): 18-24.

[42] SIMUNIC DA. The pricing of audit services: theory and evidence [J]. Journal of Accounting Research, 1980: 161-190.

[43] HACKENBRACK K, KNECHEL WR. Resource allocation decisions in audit engagements [J]. Contemporary Accounting Research, 1997, 14 (3): 481-499.

[44] STICE JD. Using financial and market information to identify pre-engagement factors associated with lawsuits against auditors [J]. Accounting Review, 1991: 516-533.

[45] 伍利娜. 盈余管理對審計費用影響分析——來自中國上市公司首次審計費用披露的證據 [J]. 會計研究, 2003 (12): 39-44.

[46] 田利輝, 劉霞. 國際「四大」的品牌溢價和中國上市公司的審計收費 [J]. 中國會計評論, 2013 (1): 55-70.

[47] 李補喜, 王平心. 上市公司年報審計意見影響因素實證研究 [J]. 山西大學學報: 哲學社會科學版, 2006 (1): 67-71.

[48] CARCELLO JV, NEAL TL. Audit committee composition and auditor reporting [J]. The Accounting Review, 2000, 75 (4): 453-467.

[49] KRISHNAN J, STEPHENS RG. Evidence on opinion shopping from audit opinion conservatism [J]. Journal of Accounting and Public Policy, 1995, 14 (3): 179-201.

[50] KNAPP MC. Audit conflict: an empirical study of the perceived ability of auditors to resist management pressure [J]. Accounting Review, 1985: 202-211.

[51] AHMED AS, DUELLMAN S, ABDEL-MEGUID AM. Auditor independence, corporate governance and abnormal accruals [C] //Ssrn. Com/abstract, [S. l.]: [s. n.], 2006.

[52] PITT H, BIRENBAUM D. Serving the public interest: a new conceptual framework for auditor independence [J]. American Institute of Certified Public Accountants, 1997.

[53] REYNOLDS JK, FRANCIS JR. Does size matter? The influence of

large clients on office-level auditor reporting decisions [J]. Journal of Accounting and Economics, 2000, 30 (3): 375-400.

[54] CRASWELL A, STOKES DJ, LAUGHTON J. Auditor independence and fee dependence [J]. Journal of Accounting and Economics, 2002, 33 (2): 253-275.

[55] 江偉, 李斌. 審計任期與審計獨立性——持續經營審計意見的經驗研究 [J]. 審計與經濟研究, 2011 (2): 47-55.

[56] MAUTZ RK, SHARAF HA. The Philosophy of Auditing [M]. Sarasota: American Accounting Association, 1961.

[57] 李爽, 吳溪. 盈余管理、審計意見與監事會態度——評監事會在中國公司治理中的作用 [J]. 審計研究, 2003 (1): 8-13.

[58] KIM JB, SONG BY, TSUI JS. Auditor quality, tenure, and bank loan pricing [J]. Tenure, and Bank Loan Pricing, 2007.

[59] 羅黨論, 黃暘楊. 會計師事務所任期會影響審計質量嗎？——來自中國上市公司的經驗證據 [J]. 中國會計評論, 2008, 5 (2): 233-248.

[60] 王丹惠, 史小晶. 審計師任期與審計質量——來自中國 2009 年上市公司製造行業的經驗研究 [J]. 財會通訊, 2011 (36): 111-114, 161.

[61] 劉啓亮, 陳漢文. 客戶重要性與審計質量——來自中國上市公司的經驗證據 [C] // 中國會計學會 2006 年學術年會論文集（中冊）. 北京: 中國會計學會, 2006.

[62] 陳信元, 夏立軍. 審計任期與審計質量: 來自中國證券市場的經驗證據 [J]. 會計研究, 2006 (1): 44-53, 93-94.

[63] 郭穎文. 審計任期、異常審計費用和審計意見——來自 A 股上市公司的經驗證據 [J]. 會計與經濟研究, 2014 (1): 62-78.

[64] 池玉蓮, 楊寧霞. 審計師任期、事務所任期與審計質量 [J]. 中國註冊會計師, 2015 (1): 85-90.

[65] 吳偉榮, 鄭寶紅. 簽字註冊會計師任期、媒體監督與審計質量研究 [J]. 中國軟科學, 2015 (3): 93-104.

[66] 袁蓉麗, 張馨藝. 簽字註冊會計師任期、行業專長與審計質量 [J]. 會計與經濟研究, 2014 (2): 3-15.

[67] BLOUIN J, GREIN BM, ROUNTREE BR. An analysis of forced auditor change: the case of former arthur andersen clients [J]. The Accounting Review, 2007, 82 (3): 621-650.

[68] 董南雁, 張俊瑞. 中國證券市場審計任期與盈余質量關係的實證檢驗 [J]. 南開管理評論, 2007 (4): 43-51.

[69] 宋衍蘅, 付皓. 事務所審計任期會影響審計質量嗎？——來自發布補充更正公告的上市公司的經驗證據 [J]. 會計研究, 2012 (1): 75-80, 97.

[70] GEIGER MA, RAGHUNANDAN K. Auditor tenure and audit reporting failures [J]. Auditing: a Journal of Practice & Theory, 2002, 21 (1): 67-78.

[71] JOHNSON VE, KHURANA IK, REYNOLDS JK. Audit-firm tenure and the quality of financial reports [J]. Contemporary Accounting Research, 2002, 19 (4): 637-660.

[72] STANLEY JD, DEZOORT FT. Audit firm tenure and financial restatements: an analysis of industry specialization and fee effects [J]. Journal of Accounting and Public Policy, 2007, 26 (2): 131-159.

[73] CARCELLO JV, NAGY AL. Audit firm tenure and fraudulent financial reporting [J]. Auditing: a Journal of Practice & Theory, 2004, 23 (2): 55-69.

[74] 胡南薇, 陳漢文, 曹強. 事務所戰略、行業特徵與客戶選擇 [J]. 會計研究, 2009 (1): 88-95, 97.

[75] MAYHEW BW, WILKINS MS. Audit firm industry specialization as a differentiation strategy: evidence from fees charged to firms going public [J]. Auditing: a Journal of Practice & Theory, 2003, 22 (2): 33-52.

[76] 陳勝藍, 馬慧. 會計師事務所行業專長、聲譽與規模經濟性的傳遞效應 [J]. 審計研究, 2013 (6): 84-92.

[77] ZEFF SA, FOSSUM RL. An analysis of large audit clients [J]. Accounting Review, 1967: 298-320.

[78] 趙秋君, 崔宏楷. CPA 誠信執業影響其審計意見決策的相關研究 [J]. 財會月刊, 2010 (35): 75-77.

[79] YARDLEY JA, KAUFFMAN NL, CAIRNEY TD, et al. Supplier behavior in the US audit market [J]. Journal of Accounting Literature, 1992, 11: 151.

[80] NEAL TL, RILEY JR RR. Auditor industry specialist research design [J]. Auditing: a Journal of Practice & Theory, 2004, 23 (2): 169-177.

[81] HOGAN CE, JETER DC. Industry specialization by auditors [J]. Auditing: a Journal of Practice & Theory, 1999, 18 (1): 1-17.

[82] 蔡春, 鮮文鐸. 會計師事務所行業專長與審計質量相關性的檢驗——來自中國上市公司審計市場的經驗證據 [J]. 會計研究, 2007 (6): 41-47, 95.

[83] 劉文軍, 米莉, 傅倞軒. 審計師行業專長與審計質量——來自財務舞弊公司的經驗證據 [J]. 審計研究, 2010 (1): 47-54.

[84] 陳麗紅, 張龍平. 行業同質性與事務所行業專門化戰略——來自中國審計市場的經驗證據 [J]. 經濟管理, 2011 (2): 116-124.

[85] 陳小林, 王玉濤, 陳運森. 事務所規模、審計行業專長與知情交易概率 [J]. 會計研究, 2013 (2): 69-77, 95.

[86] 範經華, 張雅曼, 劉啓亮. 內部控制、審計師行業專長、應計與真實盈余管理 [J]. 會計研究, 2013 (4): 81-88, 96.

[87] 陳智, 徐泓. 審計師行業專長、品牌聲譽與審計費用 [J]. 山西財經大學學報, 2013 (7): 114-124.

[88] LYS T, WATTS RL. Lawsuits against auditors [J]. Journal of Accounting Research, 1994: 65-93.

[89] HAMMERSLEY JS. Pattern identification and industry-specialist auditors [J]. The Accounting Review, 2006, 81 (2): 309-336.

[90] DEIS JR DR, GIROUX GA. Determinants of audit quality in the public sector [J]. Accounting Review, 1992: 462-479.

[91] MALETTA M, WRIGHT A. Audit evidence planning: an examination of industry error characteristics [J]. Auditing, 1996, 15 (1): 71.

[92] SOLOMON I, SHIELDS MD, WHITTINGTON OR. What do industry-specialist auditors know [J]. Journal of Accounting Research, 1999: 191-208.

[93] CRASWELL AT, FRANCIS JR, TAYLOR SL. Auditor brand name reputations and industry specializations [J]. Journal of Accounting and Economics, 1995, 20 (3): 297-322.

[94] BALSAM S, KRISHNAN J, YANG JS. Auditor industry specialization and earnings quality [J]. Auditing: a Journal of Practice & Theory, 2003, 22 (2): 71-97.

[95] KRISHNAN GV. Audit quality and the pricing of discretionary

accruals [J]. Auditing: a Journal of Practice & Theory, 2003, 22 (1).

[96] KWON SY, LIM CY, TAN PM. Legal systems and earnings quality: the role of auditor industry specialization [J]. Auditing: a Journal of Practice & Theory, 2007, 26 (2): 25-55.

[97] CHI H, CHIN C. Firm versus partner measures of auditor industry expertise and effects on auditor quality [J]. Auditing: a Journal of Practice & Theory, 2011, 30 (2): 201-229.

[98] HABIB A, BHUIYAN MBU. Audit firm industry specialization and the audit report lag [J]. Journal of International Accounting, Auditing and Taxation, 2011.

[99] DUNN KA, MAYHEW BW, MORSEFIELD S. Disclosure quality and auditor choice [R]. Working Paper. Cuny-baruch, 2000.

[100] DUNN KA, MAYHEW BW. Audit firm industry specialization and client disclosure quality [J]. Review of Accounting Studies, 2004, 9 (1): 35-58.

[101] LIM C, TAN H. Non-audit service fees and audit quality: the impact of auditor specialization [J]. Journal of Accounting Research, 2008, 46 (1): 199-246.

[102] ROMANUS RN, MAHER JJ, FLEMING DM. Auditor industry specialization, auditor changes and accounting restatements [J]. Accounting Horizons, 2008.

[103] 謝登優. 審計行業專門化對會計師事務所變更的影響及后果 [D]. 南昌: 江西財經大學, 2014.

[104] 韓洪靈, 陳漢文. 公司治理機制與高質量外部審計需求——來自中國審計市場的經驗證據 [J]. 財貿經濟, 2008 (1): 61-66.

[105] 胡南薇, 曹強. 中國審計市場是否需要行業專門化——新審計準則頒布后的思考 [J]. 財經理論與實踐, 2008 (1): 78-84.

[106] 謝盛紋, 孫俊奇. 制度環境、審計行業專業性與審計質量——一項實證研究 [J]. 當代財經, 2010 (7): 119-127.

[107] 張敦力, 樂長徵, 陳小林, 等. 審計師行業專長、盈余管理屬性與審計意見決策——基於中國證券市場的經驗證據 [J]. 雲南財經大學學報, 2012 (3): 131-138.

[108] 劉學華. 獨立性、勝任能力與持續經營有重大疑慮審計意見的表達方式 [J]. 中國註冊會計師, 2010 (12): 47-56.

第四章
外部環境與審計意見

第一節　媒體負面報道與審計意見

一、媒體監督概述

近年來，隨著信息科技的發展和社會聯繫的日益密切，媒體在社會生活中發揮著越來越重要的作用。媒體對企業的報道使企業信息在短時間內為公眾所知曉。這種方式使媒體對公司行為和公司治理產生了重要影響。媒體公司治理作用的研究始於 A. Dyck & L. Zingales。他們以發行量作為媒體影響力的代理變量，研究發現媒體能有效降低控制權的私人收益。

媒體監督作用的發揮主要通過以下幾個方面：

（1）聲譽機制。媒體的報道可通過社會輿論壓力等途徑對企業經理層的聲譽施加影響，迫使他們積極行動，從而促進公司治理的改善。Fama (1980)；Diamond (1989)；Holmstrom (1999)；Milbourn (2003) 將 CEO 的聲譽定義為「市場對其能力的認知」。Fama (1980)；Gibbons & Murphy (1992)；Hermalin & Weisbach (1998)；Ryan et al. (2009) 認為，對職業經理人來說，聲譽是非常有價值的財富。它往往和許多長期的利益聯繫在一起，諸如未來更高的薪酬、職位的連任以及更大的經營自主權等。在經理人市場上，聲譽系統作為一種信號發送機制，集中和反應有關經理人過去任職的信息，並將現階段的機會主義行為與下一階段的聲譽水平聯繫起來，對經理人的當期行為形成一種約束力。因此，CEO 們有強烈的動機去建立和保護自己的聲譽。媒體報道會迫使經理人維持聲譽，從而抑制代理成本。A. Dyck & L. Zingales (2002) 認為媒體監督作為一種非正式的外部約束和懲戒機制，有利於改進公司治理安排，對管理層的決策產生重要的影響。媒體曝光能促使企業改正侵害外部投資者權益的行為，促使管理層行為符合股東價值最大化的目標。JR. Joe et al. 發現，在媒體曝光缺乏效率的董事會名單后，這些公司通常會採取積極措施以提高董事會效率。中國學者同樣證實了媒體監督的公司治理作用。李培功、沈藝峰證實了媒體對上市公司的負面報道有助於提高該公司的治理水平，有助於保護外部投資者權益。另外，上市公司改正違規行為的概率會隨著媒體負面報道次數的增加而提高。辛宇、徐莉萍 (2011) 發現，在控制其他影響因素的前提下，媒體關註度越高，公司治理環境越好，中小流通股股東所面臨的信息

風險越低，其所要求的實際對價也會相對較低。權小鋒、吳世農的研究顯示，媒體關註有效地抑制了管理層的盈余操縱行為，從而提高了會計信息質量並最終提升了市場對盈余構成信息的定價效率，降低了應計的誤定價。李焰、秦義虎（2011）發現媒體負面報道量和獨立董事的辭職概率顯著正相關，且影響力越大的媒體對獨立董事辭職概率的影響越大。余玉苗等（2013）認為，媒體報道之後，越重視自己聲譽的獨立董事辭職的概率越大。這說明聲譽機制可以發揮很好的治理作用。

（2）媒體的報道可以引起政策監管部門的重視。T. Besley & A. Prat（2006）認為媒體監督是社會民主監督機制中不可缺少的監督形式，是社會制度的一部分。Besley T & Burgess R（2001）則認為，媒體關註將促使政治家修改並有效實施公司法。作為選民的代表，如果政治家對股東利益無動於衷，會影響其在公眾心目中的形象，最終危及其政治生涯。因此，通過媒體報道影響政治家的聲譽，會促進公司治理環境的改善。Dyck et al.（2008）認為，媒體報道可以引起證券監管部門的重視，促使其介入調查大型併購案件中高管是否存在不當行為。一旦不當行為發生，監管部門會予以嚴厲處罰。高管人員為了降低處罰風險，會規範自身行為。李培功、沈藝峰（2010）發現在中國的上市公司中，媒體對公司治理作用的發揮是通過引起相關行政機構的介入實現的。黃雷、李明、葉勇（2014）認為，在媒體負面報道后，行政機構會加強對公司的監督和管理。此時管理者的行為受到監督和約束，出於自身利益的過度投資行為就會減少。

（3）媒體作為現代經濟生活中非常重要的信息媒介，是解決信息不對稱的有效渠道。媒體通過信息優勢，可以從證券分析師、審計機構或律師機構獲得大量信息，調查是否存在大股東對小股東的利益侵占行為、經理人對股東的利益侵占行為等代理問題。媒體通過報道這些不當行為抑制內部人的利益剝削。Fang & Peress（2009）認為，作為信息媒介的媒體負面報道具有信息傳遞功能，可能會揭示客戶存在的潛在問題和風險。孔東民等（2013）認為，當市場上信息不確定性程度較高時，媒體報道傳遞信息的功能將越發凸顯。劉啓亮等（2013）則認為在高訴訟風險環境下，媒體負面報道才會產生顯著的治理效果。

二、媒體負面報道與審計意見

Dyck & Zingales（2004）和李培功等（2010）認為，近年來眾多的文獻表明，作為信息媒介的媒體對公司具有明顯的外部治理作用。這種治理

作用也表現於審計領域。如 Frost（1991）發現關於公司虧損的情況被華爾街雜志報道后，審計師會更容易給客戶簽發較為穩健的審計意見。Mutchler et al.（1997）發現當華爾街雜志報道公司無法按時還債時，儘管這些信息已經在公司年報進行了披露並且不會增加公司破產的概率，但是審計師仍然會簽發非標準審計意見。Jennifer（2003）研究了審計意見和公司公眾形象的關係，發現審計前上市公司被公眾媒體進行了負面報道，那麼會計師事務所出具非標準意見的可能性就會顯著上升。媒體負面報道的審計回應機制可能受以下三個方面因素的影響：

第一，作為信息媒介的媒體負面報道就成了揭示公司潛在問題和風險的信號，這些風險信號會引起審計師的註意。Fan & Wong（2005）發現，扮演外部治理機制角色的審計師會根據媒體負面報道來判斷公司潛在訴訟風險的大小。他們在進行審計時會更加謹慎以降低審計失敗發生的可能性。周蘭、耀友福（2015）發現，媒體的曝光會起到推波助瀾的作用，最終可能使審計師遭受訴訟風險和喪失更多的客戶。為規避審計風險，審計師可能會根據媒體關於其客戶問題議程設置的顯著性程度及信息議程的鋪墊，將其自身獲得的客戶相關信息和媒介議程設置的新信息與之對比判斷，優先加大力度實施審計程序，增強其獨立性，更好地發現其客戶財務報告存在重大錯報的可能性。J R Joe et al. 通過實驗研究發現，媒體負面報道會增加審計師擔心客戶破產的顧慮，進而會引起審計師簽發非標準審計意見。

第二，媒體對上市公司的負面報道降低了審計師與上市公司之間的信息不對稱程度，為審計師確定審計重點提供了線索，有助於審計師識別公司財務報告中可能存在的重大錯報，提高了發表非標準審計意見的可能性。

第三，有負面報道的公司更容易引起監管部門的關註。GS. Miller（2006）認為媒體在揭示會計醜聞的過程中扮演了積極的「看門狗」角色，因此媒體對上市公司的負面報道會引起相關利益群體的關註。在媒體的頻頻曝光下，行政監管機構迫於公眾輿論的壓力會調查上市公司，而為其提供審計服務的註冊會計師也會「被接受」大眾視線的嚴格審查。余玉苗等（2013）認為，在這種放大鏡的作用下，審計師會格外註重自己的聲譽，努力維持「好」的社會聲譽和公眾形象。基於防範風險的考慮，審計師更可能出具非標準審計意見。由此提出假設1。

假設1：媒體對上市公司的負面報道越多，審計師對其出具非標準審計意見的概率越高。

審計聲譽具有信號傳遞功能、質量擔保功能、節約社會成本功能和規範與發展功能，因此，維護良好的審計聲譽對會計師事務所的發展而言尤為重要。如果審計師在審計過程中未能保持獨立性，提供了質量差的審計服務，那麼良好的聲譽就會毀於一旦。鑒於大會計師事務所有較大的規模、嚴格的人才篩選和培訓制度、雄厚的資力及良好的聲譽，為了獲取審計業務的持續經濟準租金和未來預期收益，大會計師事務所比其他所更註重審計聲譽，會避免參與審計合謀、偷懶等行為。因此，在媒體曝光之後，大會計師事務所比小會計師事務所更傾向於發表非標準審計意見。由此，提出假設2。

假設2：對於受媒體負面報道的上市公司，「四大」會計師事務所比非「四大」所發表非標準審計意見的概率更高。

媒體的曝光會引起行政監管部門的關註。行政介入和管制，迫使上市公司加強管理，改善企業績效。另外，基於媒體的信息傳播功能，當媒體對上市公司的負面報道越多時，這種壞消息的迅速廣泛傳播會降低投資者的預期，使投資者競相拋售股票，引起股價的下跌，導致股東財富遭受損失。迫於股東的重大壓力，管理層會積極採取相應措施，提高管理效率，改善公司經營績效，以爭取次年被審計師出具標準無保留審計意見。由此提出假設3。

假設3：當年上市公司被媒體負面報道次數越多，審計師改善次年審計意見的概率會越高。

三、研究設計

（一）檢驗模型

為了檢驗上述假設，建立如下檢驗模型：

$$AUDOP = \alpha_0 + \alpha_1 NEWS + \alpha_2 ROA + \alpha_3 ALR + \alpha_4 TAT + \alpha_5 LNSIZE + \varepsilon \tag{1}$$

$$AUDOP = \alpha_0 + \alpha_1 NEWS + \alpha_2 NEWS * BIG10 + \alpha_3 ROA + \alpha_4 ALR + \alpha_5 TAT + \alpha_6 LNSIZE + \varepsilon \tag{2}$$

$$IMP = \alpha_0 + \alpha_1 NEWS + \alpha_2 ROA + \alpha_3 ALR + \alpha_4 TAT + \alpha_5 LNSIZE + \varepsilon \tag{3}$$

$NEWS$ 為媒體負面報道。對於媒體負面報道的衡量，常見的有兩種方法：一種做法是採用虛擬變量。鄭志剛等（2011）、李培功和沈藝峰（2013）、張瑋倩和曲延英和鄭迎飛（2015）認為，按照負面和非負面進行分類，若是媒體負面報道，賦值為1，若不是媒體負面報道，賦值為0。這種做法註重是否進行負面報道，比較負面報道和非負面報道的不同影響。

楊德明和趙璨（2012）、劉啓亮等（2013）認為，另一種做法是用媒體負面報道的次數來量化，取值從 0 到任意自然數。這種做法則註重負面報道的數量，關註負面報道次數多少所產生的不同影響。

模型中其他變量定義如表 4-1 所示。

表 4-1　　　　　　　　　　變量定義表

變量名	變量定義
AUDOP	審計意見，當審計意見為非標準審計意見時取 1，否則為 0
IMP	審計意見改善，將審計意見按嚴重程度排列為無法表示意見、保留意見、帶說明段無保留意見和標準無保留意見。如果上一年為嚴重程度高，而下一年為嚴重程度低，則定義為得到改善，即 IMP 取 1，否則為 0
NEWS	媒體對上市公司負面報道的次數
BIG10	當會計師事務所排名前 10 時取 1，否則為 0
LNSIZE	公司規模，以資產總額的對數計量
ROA	資產收益率
ALR	資產負債率
TAT	總資產週轉率

（二）數據來源

為了對研究假設進行檢驗，本書選用 2007—2012 年深滬上市公司的數據。剔除數據缺失和金融行業公司後，得到 5,738 個樣本。為消除極端值的影響，本書對迴歸中使用到的連續變量按 1% 進行了 Winsorize 縮尾處理。樣本數據來自於 CSMAR 數據庫。本書使用 Stata 12.0 對數據進行處理。

四、數據分析與結果

（一）描述性統計

表 4-2 報告了樣本的年度行業分佈情況。從表 4-2 可以看出，樣本在年度、各行業的分佈基本合理。

表 4-2　　　　　　　　　　樣本分佈表

行業	2008 年	2009 年	2010 年	2011 年	2012 年	合計
A	25	24	25	25	26	125
B	38	38	39	40	41	196

表4-2(續)

行業	2008年	2009年	2010年	2011年	2012年	合計
C	590	585	591	611	625	3,002
D	61	63	63	64	64	315
E	22	23	23	25	26	119
F	45	44	48	49	49	235
G	52	50	53	53	54	262
H	90	90	93	94	96	463
J	102	105	108	109	109	533
K	32	33	33	36	39	173
L	14	15	16	20	23	88
M	45	43	45	47	47	227
合計	1,116	1,113	1,137	1,173	1,199	5,738

表4-3報告了變量的描述性統計。從表4-3可以看出，審計師出具的標準審計意見的比例較大，非標準審計意見的平均比例僅為4.62%。媒體對公司負面報道的最大值為25。公司資產收益率的均值為3.56%。樣本的資產負債率均值為52.28%。總資產週轉率的均值為0.737。

表4-3　　　　　　　　　變量描述性統計

變量	N	均值	標準差	最小值	最大值
AUDOP	5,738	0.046,183	0.209,9	0	1
NEWS	5,738	0.412,513	1.152,226	0	25
ROA	5,738	0.035,636	0.060,407	−0.188,49	0.220,987
ALR	5,738	0.522,772	0.195,038	0.076,37	0.930,626
TAT	5,738	0.737,384	0.546,378	0.042,55	2.930,48
LNSIZE	5,738	21.912,32	1.209,047	19.114,5	25.139,1

表4-4報告了變量的相關係數。從表4-4可以看出，各變量之間存在顯著的相關關係，變量之間的係數均小於0.6，不存在多重共線性。

表4-4　　　　　　　　　相關係數表

	AUDOP	NEWS	ROA	ALR	TAT	LNSIZE
AUDOP	1					
NEWS	0.112[***]	1				

表4-4(續)

	AUDOP	NEWS	ROA	ALR	TAT	LNSIZE
ROA	-0.284***	-0.083***	1			
ALR	0.096***	0.057***	-0.356***	1		
TAT	-0.095***	-0.024*	0.178***	0.077***	1	
LNSIZE	-0.223***	0.027**	0.175***	0.310***	0.084***	1

註：*，**，*** 分別表示在10%、5%和1%水平上顯著。

(二) 迴歸結果分析

表4-5 報告了各模型的迴歸結果。從表4-5 結果（1）可以看出，NEWS 與 AUDOP 的迴歸係數為正，且在1%水平上顯著，說明與其他企業相比，受到媒體負面報道次數越多的企業，被出具非標準審計意見的可能性更大，支持了假設1。從結果（2）可以看出，NEWS 與 AUDOP 的迴歸係數顯著為正，但 NEWS * BIG10 的迴歸係數不顯著，說明對於受媒體負面報道的上市公司，國際「四大」與非「四大」發表非標準審計意見的概率無顯著差異，即假設2沒有得到支持。從結果（3）可以看出，NEWS 與 IMP 的迴歸係數顯著為正，且在1%水平上顯著。這說明當年上市公司被媒體負面報道的次數越多，審計師改善次年審計意見的可能性會更高，支持了假設3。

表 4-5　　　　　　　　　　迴歸結果

	（1）AUDOP	（2）AUDOP	（3）AUDOP
NEWS	0.213***	0.200***	0.188***
	(5.21)	(4.24)	(4.55)
NEWS * BIG10		0.049,6	
		(0.60)	
ROA	-10.14***	-10.12***	4.554**
	(-9.86)	(-9.84)	(2.52)
ALR	2.406***	2.408***	0.902
	(6.40)	(6.41)	(1.39)
TAT	-0.680***	-0.686***	-0.414
	(-3.70)	(-3.72)	(-1.48)

表4-5(續)

	(1) AUDOP	(2) AUDOP	(3) AUDOP
LNSIZE	-0.965***	-0.968***	-0.634***
	(-13.02)	(-13.04)	(-5.60)
_cons	16.57***	16.62***	10.05***
	(11.11)	(11.13)	(4.36)
N	5,738	5,738	1,407
LRchi2 (5)	627.83	628.19	55.92
Prob>chi2	0.000,0	0.000,0	0.000,0
PseudoR2	0.292,4	0.292,5	0.094,6
Loglikelihood	-759.778,19	0.292,5	-267.753,42

註：*、**、*** 分別表示在10%、5%和1%水平上顯著。

五、研究結論

通過對2007—2012年的數據分析得到如下結論：①受到媒體負面報道越多的上市公司，審計師對其出具非標準審計意見的概率越高；②上市公司被媒體負面報道的次數越多，其次年審計意見得到改善的可能性會更高；③對於受媒體負面報道的上市公司，國際「四大」與非「四大」對其發表非標準審計意見的概率無顯著差異。

第二節　政治關聯與審計意見

一、政治關聯概述

(一) 政治關聯的界定

Chaney (2011) 認為在產權保護較弱的國家或地區，企業政治關聯行為普遍存在。那什麼是政治關聯？Fisman (2001) 最早提出「政治關聯」的概念。他在研究印度尼西亞企業與執政者蘇哈托家族的密切關係時，將政治關聯界定為企業與擁有政治影響力的個人之間形成的隱性政治關係。A. I. Khwaja & A. Mian (2005)，S. Claessens et al. (2008) 則認為，政治關聯是企業通過競選捐款而與當選者建立的一種關係，即如果企業對政治競

選中的某位候選人進行了捐款,那麼該企業有政治關聯。但 E. Goldman (2009) 認為,政治捐贈反應的可能是企業的政治偏好而非政治影響,因此不應把政治捐贈視為政治關聯。Faccio (2006) 從政治家與公司董事會的關係來研究政治關聯。他認為,如果企業的大股東或高級管理人員是國會的成員、部長或地區的首領,或者與高層政治人物有著密切的關係,那麼該企業有政治關聯。由於政治體制的差異和政治與經濟之間的特殊關係,中國學者在政治關聯的判斷標準上與國外有一定的差別。潘紅波等 (2008) 認為,早期的研究將董事長或 CEO 是否為現任或曾任政府官員作為存在政治關聯的標準。而后,王利平等 (2010)、賈明和張喆 (2010) 認為,部分學者將企業人員範圍擴大到全部董事、高層管理人員和大股東,將任職經歷從政府官員擴大到人大代表和政協委員。王永進、盛丹 (2012) 進而將企業政治關聯的範圍擴大。他們認為,只要企業的董事會中有政府官員,或者總經理由政府任命或是黨員,就認為該企業有政治關聯。

(二)政治關聯的度量方法

國內已有研究度量企業政治關聯主要有以下幾種方法:第一,以企業高管人員(主要包括執行董事、總經理、監事等)或控股股東(主要是指前五大股東或前十大股東)中是否為現任或曾任政府官員、人大代表或政協委員作為度量,在研究中以虛擬變量 0 或 1 來度量政治關聯。第二,以擁有政治關聯的董事占董事會總人數的比重來度量企業的政治關聯程度。第三,依據有政治關聯的高管曾經或目前的最高行政級別或者其工作部門(如中央政府機關、地方政府機關、行業主管部門、人大、政協、軍隊等),或者企業家與其親密程度(如本人、直系親屬、遠房親屬、老同事、戰友或同學、校友或朋友、老鄉等)分別賦值來度量企業的政治關聯程度。

(三)政治關聯對企業績效和會計信息質量的影響

政治關聯的存在可能對企業績效、融資、企業社會責任和會計信息質量等產生影響。政治關聯的形成和維持需要付出成本。某些人員高管職位的取得並非因其能力出眾,而是其所具有的政治關聯背景。Faccio (2006) 認為,這些人員可能因不具備勝任能力而做出錯誤決策。由此,政治尋租成本可能會抵消政治關聯給企業帶來的收益。Fan (2007) 以中國 1993—2000 年間 IPO 的企業為對象進行研究,發現 CEO 具有政治關聯的企業的績效比非政治關聯企業低 30%。Boubakri (2008) 以 41 個國家的不同企業

為研究對象，經過比較分析后發現，政治關聯企業的績效顯著低於非政治關聯企業。

政治關聯對企業會計信息質量也產生了不利的影響。Chaney et al. (2008) 研究了政治關聯與會計信息質量的關係。結果發現，政治關聯公司的會計信息質量明顯比其他企業低。杜興強等（2009，2012）認為，在中國，學者以民營企業為研究對象，發現民營企業的政治聯繫降低了企業的會計穩健性，公司的盈余管理行為與關鍵高管的參政議政顯著正相關。李鑫等（2013）認為，由此帶來的影響是，在債權人判斷民營企業經營風險和盈利能力時，政治關聯是一個重要變量，而且政治關聯削弱了會計信息在債務契約中的作用。

二、政治關聯與審計意見

政治關聯的存在會對審計意見產生影響。李鑫、朱孝靜、張慶功（2013）認為，一方面，政治關聯企業的會計信息質量較非關聯企業低，風險水平更高，因此更容易被出具非標準審計報告；另一方面政治關聯又為企業尋求審計意見購買提供了可能，從而被出具非標準審計意見的可能性更低。在中國，中國證券監管委員會是上市公司的主要監管機構。證監會下設多個地方監管機構。這些機構與當地政府部門共同對上市公司行為進行監管。上市公司業績會對地方政府領導的政績產生影響，這使得政府官員與上市公司的高管之間存在著錯綜複雜的關係，為企業的政治尋租提供了聯繫的紐帶。司茹（2013）認為，當證券監管部門對上市公司的違規行為展開調查時，上市公司的高管們會利用自己的政治關係來遊說政府官員，達到影響、阻撓和拖延監管部門調查的目的。因此，企業的政治關聯降低了企業和事務所被處罰的可能性。杜興強等（2008）認為，在地方政府官員對於非標準審計意見外在壓力和審計業務競爭的雙重壓力下，審計師在審計意見出具上選擇與上市公司「合作」，從而使得具有政治聯繫的國有上市公司獲得非標準審計意見的可能性較低。黃新建等（2011）以中國民營上市公司為樣本進行研究。結果表明，高質量的外部審計具有識別、約束盈余管理的作用，但這種作用受到政治關聯的影響，即在有政治關聯的情況下外部審計的這種治理作用被削弱。杜興強等（2011）基於上海社保基金案進行研究。結果也表明，政治關聯的上市公司涉案概率顯著提高，且該案曝光后與之前相比，涉案公司被出具非標準審計意見的概率顯著增加。這說明涉案公司通過政治關聯實現了審計意見購買。Wahab

(2011)以馬來西亞作為研究對象,發現政治關聯會威脅審計獨立性。但也有學者認為,政治關聯可能不會威脅審計獨立性。廖義剛等(2008)研究表明,面對政治關係引發的政治風險和信息風險,審計師會權衡自己的成本和收益,通過出具恰當的審計意見來規避審計風險。這說明中國的政治關聯並未影響審計獨立性。我們認為,在中國特殊的政治經濟環境下,政治關聯降低了企業和事務所被處罰的可能性,由此提出以下假設。

假設1:具有政治關聯的上市公司被出具非標準審計意見的概率較低;

假設2:對於企業的盈余管理行為,有政治關聯的上市公司被出具非標準審計意見的概率比其他企業低。

三、研究設計

(一)迴歸模型

為了檢驗上述假設,建立的迴歸模型如下:

$$OP=\beta_0+\beta_1 PC+\beta_2 ROA+\beta_3 ALR+\beta_4 TAT+\beta_5 LNSIZE+\varepsilon \quad (1)$$

$$OP=\beta_0+\beta_1 PCR+\beta_2 ROA+\beta_3 ALR+\beta_4 TAT+\beta_5 LNSIZE+\varepsilon \quad (2)$$

$$OP=\beta_0+\beta_1 PC+\beta_2 DA+\beta_3 PC*DA+\beta_4 ROA+\beta_5 ALR+\beta_6 TAT+\beta_7 LNSIZE+\varepsilon \quad (3)$$

$$OP=\beta_0+\beta_1 PCR+\beta_2 DA+\beta_3 PCR*DA+\beta_4 ROA+\beta_5 ALR+\beta_6 TAT+\beta_7 LNSIZE+\varepsilon \quad (4)$$

模型中變量定義如表4-6所示。

表4-6　　　　　　　　　變量定義表

變量名	變量定義
AUDOP	審計意見,當審計意見為非標準審計意見時取1,否則為0
PC	政治關聯,當存在政治關聯[①]時取1,否則為0
PCR	政治關係,以有政治關聯的高管占全部高管的比例來衡量
ROA	資產收益率
ALR	資產負債率
TAT	總資產週轉率
LNSIZE	公司規模,以資產總額的對數計量

---

① 如果公司的董事長、副董事長、總經理以及董秘曾經或現在擔任政府官員、人大代表或政協常委,那麼定義為存在政治關聯。

(二) 數據來源

為了對研究假設進行檢驗，本書選用 2010—2013 年深滬上市公司的數據。剔除缺失數據和金融行業公司後，得到 3,093 個樣本。為消除極端值的影響，本書對迴歸中使用到的連續變量按 1% 進行了 Winsorize 縮尾處理。樣本數據來自於 CSMAR 數據庫。本書使用 Stata 12.0 對數據進行處理。

四、數據分析與結果

(一) 描述性統計

表 4-7 報告了樣本的年度行業分佈情況。從表 4-7 可以看出，樣本在年度、各行業的分佈基本合理。

表 4-7　　　　　　　　　　樣本分佈表

行業①	2010 年	2011 年	2012 年	2013 年	合計
A	17	18	14	14	63
B	27	29	30	31	117
C	416	418	435	446	1,715
D	40	41	43	42	166
E	19	18	25	26	88
F	57	61	81	87	286
G	33	37	39	41	150
I	24	24	22	24	94
J	0	0	1	2	3
K	59	60	67	63	249
L	6	6	8	8	28
N	0	0	4	4	8
R	0	8	11	11	30
S	32	35	14	15	96
合計	730	755	794	814	3,093

表 4-8 報告了變量的描述性統計。從表 4-8 可以看出，審計師出具的標準審計意見的比例較大，非標準審計意見的平均比例僅為 5.69%。具有

---

① 行業分類採用上市公司行業分類指引（2012 年修訂）的分類標準。

政治關聯的企業（PC）占 58.13%。高管中有政治關聯的成員所占比例平均為 3.96%。資產收益率的均值為 3.41%。樣本的資產負債率均值為 54.24%。總資產週轉率的均值為 0.695。

表 4-8　　　　　　　　　　變量描述性統計

變量	N	均值	標準差	最小值	最大值
AUDOP	3,093	0.056,903	0.231,694	0	1
PC	3,093	0.581,313	1.019,981	0	10
PCR	3,093	0.039,622	0.070,762	0	0.714,286
DA	3,093	0.016,38	0.122,807	-0.431,66	0.796,987
ROA	3,092	0.034,147	0.059,164	-0.244,98	0.219,063
ALR	3,092	0.542,471	0.220,328	0.046,732	1.375,65
TAT	3,092	0.694,875	0.505,465	0.045,534	2.691,91
LNSIZE	3,092	22.167,9	1.280,345	18.890,68	25.733,9

表 4-9 報告了變量的相關係數。從表 4-9 可以看出，各變量之間存在顯著的相關關係。BIG4、BIG10 與 AUDOP 均存在顯著的負相關，初步顯示與假設 1 一致。

表 4-9　　　　　　　　　　相關係數表

	AUDOP	PC	PCR	DA	ROA	ALR	TAT	LNSIZE
AUDOP	1							
PC	-0.041**	1						
PCR	-0.046**	0.949***	1					
DA	-0.074***	-0.026,0	-0.024,0	1				
ROA	-0.274***	0.017,0	0.028,0	0.422***	1			
ALR	0.304***	0.013,0	-0.010,0	-0.013,0	-0.351***	1		
TAT	-0.077***	-0.099***	-0.107***	0.141***	0.130***	0.069***	1	
LNSIZE	-0.272***	0.153***	0.118***	0.046**	0.097***	0.155***	0.035*	1

註：*、**、*** 分別表示在 10%、5% 和 1% 水平上顯著。

（二）迴歸結果分析

表 4-10 報告了單變量迴歸結果。從表 4-10 結果（1）可以看出，PC 與 AUDOP 的迴歸系數為負且在 5% 水平上顯著。這說明具有政治關聯的上市公司被出具非標準審計意見的概率比其他企業低，支持了假設 1。結果

(2) 顯示，PCR 與 AUDOP 的迴歸係數顯著為負。這同樣也說明了具有政治關聯的上市公司被出具非標準審計意見的概率更低。從結果 (3) 可以看出，PC 與 AUDOP 的迴歸係數顯著為負，DA 與 AUDOP 的迴歸係數顯著為負。這說明在考慮了企業的盈餘管理行為後，政治關聯與非標準意見仍保持了顯著的負相關關係，而盈餘管理與非標準審計意見顯著正相關。PC * DA 的迴歸係數顯著為負。這說明政治關聯的存在降低了盈餘管理被出具非標準審計意見的可能性，支持了假設 2。從結果 (4) 也可以看出，DA 與 AUDOP 的迴歸係數顯著為負。這說明盈餘管理程度越高，被出具非標準審計意見的可能性越大。PCR * DA 的迴歸係數為負，且在 5% 水平上顯著。這同樣說明了政治關聯的存在降低了盈餘管理被出具非標準審計意見的可能性，支持了假設 2。

表 4-10　　　　　　　　　　迴歸結果

	(1) AUDOP	(2) AUDOP	(3) AUDOP	(4) AUDOP
PC	-0.265**		-0.390***	
	(-2.05)		(-2.62)	
PCR		-5.363***		-6.708***
		(-2.70)		(-3.01)
DA			1.865**	1.803**
			(2.41)	(2.32)
PC * DA			-2.671**	
			(-2.34)	
PCR * DA				-36.23**
				(-2.10)
ROA	-8.531***	-8.540***	-9.739***	-9.787***
	(-7.17)	(-7.19)	(-6.54)	(-6.58)
ALR	4.414***	4.450***	4.303***	4.337***
	(10.93)	(10.95)	(10.56)	(10.60)
TAT	-0.885***	-0.909***	-0.935***	-0.955***
	(-4.03)	(-4.12)	(-4.27)	(-4.35)
LNSIZE	-0.954***	-0.960***	-0.933***	-0.942***
	(-11.37)	(-11.40)	(-11.10)	(-11.16)
_cons	15.79***	15.94***	15.46***	15.66***
	(8.76)	(8.81)	(8.56)	(8.65)

表4-10(續)

	(1) AUDOP	(2) AUDOP	(3) AUDOP	(4) AUDOP
N	3,092	3,092	3,092	3,092
LRchi2 (5)	513.84	517.60	523.02	525.50
Prob>chi2	0.000,0	0.000,0	0.000,0	0.000,0
PseudoR2	0.382,0	0.384,8	0.388,9	0.390,7
Loglikelihood	−415.594,09	−413.716,62	−411.005,44	−409.765,77

註：*，**，*** 分別表示在10%、5%和1%水平上顯著。

五、研究結論

通過對2010—2013年的數據分析得到如下結論：①與其他企業相比，具有政治關聯的上市公司被出具非標準審計意見的概率更低；②企業的盈余管理行為與非標準審計意見正相關。政治關聯的存在會顯著削弱盈余管理被出具非標準審計意見的可能性。

第三節 終極產權與審計意見

一、概述

審計意見的簽發，是審計師職業判斷的結果。當報表存在重大錯報或審計範圍受到重要限制時，審計師將會發表非無保留意見。盈余管理往往被認為是一種對利潤的修飾和操控。Francis & Krishnan（1999）認為，這種修飾和操控造成了會計盈余的不確定性，增大了錯報風險。對於審計師而言，基於謹慎原則，會通過發表非標準意見來降低因盈余管理而可能增加的錯報風險和潛在的處罰威脅。

審計意見決策是一個複雜的過程。報表是否存在重大錯報是影響審計意見類型的主要但並非唯一原因。審計師的獨立性是審計判斷的重要影響之一。審計獨立性受經濟利益、關聯關係、外界壓力等因素的影響。中國當前正處於轉型經濟期，社會市場經濟體制還不十分完善，經濟生活中行政干預還一定程度地存在。這使得審計獨立性可能受到影響，審計師在審

計意見決策中可能會受到企業背景的影響。

本書以 2008—2014 年 A 股上市公司為研究樣本，從盈余管理的程度、方向和屬性三個維度來研究不同風險水平的盈余管理對審計意見的影響。在此基礎上，本書進一步分析不同的終極產權層級下審計師對不同盈余管理的容忍程度是否有差異，為確定審計師在審計意見決策過程中是否能夠遵守審計職業道德要求，在面臨外部壓力時是否能夠保持審計獨立性提供經驗證據。

二、文獻綜述

關於盈余管理與審計意見的關係，現有的研究主要有相關和不相關兩種不同的結論。Ferdinand & Judy（1998）研究發現，盈余管理程度越大的企業，通常所獲得的審計意見類型越差，即盈余管理程度與非標準意見顯著正相關。在盈余管理與非標準審計意見關係的研究上，部分學者選取了與 Ferdinand 不一樣的衡量指標，但都得出了與 Ferdinand & Judy（1998）相同的結論。張長海、吳順祥（2010）採用計量經濟學模型對盈余管理方向（即向上盈余管理和向下盈余管理）與審計意見之間的關係進行了研究。結果表明，相對向下的盈余管理，註冊會計師對向上的盈余管理更易出具非標準審計意見。Marty But & Michael Willenborg（2004）以可操縱應計利潤作為衡量盈余管理的替代指標。研究結果表明，上市公司的盈余管理與審計意見之間並不存在相關關係。李東平等（2001）以存貨和上年與當年的應收帳款的差額作為盈余管理的替代指標。研究結論也證實盈余管理與審計意見並不存在相關關係。

在企業產權性質與審計意見類型關係方面，廖義剛、王豔豔（2008）研究發現，對於終極產權層級較高的客戶，審計師為了保護自身的聲譽會加大可承受的風險來適當調整審計意見。儘管鄭軍、林鐘高和彭琳等（2010）認為審計師不會因為企業有政府背景而改變審計意見的類型，但是對於前一期被出具非標準審計意見的企業，政治背景可以幫助上市公司實現對現任審計師審計意見的購買。吳昊旻和李鳳（2012）、宋理升和王愛國（2014）認為相比無政治背景的企業，有政府背景的企業被出具非標準審計意見的概率較小，但在有政府背景的企業中，終極產權層級與審計意見沒有顯著的相關關係。

企業產權對其績效的影響是政治關係對經濟影響的典型表現之一。當終極控制人不同時，上市公司盈余管理程度會有所差異，從而間接影響著

註冊會計師審計意見的發表。由於中國特殊的經濟體制，審計師在審計時可能因為利益競爭關係或企業與政府的良好關係降低訴訟風險，調整對企業盈余管理的容忍度，從而調整審計意見。杜興強等（2010）、吳順祥和張長海（2013）等研究發現對於相同的盈余管理，終極產權層級越高的企業獲得非標準審計意見的概率顯著降低。劉繼紅（2009）在其研究中發現，對於國有企業，註冊會計師對進行向上盈余管理的企業出具非標準審計意見，而這種現象在非國有企業中並不明顯。同時吳順祥、張長海（2013）還認為終極控制人的性質對盈余管理程度和審計意見關係的影響會隨著盈余管理方向的不同而不同；與向上盈余管理相比，終極控制人對向下盈余管理程度和審計意見的關係影響較小。

通過回顧已有文獻，我們發現：第一，盈余管理與審計意見的關係已經得到廣泛的研究，但眾多研究僅限於盈余管理的程度或方向，對盈余管理的屬性關註不夠，研究還不夠系統全面。第二，已有研究已經關註到產權性質對審計意見的影響，但沒有涉及企業的產權性質是否會影響審計師對盈余管理的風險判斷，進而體現在審計意見中，這還有待研究。

三、理論分析與研究假設

盈余管理是上市公司為使自身效用最大化而對應計利潤進行的「操縱」或「管理」。盈余管理不僅會扭曲公司的真實業績信息，而且可能掩蓋未來的業績增長趨勢，其存在違背了會計信息的真實性和可靠性，在一定程度上降低了財務報告質量。獨立審計的作用之一就是對這種背離會計信息真實可靠的行為進行評價，以降低信息風險。作為資本市場中保護投資者重要機制的外部審計，其基本職能是驗證會計信息的可靠性，制約管理層的機會主義行為。隨著註冊會計師行業發展和審計準則的完善，與審計相關的訴訟活動頻率的增加，審計師越來越謹慎，職業道德不斷提升。他們能夠識別上市公司的盈余管理行為。

隨著風險導向審計模式的推行，審計師的風險意識日益增加。面對各種出於特定目的的盈余管理，其所帶來的錯報風險和潛在處罰威脅會影響審計意見的確定。盈余管理所帶來的風險越大，被出具非標準審計意見的可能性就越高。盈余管理按照其程度、方向和屬性劃分為不同的種類。不同種類的盈余管理，產生的信息風險也會有所差異。

從程度來看，盈余管理程度的高低表明了企業對會計信息的操縱程度的高低。盈余管理程度越高，表明企業對盈余的操縱就越大，相應地其信

息風險也就越高。從屬性來看，盈余管理可以劃分為機會主義盈余管理和決策有用性盈余管理。機會主義盈余管理是指管理人員為了獲取私利、改變契約結果、從資本市場上獲取額外收益來滿足監管者的要求等進行的盈余管理。決策有用性盈余管理是一種旨在傳達企業價值相關性信息的盈余管理。相對基於真實歷史數據的決策有用性盈余管理，出於對未來事項（比如壞帳、貸款損失準備、折舊或攤銷等）的主觀判斷的機會主義盈余管理的應計額不確定性程度更高，因此潛在錯報風險更大。從方向來看，盈余管理可以劃分為向上盈余管理和向下盈余管理。向上盈余管理以調高利潤為目的，向下盈余管理以調低利潤為目的。

不同方向的盈余管理產生不同的風險。投資人可能會因為投資失敗而責備或申討企業管理層或註冊會計師，卻不會因不恰當的審計意見類型而錯過了投資機會而起訴審計師。一般來說，依賴審計報告的投資人在對高估企業利潤的審計師的訴訟中更容易獲勝（徐浩萍，2004）。同時，向上的盈余管理更能符合管理層利益最大化的動機，向下的盈余管理行為更容易在會計準則上找到合理的解釋。這使得審計師很難去證明企業進行了不當的盈余管理行為。因此，向上的盈余管理與事后的審計訴訟風險的關係更加密切（Subramanyanm，1996；Heninger，2001）。由此，本書提出假設1。

H_1：高風險盈余管理與非標準審計意見正相關。

H_{1a}：盈余管理程度與非標準審計意見正相關。

H_{1b}：向上的盈余管理與非標準審計意見正相關。

H_{1c}：機會主義盈余管理與非標準審計意見正相關。

企業產權性質會影響其會計信息風險。從企業方面來看，當前中國的會計準則制定機構是財政部。由於國有企業規模大，行業影響力強，在會計準則的制定過程中能夠施加一定的影響，因此其盈余管理行為難以被識別。另外，中國正處於發展市場經濟的轉型期，政府對經濟的行政干預一定程度還存在。與民營企業相比，國有企業由於其產權的特殊性，其政治遊說能力更強。在國有企業，被審計單位與委託人「合一」的情況相對嚴重。當管理層在審計意見方面與審計師產生分歧時，被審計單位與委託人「合一」情況下的管理者能對審計師施加重大的影響，從而對審計師的獨立性產生威脅，弱化了職業道德規範對審計師的約束作用。當企業由於盈余管理而被出具不好的審計意見時，他們能夠說服政府對此進行解釋。一

些地方政府出於個人、部門或地區利益的考慮，可能暗示甚至命令審計師對國有企業出具不實的審計報告。從事務所方面來看，企業與政府有密切聯繫，可能會降低不實會計信息的訴訟風險。同時，審計是一個高度競爭的行業。面對政府壓力和政治關係所能帶來的利益，審計師的道德決策受到了極大的衝擊，職業道德約束也就被漸漸弱化。在國有企業進行盈余管理時，審計師往往會有更大的容忍度。據此，本書提出假設 2。

H_2：相比非國有企業，國有企業高風險盈余管理與非標準審計意見的正相關關係會被削弱。

H_{2_a}：相比非國有企業，國有企業盈余管理程度與非標準審計意見的正相關關係會被削弱。

H_{2_b}：相比非國有企業，國有企業機會主義盈余管理與非標準審計意見的正相關關係會被削弱。

H_{2_c}：相比非國有企業，國有企業向上的盈余管理與非標準審計意見的正相關關係會被削弱。

四、研究設計

（一）樣本選擇與數據來源

本書以 2008—2014[①] 年 A 股上市公司為研究樣本。並按如下原則剔除數據：①金融類公司；②數據缺省的或存在明顯錯誤的公司。根據上述原則，共得到 13,002 個觀測樣本。為剔除異常值的影響，本書對所有的連續變量進行了 Winsorize 處理。

本書所涉及的公司財務數據主要來源於國泰安數據庫（CSMAR），並從巨潮資訊網、上海證券交易所、深圳證券交易所以及 2005—2014 年中國註冊會計師協會發布的審計快報中獲取部分補充資料。涉及終極產權和盈余管理屬性的數據由筆者手工整理。本書採用 Stata12.0 數據軟件對數據進行處理。

（二）變量選擇與界定

1. 盈余管理的度量

（1）盈余管理程度：本書以修正 Jones 模型估計的可操控應計利潤（DA）的絕對值來替代盈余管理程度。具體估計模型為：

---

① 由於判斷盈余管理屬性需要計算前三年的平均淨收益率，因此數據區間為 2005—2014 年。

$$\frac{ETA_{i,t}}{A_{i,t}} = \alpha_1 \left(\frac{1}{A_{i,t-1}} \right) + \alpha_2 \left[\frac{\Delta REV_{i,t} - \Delta REC_{i,t}}{A_{i,t-1}} \right] + \beta_3 \left(\frac{PPE_{i,t}}{A_{i,t-1}} \right) + \varepsilon \qquad 公式 1$$

$$DA = \frac{ETA_{i,t}}{A_{i,t}} - \alpha_1 \left(\frac{1}{A_{i,t-1}} \right) + \alpha_2 \left[\frac{\Delta REV_{i,t} - \Delta REC_{i,t}}{A_{i,t-1}} \right] + \beta_3 \left(\frac{PPE_{i,t}}{A_{i,t-1}} \right) + \varepsilon \qquad 公式 2$$

其中：$ETA_{i,t}$ 表示公司 i 第 t 年公司總應計利潤，用公司淨利潤減去經營性現金流量得到；$A_{i,t-1}$ 表示公司 i 第 t-1 年末總資產；$\Delta REV_{i,t}$ 表示公司 i 第 t 年與第 t-1 年主營業務收入之差；$\Delta REC_{i,t}$ 表示公司 i 第 t 年與第 t-1 年應收帳款淨額之差；$PPE_{i,t}$ 表示公司 i 第 t 年末固定資產淨額。

（2）盈余管理方向（ABSEM）：當估計的操作性應計利潤為正時，表示向上的盈余管理。此時，ABSEM 取 1，反之 ABSEM 為 0。

（3）盈余管理屬性（IEM）：本書通過間接推定法分離決策有用性盈余管理和機會主義盈余管理。本書首先採用修正瓊斯模型估計出全部樣本公司的可操控應計額，然后在此基礎上分離出報告盈余分佈處於「保牌」「配股」「增發新股」閾值區①的公司，並將該組公司定義為機會主義盈余管理的樣本，其他為決策有用性盈余管理樣本。當公司進行機會盈余管理時，IEM 取 1，否則為 0。

2. 其他變量

根據以往相關的研究（CliVeLennox，2002；章永奎，劉峰，2002；薄仙慧等，2011），本書將公司規模、總資產週轉率、資產收益率、資產負債率、審計費用、年度和行業等作為控制變量。具體變量定義如表 4-11 所示。

表 4-11　　　　　　變量的經濟含義及計算方法

變量類型	變量名稱	變量代碼	變量含義及說明
被解釋變量	審計意見	OP	非標準審計意見為 1，標準無保留意見為 0
解釋變量	盈余管理方向	ABSEM	當操縱性應計利潤為正時，取 1，否則取 0
	盈余管理程度	DA	修正 Jones 模型估計的可操控應計利潤絕對值
	盈余管理屬性	IEM	機會主義盈余管理為 1，否則為 0
	終極產權	SOE	最終控股權為國有的取 1，否則為 0

---

① 2008—2014 年，「保牌」閾值區為（0，1%）；「配股」的閾值區為配股當年或次年出現虧損的上市公司；使用倒推法，找出 2008 年以后增發新股的公司，然后對這些公司近三年的淨資產收益率 ROE 計算平均值，在「增發新股」的閾值區（6%，8%）中取均值。

表4-11(續)

變量類型	變量名稱	變量代碼	變量含義及說明
控制變量	公司規模	SIZE	年末總資產自然對數
	總資產週轉率	TAT	被審計公司銷售收入與總資產的比值
	資產收益率	ROA	被審計公司淨利潤與平均股東權益的比值
	資產負債率	LEV	被審計公司總負債與總資產的比值
	審計費用	LNFEE	被審計公司本年審計費用的自然對數
	年度	YEAR	年度啞變量
	行業	IND	行業啞變量

(三) 模型設計

為檢驗假設1,建立盈余管理與審計意見Logistic迴歸模型一:

$$OP=\beta_0+\beta_1 DA+\beta_2 TAT+\beta_3 SIZE+\beta_4 LEV+\beta_5 LNFEE+\beta_6 ROA+\beta_7 YEAR+\beta_8 IND+\varepsilon \tag{1}$$

$$OP=\beta_0+\beta_1 ABSEM+\beta_2 TAT+\beta_3 SIZE+\beta_4 LEV+\beta_5 LNFEE+\beta_6 ROA+\beta_7 YEAR+\beta_8 IND+\varepsilon \tag{2}$$

$$OP=\beta_0+\beta_1 IEM+\beta_2 TAT+\beta_3 SIZE+\beta_4 LEV+\beta_5 LNFEE+\beta_6 ROA+\beta_7 YEAR+\beta_8 IND+\varepsilon \tag{3}$$

為檢驗假設2,建立盈余管理、終極產權與審計意見Logistic迴歸模型二:

$$OP=\beta_0+\beta_1 DA+\beta_2 DA*SOE+\beta_3 TAT+\beta_4 SIZE+\beta_5 LEV+\beta_6 LNFEE+\beta_7 ROA+\beta_8 YEAR+\beta_9 IND+\varepsilon \tag{4}$$

$$OP=\beta_0+\beta_1 ABSEM+\beta_2 ABSEM*SOE+\beta_3 TAT+\beta_4 SIZE+\beta_5 LEV+\beta_6 LNFEE+\beta_7 ROA+\beta_8 YEAR+\beta_9 IND+\varepsilon \tag{5}$$

$$OP=\beta_0+\beta_1 IEM+\beta_2 IEM*SOE+\beta_3 TAT+\beta_4 SIZE+\beta_5 LEV+\beta_6 LNFEE+\beta_7 ROA+\beta_8 YEAR+\beta_9 IND+\varepsilon \tag{6}$$

其中,$DA*SOE$是盈余管理程度DA與企業終極產權SOE的交互項,對模型二(4)進行整理,得到:

$$OP=\beta_0+(\beta_1+\beta_2 SOE)*DA+\beta_3 TAT+\beta_4 SIZE+\beta_5 LEV+\beta_6 LNFEE+\beta_7 ROA+\beta_8 YEAR+\beta_9 IND+\varepsilon \tag{7}$$

由於$SOE=1$代表終極產權為國有的上市公司,$SOE=0$代表非國有上市公司,因此若β_2顯著為負,則意味著國有企業盈余管理程度對審計意見發表的影響系數($\beta_1+\beta_2$)明顯低於非國有企業的影響系數β_1,即相比非

國有企業，國有企業盈余管理程度與非標準審計意見的正相關會被削弱，假設 2a 得到證實。同理，若模型二（5）、（6）的 β_5 顯著為負，則假設 2b、2c 得到證實。

五、實證檢驗與結果分析

（一）描述性統計

表 4-12 報告了樣本的行業和年度情況。從表 4-12 可以看出，本書的樣本分別來自 13 個行業。

表 4-12　　　　　　　　　　樣本公布表

行業代碼[①]	2008 年	2009 年	2010 年	2011 年	2012 年	2013 年	2014 年	合計
A	28	28	29	37	34	39	40	235
B	29	33	42	50	60	65	69	348
C	813	870	930	1,131	1,463	1,554	1,583	8,344
D	47	57	63	69	78	79	81	474
E	32	35	35	35	56	61	63	317
F	78	89	97	109	147	153	149	822
G	66	60	63	72	77	81	80	499
I	49	54	64	90	106	122	130	615
K	67	82	116	118	140	134	132	789
L	15	17	17	22	21	21	23	136
N	0	0	0	0	22	24	26	72
R	0	0	0	13	19	23	26	81
S	52	55	47	51	20	22	23	270
合計	1,276	1,380	1,503	1,797	2,243	2,378	2,425	13,002

描述性統計結果（見表 4-13）中，OP 的均值約為 0.047，可以看出在樣本年度多數企業被出具了標準無保留審計意見，約有 49.05% 的企業進行了向上的盈余管理，進行機會主義盈余管理的企業占 16.87%。此外，終極產權為國有背景的企業占 53.01%。

[①] 行業分類採用上市公司行業分類指引（2012 年修訂）的分類標準。

表 4-13　　　　　　　　　變量描述性統計

變量	N	均值	標準差	最小值	最大值
OP	13,002	0.046,993	0.211,632	0	1
DA	13,002	0.078,868	0.090,993	0.000,009,1	0.796,991
ABSEM	13,002	0.490,54	0.499,93	0	1
IEM	13,002	0.168,743	0.374,539	0	1
SOE	13,002	0.530,149	0.499,109	0	1
TAT	13,002	0.665,594	0.480,036	0.045,534	2.691,91
SIZE	13,002	21.839,53	1.295,177	18.890,7	25.733,9
LEV	13,002	0.473,464	0.238,068	0.046,732	1.375,65
LNFEE	13,002	13.486,29	0.711,784	12.206,1	16.300,4
ROA	13,002	0.036,204	0.061,463	−0.244,976	0.219,063

（二）相關性分析

表 4-14 報告了變量間的相關係數。從表 4-14 可以看出，$DA*SOE$ 交叉變量與變量本身 DA 和 SOE 的相關係數分別為 0.537 和 0.526。$ABSEM*SOE$ 交叉變量與變量本身 $ABSEM$ 和 SOE 之間的相關係數分別為 0.566 和 0.523。$IEM*SOE$ 交叉變量與變量本身 IEM 之間的相關係數為 0.719。這說明該交叉變量與變量本身之間可能存在共線性。其他變量之間的相關係數基本都小於 0.5。這說明除 $DA*SOE$，$ABSEM*SOE$ 和 $IEM*SOE$ 交叉變量與變量本身外，其他變量之間沒有顯著的共線性關係。本書通過將變量逐步納入迴歸模型進行迴歸分析的方法解決了變量間的共線性問題。此外，交叉變量間存在共線性也屬正常現象。

表 4-14 還顯示，盈余管理程度 DA 與審計意見 OP 顯著正相關，與假設 $H1a$ 相一致。盈余管理方向（$ABSEM$）與審計意見（OP）顯著負相關，與假設 $H1b$ 不一致。終極產權與審計意見在 1% 水平上顯著負相關。這初步表明國有企業被出具非標準審計意見的概率更小。

表 4-14　變量相關性分析

	OP	DA	ABSEM	IEM	SOE	DA*SOE	ABSEM*SOE	IEM*SOE	TAT	SIZE	LEV	LNFEE	ROA
OP	1												
DA	0.166***	1											
ABSEM	−0.068**	0.124***	1										
IEM	−0.0130	−0.036**	−0.034**	1									
SOE	−0.055***	−0.050***	−0.097***	0.030**	1								
DA*SOE	0.033**	0.537***	0.007,00	0.004,00	0.526***	1							
ANSEM*SOE	−0.073***	0.027**	0.566***	−0.004,00	0.523***	0.344***	1						
IEM*SOE	−0.030**	−0.027**	−0.051***	0.719***	0.305***	0.146***	0.135***	1					
TAT	−0.049***	0.098***	0.055***	−0.041***	0.080***	0.114***	0.099***	−0.00100	1				
SIZE	−0.202***	−0.064***	−0.027**	−0.024**	0.316***	0.138***	0.150***	0.066***	0.065***	1			
LEV	0.299***	0.222***	−0.110***	−0.066***	0.190***	0.201***	0.044***	0.018	0.128***	0.298***	1		
LNFEE	−0.076***	−0.053***	−0.049***	−0.039***	0.201***	0.066***	0.078***	0.024**	0.125***	0.753***	0.229***	1	
ROA	−0.281***	−0.066***	0.300***	−0.075***	−0.085***	−0.116***	0.115***	−0.089***	0.091***	0.072***	−0.396***	0.026**	1

註：***，**，*分別表示在 10%、5% 和 1% 水平上顯著相關。

(三) 迴歸結果分析

表 4-15 報告了模型（1）~（6）的迴歸結果。從模型一（1）、（3）的迴歸結果我們可以發現，自變量盈余管理程度（DA）與審計意見（OP）在 5%水平上顯著正相關，即盈余管理的程度越大，被出具非標準審計意見的概率更高，與本書的假設 1_a 相符。盈余管理屬性（IEM）與審計意見（OP）也正相關，並且在 5%的水平上顯著。這說明相對於決策有用性盈余管理而言，審計師對機會主義盈余管理出具非標準審計意見的概率更大，即假設 1_c 得到驗證。從模型一（2）的迴歸結果我們可以發現，盈余管理方向（ABSEM）與審計意見（OP）負相關，但不顯著。這說明審計師對向上盈余管理相和向下盈余管理出具非標準意見的概率不存在差異，即假設 1_b 沒有得到支持。張長海、吳順祥（2010）認為，這可能是因為，儘管向下盈余管理能夠在會計準則上找到合理的解釋，並在實務中成為企業的一種「粉飾小技巧」，但是隨著職業素質和道德的提升，審計師能夠識別這種「障眼法」，並將其與向上盈余管理等同為存在其他潛在風險的信號，並因此更謹慎、更敏感。

表 4-15 的模型二（4）、（5）、（6）顯示了盈余管理、終極產權與審計意見之間的相關關係。從結果（4）可以看出，DA 與 OP 顯著正相關，支持了假設 1_a。同時 DA * SOE 迴歸系數為負，且在 5%水平下顯著。這說明相對於非國有企業，國有企業盈余管理程度與非標準審計意見的正相關關係會被削弱，即假設 2_a 得到了證實。從結果（5）可以看出，ABSEM 與 OP 存在弱的正相關關係，盈余管理方向與終極產權的交叉變量（ABSEM * SOE）與審計意見呈負相關，且在 1%水平上顯著。這說明與非國有企業相比，國有企業向上的盈余管理與非標準審計意見的正相關關係會被削弱，即假設 2_b 得到了證實。從結果（6）可以看出，IEM 與 OP 顯著正相關，支持了假設 1_c。盈余管理屬性與終極產權的交叉變量（IEM * SOE）與審計意見（OP）呈負相關關係，且在 5%水平上顯著。這說明與非國有企業相比，國有企業的機會主義盈余管理與非標準審計意見的正相關關係會被削弱，即假設 2_c 得到了證實。

表 4-15　　　　　　　　　迴歸分析結果

	模型一			模型二		
	(1) OP	(2) OP	(3) OP	(4) OP	(5) OP	(6) OP
DA	1.480*** (3.22)			1.943*** (3.97)		
ABSEM		−0.060,0 (−0.51)			0.207 (1.54)	
IEM			0.417*** (3.14)			0.713*** (4.26)
DA * SOE				−1.717** (−2.31)		
ABSEM * SOE					−0.652*** (−3.63)	
IEM * SOE						−0.630** (−2.59)
TAT	−0.818*** (−6.38)	−0.779*** (−6.08)	−0.781*** (−6.09)	−0.796*** (−6.19)	−0.752*** (−5.87)	−0.767*** (−5.97)
SIZE	−1.116*** (−18.16)	−1.134*** (−18.50)	−1.153*** (−18.63)	−1.092*** (−17.53)	−1.111*** (−17.98)	−1.139*** (−18.33)
LEV	4.122*** (20.05)	4.291*** (21.45)	4.374*** (21.55)	4.136*** (20.06)	4.299*** (21.39)	4.395*** (21.59)
LNFEE	0.908*** (7.29)	0.904*** (7.27)	0.921*** (7.39)	0.889*** (7.12)	0.914*** (7.32)	0.915*** (7.31)
ROA	−6.727*** (−11.18)	−6.766*** (−10.24)	−6.885*** (−11.37)	−7.094*** (−11.28)	−6.978*** (−10.49)	−6.930*** (−11.41)
_cons	6.676*** (5.20)	7.181*** (5.62)	7.218*** (5.64)	6.464*** (5.02)	6.594*** (5.12)	7.031*** (5.47)
LR 值	1,842.28	1,832.91	1,841.93	1,847.80	1,846.69	1,848.83
P	0.000,0	0.000,0	0.000,0	0.000,0	0.000,0	0.000,0
PseudoR^2	0.373,7	0.371,8	0.373,7	0.374,9	0.374,6	0.375,1
N	13,002	13,002	13,002	13,002	13,002	13,002

註：*，**，*** 分別表示在 10%、5%、1%的水平上顯著

六、研究結論

本書以2008—2014年中國A股上市公司為樣本,從盈余管理的程度、方向和屬性三個維度來研究不同風險水平的盈余管理對審計意見的影響。在此基礎上,本書進一步分析不同的終極產權層級下審計師對不同盈余管理的容忍程度是否有差異。本書的研究得出以下兩個結論:

(1) 審計師能夠識別不同盈余管理的風險差異,並對高風險的盈余管理出具非標準審計意見的可能性更大。具體而言,盈余管理程度越大,越有可能被出具非標準審計意見;與決策有用性盈余管理相比,機會主義盈余管理被出具非標準審計意見的可能性更大。

(2) 盈余管理與審計意見之間的關係,受到終極產權差異的影響,即在既定的盈余管理情況下,終極產權為國有的上市公司被出具非標準審計意見的機率比其他公司更小。大程度、向上及機會主義行為等高風險的盈余管理與非標準審計意見之間的正相關關係受到國有產權的削弱。這說明審計師在出具報告時,可能受到外界壓力或自利動機的影響,其執業過程中所應保持的獨立性受到了某種程度的威脅,從而根據企業的政治背景對審計意見做出了相應的調整。

參考文獻

[1] DYCK A, ZINGALES L. The corporate governance role of the media [R]. Cambridge: National Bureau of Economic Research, 2002.

[2] FAMA EF. Agency problems and the theory of the firm [J]. The Journal of Political Economy, 1980: 288-307.

[3] DIAMOND DW. Reputation acquisition in debt markets [J]. The Journal of Political Economy, 1989: 828-862.

[4] HOLMSTRÖM B. Managerial incentive problems: a dynamic perspective [J]. The Review of Economic Studies, 1999, 66 (1): 169-182.

[5] MILBOURN TT. CEO reputation and stock-based compensation [J]. Journal of Financial Economics, 2003, 68 (2): 233-262.

[6] GIBBONS R, MURPHY KJ. Does executive compensation affect investment? [J]. Cambridge: The National Bureau of Economic Research, 1992.

[7] HERMALIN BE, WEISBACH MS. Endogenously chosen boards of di-

rectors and their monitoring of the CEO [J]. American Economic Review, 1998: 96-118.

[8] RYAN J, SILVANTO S. The world heritage list: the making and management of a brand [J]. Place Branding and Public Diplomacy, 2009, 5 (4): 290-300.

[9] JOE JR, LOUIS H, ROBINSON D. Managers' and investors' responses to media exposure of board ineffectiveness [J]. Journal of Financial and Quantitative Analysis, 2009, 44 (3): 579-605.

[10] 李培功, 沈藝峰. 媒體的公司治理作用: 中國的經驗證據 [J]. 經濟研究, 2010 (4): 14-27.

[11] 徐莉萍, 辛宇. 媒體治理與中小投資者保護 [J]. 南開管理評論, 2011 (6): 36-47, 94.

[12] 李焰, 秦義虎, 張肖飛. 企業產權、管理者背景特徵與投資效率 [J]. 管理世界, 2011 (1): 135-144.

[13] 余玉苗, 張建平, 梁紅玉. 媒體監督影響審計師的審計意見決策嗎?——來自中國證券市場的實證證據 [J]. 審計與經濟研究, 2013 (1): 26-36.

[14] BESLEY T, PRAT A. Handcuffs for the grabbing hand? the role of the media in political accountability [J]. American Economic Review, 2006, 96 (3): 720-736.

[15] BESLEY T, BURGESS R. Political agency, government responsiveness and the role of the media [J]. European Economic Review, 2001, 45 (4): 629-640.

[16] DYCK A, VOLCHKOVA N, ZINGALES L. The corporate governance role of the media: evidence from russia [J]. The Journal of Finance, 2008, 63 (3): 1093-1135.

[17] 黃雷, 李明, 葉勇. 媒體負面報道對過度投資的影響 [J]. 軟科學, 2014 (6): 25-28, 40.

[18] FANG L, PERESS J. Media coverage and the cross-section of stock returns [J]. The Journal of Finance, 2009, 64 (5): 2023-2052.

[19] 孔東民, 劉莎莎, 應千偉. 公司行為中的媒體角色: 激濁揚清還是推波助瀾 [J]. 管理世界, 2013 (7): 145-162.

[20] 劉啓亮, 李祎, 張建平. 媒體負面報道、訴訟風險與審計契約穩

定性——基於外部治理視角的研究 [J]. 管理世界, 2013 (11): 144-154.

[21] DYCK A, ZINGALES L. Private benefits of control: an international comparison [J]. The Journal of Finance, 2004, 59 (2): 537-600.

[22] FROST CA. Loss contingency reports and stock prices: a replication and extension of banks and kinney [J]. Journal of Accounting Research, 1991: 157-169.

[23] MUTCHLER JF, HOPWOOD W, MCKEOWN JM. The influence of contrary information and mitigating factors on audit opinion decisions on bankrupt companies [J]. Journal of Accounting Research, 1997: 295-310.

[24] FAN JP, WONG TJ. Do external auditors perform a corporate governance role in emerging markets? Evidence from east asia [J]. Journal of Accounting Research, 2005, 43 (1): 35-72.

[25] 周蘭, 耀友福. 媒體負面報道、審計師變更與審計質量 [J]. 審計研究, 2015 (3): 73-81.

[26] MILLER GS. The press as a watchdog for accounting fraud [J]. Journal of Accounting Research, 2006, 44 (5): 1001-1033.

[27] 張瑋倩, 曲延英, 鄭迎飛. 媒體負面報道能有效監督高管薪酬嗎——基於薪酬替代視角的實證分析 [J]. 山西財經大學學報, 2015 (6): 69-81.

[28] CHANEY PK, FACCIO M, PARSLEY D. The quality of accounting information in politically connected firms [J]. Journal of Accounting and Economics, 2011, 51 (1): 58-76.

[29] FISMAN R. Estimating the value of political connections [J]. American Economic Review, 2001: 1095-1102.

[30] KHWAJA AI, MIAN A. Do lenders favor politically connected firms? Rent provision in an emerging financial market [J]. The Quarterly Journal of Economics, 2005, 120 (4): 1371-1411.

[31] CLAESSENS S, FEIJEN E, LAEVEN L. Political connections and preferential access to finance: the role of campaign contributions [J]. Journal of Financial Economics, 2008, 88 (3): 554-580.

[32] GOLDMAN E, ROCHOLL J, SO J. Do politically connected boards affect firm value? [J]. Review of Financial Studies, 2009, 22 (6): 2331-2360.

[33] FACCIO M, MASULIS RW, MCCONNELL J. Political connections and corporate bailouts [J]. The Journal of Finance, 2006, 61 (6): 2597-2635.

[34] 潘紅波, 夏新平, 余明桂. 政府干預、政治關聯與地方國有企業併購 [J]. 經濟研究, 2008 (4): 41-52.

[35] 王利平, 高偉, 張學勇. 民營企業政治關聯: 一個多視角的分析 [J]. 商業經濟與管理, 2010 (12): 18-23.

[36] 賈明, 張喆. 高管的政治關聯影響公司慈善行為嗎? [J]. 管理世界, 2010 (4): 99-113, 187.

[37] 王永進, 盛丹. 政治關聯與企業的契約實施環境 [J]. 經濟學: 季刊, 2012 (4): 1193-1218.

[38] FAN JP, WONG TJ, ZHANG T. Politically connected CEOs, corporate governance and post-ipo performance of China's newly partially privatized firms [J]. Journal of Financial Economics, 2007, 84 (2): 330-357.

[39] BOUBAKRI N, COSSET J, SAFFAR W. Political connections of newly privatized firms [J]. Journal of Corporate Finance, 2008, 14 (5): 654-673.

[40] 杜興強, 周澤將, 修宗峰. 政治聯繫與會計穩健性: 基於中國民營上市公司的經驗證據 [J]. 經濟管理, 2009 (7): 115-121.

[41] 杜興強, 周澤將, 杜穎潔. 政府官員類政治聯繫、參政議政與盈餘管理 [J]. 會計與經濟研究, 2012 (1): 15-23.

[42] 李鑫, 朱孝靜, 張慶功. 政治關聯、財務活動與會計信息質量研究進展——基於利益相關者理論的視角 [J]. 東岳論叢, 2013 (7): 180-183.

[43] 司茹. 政治關聯與證券監管的執法效率 [J]. 中央財經大學學報, 2013 (6): 91-96.

[44] 杜興強, 周澤將, 杜穎潔. 政治聯繫、審計師選擇的「地緣」偏好與審計意見——基於國有上市公司的經驗證據 [J]. 審計研究, 2011 (2): 77-86.

[45] 黃新建, 張會. 地區環境、政治關聯與審計師選擇——來自中國民營上市公司的經驗證據 [J]. 審計與經濟研究, 2011 (3): 44-52.

[46] WAHAB EAA, ZAIN MM, JAMES K. Political connections, corporate governance and audit fees in malaysia [J]. Managerial Auditing Journal, 2011, 26 (5): 393-418.

[47] 廖義剛, 王豔豔. 大股東控制、政治聯繫與審計獨立性——來自持續經營不確定性審計意見視角的經驗證據 [J]. 經濟評論, 2008 (5): 86-93, 105.

[48] 高燕. 所有權結構、終極控制人與盈余管理 [J]. 審計研究, 2008 (6): 59-70.

[49] 黃曉蓓, 鄭建明. 業績預告、盈余管理與經濟后果 [J]. 經濟問題探索, 2015 (2): 22-30.

[50] 白憲生, 田新翠. 上市公司盈余管理與審計意見關係研究 [J]. 商業研究, 2012 (7): 183-188.

[51] 李明, 萬潔超. 投資者保護、盈余管理方式與審計師風險感知 [J]. 山西財經大學學報, 2015 (4): 92-102.

[52] 陳小林, 林昕. 盈余管理、盈余管理屬性與審計意見——基於中國證券市場的經驗證據 [J]. 會計研究, 2011 (6): 77-85, 96.

[53] 張長海, 吳順祥. 盈余管理方向與審計意見的關係研究 [J]. 財會月刊, 2010 (24): 63-66.

[54] 陳志娟. 中國註冊會計師職業道德失範的原因及對策研究 [J]. 理論月刊, 2010 (6): 118-121.

[55] 李東平, 黃德華, 王振林. 不清潔審計意見、盈余管理與會計師事務所變更 [J]. 會計研究, 2001 (6): 51-57.

[56] 徐浩萍. 會計盈余管理與獨立審計質量 [J]. 會計研究, 2004 (1).

[57] 吳順祥, 張長海. 終極所有權、盈余管理與審計意見 [J]. 企業經濟, 2013 (5): 164-169.

[58] PALMROSE ZV, RICHARDSON VJ, SCHOLZ S. Determinants of market reactions to restatement announcements [J]. Journal of Accounting and Economics, 2004, 37 (01): 59-89.

[59] COHEN DA, ZAROWIN P. Accrual-based and real earnings management activities around seasoned equity offerings [J]. Journal of Accounting and Economics, 2010, 50 (01): 2-19.

[60] HENINGER WG. The association between auditor litigation and accruals [J]. The Accounting Review, 2001, 76 (1): 111-116.

[61] SANJAYA IPS. The influence of ultimate ownership on earnings management: evidence from Indonesia [J]. Global Journal of Business Research. 2011, 5 (5): 61-69.

第五章
審計意見預測

第一節　審計報告時滯與審計意見

一、審計報告時滯概述
(一) 什麼是審計報告時滯

審計報告時滯也稱審計延遲，是指完成審計工作所需要的時間。按是否包含節假日，審計報告時滯有兩種計量方法。一種是以審計報告資產負債表日至審計報告簽署日之間的日曆天數來計量，另一種是以資產負債表日至審計報告簽署日之間的交易日天數來計量。鑒於中國會計師事務所在年報審計期間，為了按時完成年報審計，往往取消節假日，並且第一種計量方法簡單，具有可操作性，因此這裡採用第一種定義方法。審計報告日是註冊會計師根據審計準則的規定，在執行審計工作的基礎上，對財務報表發表審計意見，出具審計報告的日期，代表了審計過程的時間長短。審計報告時滯主要衡量審計報告的及時性。該變量越小，審計報告越及時。

(二) 審計報告時滯的影響因素

1. 公司規模

大量學者通過實驗證明公司規模與審計報告時滯呈負相關關係。Davis (1980) 分析了影響澳大利亞上市公司的信息披露及時性的因素，發現公司規模是影響其年度報告及時性的一個因素。相對於規模中等的上市公司而言，規模小和規模大的上市公司披露其年報的及時性更高。Henderson & Kaplan (2000) 以銀行業為例分析影響其審計報告時滯的因素，並應用多種實驗方法進行驗證比較，發現金融行業審計報告時滯的長短與公司規模有關。Bushman (2001) 認為，大公司的財務資料的程序化操作比較規範，內部控制系統更加完善，因此報告的完成以及審計過程可能會較快，披露困難也比較小。而相比而言，規模較小的公司則會因為審計過程較慢或審計風險較大，在披露年度報告的基礎性數據時也會比較慎重，由此可能比大公司需要花費的時間更長。鐘怡 (2009) 選取上市公司 2005—2007 年間的年報披露數據為研究樣本，採用主成分分析法和多元迴歸的方法來研究各個變量對年度報告及時性的影響。結果顯示，公司規模對上市公司的審計報告及時性有顯著性的影響。傅昌鑾、陳高才 (2011) 以滬深兩市 A 股和中小板 1999—2009 年 12,391 份年度報告作為研究樣本，檢驗了公司

規模對審計報告時滯的影響。研究發現，被審計單位越大，年報披露越晚。而蔣義宏、陳高才（2007）以滬市 1999—2003 年上市公司的 2,527 份年度報告為樣本，檢驗公司規模對財務報告披露及時性的影響。研究發現，公司規模並不影響年報披露的及時性。

2. 公司績效

部分學者認為，中國年報的披露規則呈現「好消息早、壞消息晚」的局面。當企業財務狀況較好時，上市公司為吸引投資者，樹立良好的公司形象，都傾向於及時披露對公司有正面影響的好信息，而當公司業績下滑或者是出現預虧事項時，則選擇盡量拖延報告時間甚至隱瞞不報。潘琰、辛清泉（2004）通過調查中國機構投資者對上市公司年報的使用狀況，發現中國上市公司管理層傾向於及早披露好消息、較晚披露壞消息。程小可、王化成、劉雪輝（2004）和伍利娜、黃慧馨、吳學孔（2004）也認為中國上市公司存在提早披露好消息、推遲壞消息的披露這一規律。陳漢文等（2004）以 2000—2002 年上市公司年報數據為研究主體，實證檢驗了公司業績與會計信息披露及時性之間的相關關係，發現盈余報告及時性與盈余消息間的「好消息早，壞消息晚」的披露規律依然存在。由此，學者們推斷，當公司業績不佳時，年報披露的時間可能會延遲。王建玲、張天西（2005）基於會計信息質量理論，建立了用於分析年度報告及時性的理論框架——適量時滯與余量時滯，並對 1993—2002 年 10 年間中國上市公司所披露的年度報告數據進行了經驗檢驗。研究結果顯示，公司盈利狀況和發行股票類型是影響審計報告時滯的重要因素。朱曉婷等（2006）選取 2002—2004 年上市公司數據為研究對象，同樣證實了公司業績與信息及時性之間的關係。C. Mitchell Conover et al.（2008）研究了共 22 個國家 11 年多的年報數據，其中重點對報告時滯與資本市場的監督程度和公司業績之間的相關關係進行了研究。研究發現，在英美法系國家，公司業績佳和報告時滯呈顯著負相關關係，即業績差的上市公司年報披露的及時性比業績好的差。鐘怡（2009）選取上市公司 2005—2007 年間的年報披露數據為研究樣本，採用主成分分析法和多元迴歸的方法來研究各個變量對年度報告及時性的影響。結果顯示，每股收益、股權結構、未預期盈余對上市公司的審計報告及時性有顯著性的影響。楊揚等（2011）以滬深兩市上市公司 2001—2009 年 10,687 份年報為研究樣本。研究發現，進行盈余管理的上市公司比未進行盈余管理的公司晚披露 7 天。

3. 審計技術

Bamber（1993）認為，結構化的審計方法對審計報告時滯有重要影響。Henderson & Kaplan（2000）以銀行業為例分析影響其審計報告時滯的因素，並應用多種實驗方法進行驗證比較，得出金融行業審計報告時滯的長短與審計技術等因素顯著相關。韓曉梅、郭威（2011）以 2002—2009 年上市公司年報審計的審計工時為樣本，研究審計技術與審計報告時滯之間的關係。結果發現，現代風險導向審計提高了會計師事務所的審計效率。在實施風險導向審計后，標準審計工時（審計耗費總工時與總資產的比值）呈逐年下降的趨勢。楊明增（2014）以中國滬深兩市 A 股上市公司 2003—2011 年的年報數據為樣本，檢驗了中國 2007 年現代風險導向審計模式的實施以及審計客戶經營風險的高低對審計報告時滯長短的影響。研究發現：自 2003 年以來，中國審計報告時滯總體上呈現不斷增長趨勢；2007 年以后，現代風險導向審計模式的實施顯著延長了審計報告時滯，即審計客戶經營風險越高，審計報告時滯越長。

4. 審計師變更

伍麗娜、束曉暉（2006）以 2004 年滬深兩市 104 家更換審計師的上市公司為研究樣本，檢驗了上市公司更換審計師的時機選擇對財務報告的及時性和審計質量的影響。研究發現，相對於較早更換審計師的上市公司，較晚更換審計師的上市公司的財務報告的及時性較好，其審計質量較高。產生這一結果的原因主要有：第一，較晚更換審計師將會向后任審計師傳遞出不利審計的信號，因此后任審計師為了降低風險，將會投入更多的時間，實施更多的審計程序，從而財務報告披露越不及時；第二，較晚更換審計師存在審計意見購買的嫌疑，不利於審計質量的保證。

二、審計報告時滯與審計意見

眾多學者認為，審計意見類型對上市公司年報披露的及時性有重要影響。在國外，Whittred GP（1980）運用非參數方法研究了審計意見類型與公司年報披露時間的關係，發現被出具非清潔審計意見的公司比被出具清潔審計意見的公司更晚披露年報，而且審計意見程度越嚴重，年報披露時間越晚。Elliott（1982）以美國上市公司年度報告為例對其及時性進行研究。結果表明年報的及時性與審計意見類型之間具有顯著的關聯性。Ashton RH & Willingham JJ（1987），Ashton RH（1989）運用多元迴歸模型研究了影響年報披露時間的各個因素。他們發現被出具非清潔審計意見的

公司年報披露時間更晚。Bamber EM（1993），Kinney WR（1993）的研究也得出了類似的結論。Siti Norwahida Shukeri（2010）以馬來西亞上市公司為對象，研究探討了馬來西亞年度審計報告披露時間的影響因素。研究結果表明，審計意見與公司績效是審計報告時滯的重要因素。

在國內，王立彥等（2003）以滬深兩市 1998—2000 年的上市公司為樣本，考察了中國審計報告時滯的影響因素。研究發現非標準審計意見會明顯延長審計報告時滯。王建玲（2004）以 1999—2002 年深滬兩個交易所的 A 股上市公司為樣本，運用相關性分析和非參數方法進行研究。結果發現審計意見與年報時滯之間存在顯著的相關性，而且審計意見越嚴重，年報披露就越不及時。李維安等（2004）以滬深兩市 2000—2003 年公布的 4,238 份年度報告作為樣本，檢驗非標準審計意見與年報披露及時性的關係，最后研究發現，被出具非標準審計意見的公司較獲得標準審計意見的公司年度報告時滯長。巫升柱等（2006）以滬深兩市 A 股上市公司 1993—2003 年公布的 8,294 份年度報告作為樣本，檢驗了審計意見類型對年度報告的影響。研究發現，標準無保留意見公司也較非標準無保留意見的公司更及時地披露年度報告。蔣義宏、陳高才（2007）以滬市 1999—2003 年上市公司的 2,527 份年度報告為樣本，檢驗審計意見類型對財務報告披露及時性的影響。研究發現，獲得標準審計意見時，公司年報披露越及時。謝仍明等（2007）在對公司年報披露時間與審計報告簽署時間進行比較后發現，審計意見越嚴重，年報的及時性越差。田利軍（2007）從審計意見的形成過程研究了年報披露遲滯時間與非標準意見的關係，發現被出具非清潔審計報告的公司比被出具清潔審計報告的公司年報披露更加不及時。余怒濤、沈中華、黃登仕（2008）的研究也顯示，年報被出具非標準審計意見的公司，會更晚披露財務報告。鐘怡（2009）選取上市公司 2005—2007 年間的年報披露數據為研究樣本，採用主成分分析法和多元迴歸的方法來研究各個變量對年度報告及時性的影響。結果顯示，審計意見對上市公司的審計報告及時性有顯著性的影響。杜興強、雷宇（2009）採用 Mann-Whitney U 檢驗來判斷審計意見與審計報告披露時間的關係。結果顯示：對於被出具標準無保留意見的公司，其年報披露時間要顯著地遲於被出具帶強調事項段無保留意見的公司；對於被出具帶強調事項段無保留意見的公司，其年報披露時間又顯著地遲於被出具保留意見的公司。王懷棟（2009）以 2004—2007 年中國上市公司數據為對象，驗證了非標準意見與年報披露遲滯的顯著正相關關係，即被出具非標準意見的上市公

司年報披露存在顯著的時間遲滯。傅昌鑾、陳高才（2011）以滬深兩市 A 股和中小板 1999—2009 年 12,391 份年度報告作為研究樣本，檢驗了審計意見類型對審計報告時滯的影響。研究發現，被審計單位獲得標準審計意見都將使其及早披露年度報告。楊揚等（2011）以滬深兩市上市公司 2001—2009 年 10,687 份年報為研究樣本。研究發現，獲得標準無保留意見的上市公司比被出具其他類型審計意見的上市公司提早 11 天披露年報。陳高才（2012）以滬深非金融類上市公司 1999—2009 年披露的 12,831 份審計報告作為研究樣本，檢驗了非標準審計意見對審計報告時滯的影響。研究發現，非標準審計意見的時滯顯著更長。

三、研究設計

（一）研究假設

審計意見會對投資者的決策行為產生重要影響。在上市公司的年報中，絕大部分都是被出具標準無保留意見的。那麼對於投資者而言，被出具非標準審計意見的上市公司可能意味其年報沒有真實、公允地反應上市公司的財務狀況和經營成果。這通常被認為是一個較嚴重的「壞」消息。因此，上市公司有很強的動機通過粉飾、造假、與事務所進行談判盡量可能避免非標準審計意見的簽發，從而延遲了非標準審計意見的披露。同時，儘管公司法規定了上市公司年度報告披露的時間範圍，但是公司年度會計信息何時接受審計、何時向外披露，都是由公司而不是審計師決定的。高質量的公司急於及早披露信息，可能會提早接受審計，而由於其高質量，審計過程的阻力相對較小，審計時間較短，而且由於真金不怕火煉，審計意見更可能是標準的；相反，低質量的公司可能遮遮掩掩，不願及早接受審計，審計過程阻力較大，審計時間長，而且由於其更有可能粉飾報告而導致被出具非標準審計意見的可能性較大。再者，出具非標準審計意見，從審計技術和程序上來看，一般需要實施更多的審計程序，獲取更多的證據。這就使審計時間相對較長，而且出具非標準審計意見會導致審計師與公司管理層之間就意見分歧不斷進行溝通和交流，延緩了審計工作進程，因此對於被出具非清潔審計意見的公司，其年報披露相對較晚。基於上述分析，提出假設 1。

假設 1：獲得非標準審計意見的公司比獲得標準無保留審計意見的公司年報披露更加不及時。

(二) 迴歸模型

為了檢驗上述假設，建立的迴歸模型如下：

$AUDOP = \beta_0 + \beta_1 DATE + \beta_2 ROA + \beta_3 ALR + \beta_4 TAT + \beta_5 LNSIZE + \beta_6 LNCPA + \varepsilon$

模型中各變量定義如表 5-1 所示。

表 5-1　　　　　　　　　　變量定義表

變量名	變量定義
AUDOP	審計意見，當審計意見為非標準審計意見時取 1，否則為 0
DATE	審計報告時滯，以審計報告日與資產負債表日之間的日歷天數計量
ROA	資產收益率
ALR	資產負債率
TAT	總資產週轉率
LNSIZE	公司規模，以資產總額的對數計量
LNCPA	會計師事務所註冊會計師數量的對數

(三) 數據來源

為了對研究假設進行檢驗，本書選用 2002—2012 年深滬上市公司的數據。剔除缺失數據和金融行業公司後，得到 11,811 個樣本。為消除極端值的影響，本書對迴歸中使用到的連續變量按 1% 進行了 Winsorize 縮尾處理。樣本數據來自於 CSMAR 數據庫。本書使用 Stata 12.0 對數據進行處理。

四、數據分析與結果

(一) 描述性統計

表 5-2 報告了樣本的年度行業分佈情況。從表 5-2 可以看出，樣本在年度、各行業的分佈基本合理。

表 5-2　　　　　　　　　　樣本分佈表

行業	2002年	2003年	2004年	2005年	2006年	2007年	2008年	2009年	2010年	2011年	2012年	合計
A	17	21	24	24	24	23	25	24	25	25	26	258
B	24	30	34	32	34	35	38	38	39	40	40	384
C	478	534	570	551	570	564	569	561	582	595	620	6,194
D	51	54	58	58	60	57	59	60	62	59	63	641
E	12	18	22	21	22	19	20	22	22	23	25	226

表5-2(續)

行業	2002年	2003年	2004年	2005年	2006年	2007年	2008年	2009年	2010年	2011年	2012年	合計
F	34	38	41	38	43	44	44	43	46	48	49	468
G	41	48	52	52	50	50	46	49	52	53	54	547
H	83	83	85	85	86	88	87	86	92	92	96	963
J	98	101	100	95	95	97	96	103	107	106	109	1,107
K	32	30	32	30	35	33	31	33	33	34	39	362
L	14	15	16	15	15	14	14	15	16	19	23	176
M	44	44	44	42	43	42	44	43	45	47	47	485
合計	928	1,016	1,078	1,043	1,077	1,066	1,073	1,077	1,121	1,141	1,191	11,811

表5-3報告了變量的描述性統計。從表5-3可以看出，審計師出具標準審計意見的比例較大，非標準審計意見的平均比例約為5.99%。審計報告時滯的最大值為119，最小值為8。公司資產收益率的均值為3.33%。樣本的資產負債率均值為49.61%。總資產週轉率的均值為0.681。

表5-3 變量描述性統計

變量	N	均值	標準差	最小值	最大值
AUDOP	11,811	0.059,86	0.237,236	0	1
DATE	11,811	85.194,48	23.763,93	8	119
ROA	11,811	0.033,259	0.060,452	-0.234,58	0.194,535
ALR	11,811	0.496,076	0.187,241	0.076,37	0.901,108
TAT	11,811	0.681,542	0.508,665	0.043,881	2.746,83
LNSIZE	11,811	21.457,28	1.094,172	19.124,3	24.507,8
LNCPA	11,811	6.383,808	0.777,346	4.574,711	7.266,129

表5-4報告了變量的相關係數。從表5-4可以看出，各變量之間存在顯著的相關關係，變量之間的系數均小於0.6，不存在多重共線性。

表5-4 相關係數表

	AUDOP	DATE	ROA	ALR	TAT	LNSIZE	LNCPA
AUDOP	1						
DATE	0.147[***]	1					

表5-4(續)

	AUDOP	DATE	ROA	ALR	TAT	LNSIZE	LNCPA
ROA	−0.121***	−0.088***	1				
ALR	0.065***	0.020**	−0.363***	1			
TAT	−0.080***	−0.030***	0.236***	0.120***	1		
LNSIZE	−0.106***	−0.009,00	0.207***	0.272***	0.161***	1	
LNCPA	−0.003,00	−0.020**	0.069***	0	0.008,00	0.093***	1

註：*、**、*** 分別表示在 10%、5% 和 1% 水平上顯著相關。

(二) 迴歸結果分析

表 5-5 報告了單變量迴歸結果。從表 5-5 結果可以看出，DATE 與 AUDOP 的迴歸系數為正，且在 1% 水平上顯著。這說明企業披露年報的時間越晚，被出具非標準審計意見的可能性更大，支持了假設 1。

表 5-5　　　　　　　　　　　迴歸結果

	AUDOP
DATE	0.032,4***
	(14.32)
ROA	−1.524**
	(−2.25)
ALR	1.731***
	(7.07)
TAT	−0.622***
	(−5.41)
LNSIZE	−0.425***
	(−9.57)
LNCPA	0.088,1*
	(1.68)
_cons	2.385**
	(2.38)
N	11,811
LRchi2 (5)	605.74
Prob>chi2	0.000,0
PseudoR2	0.113,2
Loglikelihood	−2,373.271,7

註：*、**、*** 分別表示在 10%、5% 和 1% 水平上顯著相關。

五、研究結論

通過對 2002—2012 年的數據分析得到如下結論：企業披露年度報告的時間與其審計意見顯著相關，越早披露年度報告，被出具標準無保留審計意見的可能性越大，而披露年報的時間越晚，被出具非標準審計意見的可能性越大。

第二節 基於財務指標的審計意見預測

一、研究背景

早在 20 世紀，國外一些研究者就開始利用上市公司的指標建立審計意見預測模型並將其作為註冊會計師出具審計意見的輔助工具，並取得一定的研究成果。中國在此領域的研究起步較晚，相關成果比較少。從中國會計師行業發展和審計質量現狀來看，構建中國上市公司審計意見預測模型，能夠在以下幾個方面起到應有的作用：首先，由於審計判斷過程的不可重複，對審計決策做出符合實際的檢驗就異常困難，通過研究審計報告並建立審計意見預測模型可以推測，在特定的審計環境下，一個「標準」的審計師出具某種審計意見的可能性，並以此作為審計質量的衡量基準。這對事后審計責任的認定具有重要意義。其次，當投資者產生投資損失而對審計意見產生疑慮時，可將審計預測模型作為對審計意見準確性判斷的一項依據，進而決定是否應提出賠償訴求以提高在仲裁或訴訟中勝出的可能性。再次，監管者可以利用預測模型對審計師出具的審計意見進行監督，分析評價註冊會計師的審計質量。最后，審計師可以將審計意見預測模型作為審計意見決策的輔助工具，並且當會計師或會計師事務所因被審計單位經營困難或經營失敗面臨外部信息使用者起訴時，可利用本結論為自己辯護。因此，通過某種適當方式對上市公司審計意見類型進行預測具有較強的理論意義和現實意義。

二、文獻綜述

如果對審計意見的預測具有信息含量，那麼這將對審計師在出具審計

意見時起輔助的判斷作用，也能為投資者和監管者的決策提供有益的幫助。早期審計意見預測模型較多地從公司財務特徵上揭示兩者之間的關係，而近期的許多研究則將影響因素擴大到公司的非財務特徵。

關於財務指標對審計意見的影響的研究，國外起步很早。Mutchler JF（1985）研究了公司的財務指標對持續經營疑慮的保留意見的影響，通過預測模型檢驗了現金流量/總負債、流動資產/流動負債、權益/總負債、長期負債/總資產、資產負債率、息稅前利潤/淨銷售額和淨資產收益率的變化量等財務指標與持續經營疑慮保留意見之間的關係，預測正確率達到89.9%。Dopuch N（1987）根據公開的財務數據變量和股票市場業績數據變量建立了預測審計意見的概率單位模型。檢驗結果發現，不同類型的非標準審計意見的預測準確性不同。持續經營問題審計意見預測準確性最高，訴訟問題預測準確性最低，資產實現問題預測準確性居中。Bell TB（1991）研究了財務報表數據對不確定性保留意見的影響，通過規模、成長性和回報波動性等指標建立審計意見預測模型。根據模型對樣本企業審計意見類型進行預測，發現108家首次得到非標準審計意見的企業得到相同意見的平均概率是83%。Kleinman G（1999）研究了反應管理層能力的非財務指標對審計師出具持續經營疑慮的保留意見的影響，在模型中加入非財務指標或當模型只包含非財務指標時，預測正確率上升到80%～90%。Spathis C（2003）以希臘企業為對象，研究使用客戶業績指標來預測非標準審計意見。研究表明，客戶訴訟、財務困境和8個財務指標具有解釋力，其模型判斷正確率為80%。

在國內，朱小平、余謙（2003）通過建立Logit模型，將能反應上市公司財務狀況和經營業績的財務指標作為自變量，將其是否收到過標準的無保留意見的審計報告這一指標作為因變量，對二者之間的關係進行實證研究，考察兩者之間的相關性，並據此建立了上市公司審計意見類型的預測模型。該模型中主要預測指標包括：淨資產收益率、企業規模、資產負債率、淨資產收益率的變化量、存貨占總資產的比例、應收項目占總資產比例的變化量、現金流量比率、速動比率和年齡。通過分組檢驗，清潔意見組預測的正確率達到76.47%，非清潔組預測的正確率達到87.50%，整體預測樣本的正確率達到81.03%。張曉嵐等（2007）採用多分類Logistic迴歸模型，以131家上市公司為樣本，對影響持續經營審計意見類型的因素進行了分析，提出了一個三分類Logistic迴歸模型。經檢驗，該模型對持續經營審計意見類型的預測準確率為83.2%。余敏（2008）等建立了包

括訴訟事項、財務困境、虧損狀況、存貨、應收帳款以及營運資金等指標在內的 Probit 審計意見預測模型。通過利用 2004—2006 年滬深兩市上市公司的年報數據的檢驗，發現模型的預測精度分別為 68%（標準無保留意見）和 61%（非標準無保留意見）。孫曉、鄭石橋（2008）採用 Logistic 迴歸分析法，將財務數據及上市公司的法律訴訟作為可能影響非標準審計意見的因素進行分析，建立審計意見的預測模型。經檢驗，模型的總體平均準確率超過 80%。白憲生、高月娥（2009）根據財務指標與非標準審計意見之間的關係，建立了以資產負債率、現金流量比率、盈利與否和上市時間為指標的審計意見類型預測模型，並且利用 2006 年 121 家公司的財務指標對預測模型分別進行了預測檢驗，發現預測模型對標準意見公司的預測正確率為 87%，對非標準意見公司的預測正確率為 73%，平均的預測正確率達到 80%。王旭、孔玉生（2012）選取了 2007—2010 年上市公司中被出具持續經營不確定性審計意見的公司為樣本，按持續經營能力嚴重程度，分階段利用 BP 神經網路建立預測持續經營能力審計意見模型。王宗萍、王強（2013）以 2009—2011 年連續三年發生財務困境和連續三年財務健康的 A 股上市公司為對象，分析持續經營不確定性審計意見對公司財務困境的預測效用。結果表明：會計師事務所出具的持續經營不確定性審計意見對公司的財務困境具有預測效用；距離公司發生財務困境越近的持續經營不確定性審計意見的預測能力越強；聲譽好的事務所出具的持續經營不確定性審計意見對公司財務困境的預測能力更強。王燕（2014）以 2013 年被出具非標準無保留審計意見的 82 家 A 股上市公司為樣本，採用二元 Logistic 迴歸模型，對影響持續經營審計意見的因素進行了分析，建立了包括流動比率、資產負債率、上年審計意見及總資產規模在內的預測模型。

三、審計意見預測模型的建立

在第二、三、四章中，我們研究了影響審計意見的內外部因素。由於各因素之間的關係可能會改變其對審計意見的影響程度，因此為了準確反應各因素對審計意見的影響，我們首先將這些主要因素作為備選自變量，然后運用逐步剔除法從中篩選出對審計意見有顯著影響的指標作為最終自變量。根據前文的研究結果選出的備選自變量一共 20 個，如表 5-6 所示。

表 5-6　　　　　　　審計意見預測模型備選變量表

變量名	變更定義	變量名	變更定義
DA	盈余管理	JIAME	監事會會議次數
RESTA	財務重述	COMB	董事長與總經理兩職合一
ROA	淨資產收益率	NEGSZ	股權制衡度
ALR	資產負債率	SALA	董事薪酬的對數
TAT	總資產週轉率	LNBDHL	董事會持股數量的對數
LNSIZE	公司規模	VITY	違規
Z	財務困境 Z 指數	FIRMFEE	事務所規模
BOARD	董事會人數	CHANG	會計師事務所變更
INDE	董事會獨立性	LNFEE	審計費用
BOAME	董事會會議	CPA	註冊會計師人數

為了篩選出對審計意見有顯著影響的指標，本書選用 2009—2012 年深滬上市公司的數據。剔除缺失數據和金融行業公司后，得到 4,184 個樣本。然后本書採用逐步剔除法進行迴歸。迴歸結果如表 5-7 所示。

表 5-7　　　　　　　　　迴歸結果

	AUDOP
ROA	−6.523***
	(−7.63)
TAT	−0.408*
	(−2.38)
ALR	2.653***
	(6.38)
LNSIZE	−0.686***
	(−8.38)
VITY	0.473*
	(2.42)
Z	0.038,7**
	(2.88)
CHANG	0.567**
	(2.80)

表5-7(續)

	AUDOP
LNFEE	0.352*
	(2.34)
_cons	5.696**
	(2.84)
N	4,162
LR chi2 (8)	376.92
Prob > chi2	0.000,0
Pseudo R2	0.194,3
Log likelihood	−781.532,7

註:*,**,*** 分別表示在 10%、5% 和 1% 水平上顯著相關。

在文獻中有關審計意見類型的預測模型主要有三種：Probit 模型、多元區別分析模型和 Logistic 模型。其中較多採用的是 Logistic 模型。有關文獻認為，在因變量為兩個時，Logistic 模型比 Probit 模型和多元區別分析模型要好，因此這裡選擇 Logistic 模型。根據表 5-7，以非標準審計意見類型作為因變量，對 2009—2012 年樣本進行 Logistic 迴歸分析，最終迭代得到的判別函數為：

$$P(Y=)1 = \frac{1}{[1+e^{-(5.696-6.523ROA-0.48TAT+2.653ALR-0.686LNSIZE+0.473VITY+0.039.7Z+0.567CHANG+0.352LNFEE)}]}$$

參考文獻

[1] 陳漢文，鄧順永. 盈余報告及時性：來自中國股票市場的經驗證據 [J]. 當代財經，2004 (4)：103-108.

[2] 楊明增，史君，張家從. 審計模式、客戶經營風險與審計報告時滯效應研究——基於 2003—2011 年滬深兩市的經驗證據 [J]. 經濟與管理評論，2014 (6)：54-62.

[3] WHITTRED GP. Audit qualification and the timeliness of corporate annual reports [J]. Accounting Review, 1980: 563-577.

[4] ASHTON RH, WILLINGHAM JJ, ELLIOTT RK. An empirical analysis of audit delay [J]. Journal of Accounting Research, 1987: 275-292.

[5] ASHTON RH, GRAUL PR, NEWTON JD. Audit delay and the timeliness of corporate reporting [J]. Contemporary Accounting Research, 1989, 5 (2): 657-673.

[6] BAMBER EM, BAMBER LS, SCHODERBEK MP. Audit structure and other determinants of audit report lag-an empirical-analysis [J]. Auditing: a Journal of Practice & Theory, 1993, 12 (1): 1-23.

[7] KINNEY WR, MCDANIEL LS. Audit delay for firms correcting quarterly earnings [Z]. Sarasota: American Accounting Association, 1993: 135-142.

[8] 王建玲. 上市公司年度報告及時性與審計意見 [J]. 預測, 2004 (4): 78-80.

[9] 李維安, 王新漢, 王威. 盈余管理與審計意見關係的實證研究——基於非經營性收益的分析 [J]. 財經研究, 2004 (11): 126-135.

[10] 謝仍明, 唐躍軍, 邵燕敏. 預約披露, 信號顯示與審計意見 [J]. 審計與經濟研究, 2007, 21 (6): 32-36.

[11] 田利軍. 審計意見影響因素實證分析 [J]. 中南財經政法大學學報, 2007 (6): 116-122, 144.

[12] 杜興強, 雷宇. 上市公司年報披露的及時性: 公司業績與審計意見的影響 [J]. 財貿研究, 2009 (1): 133-139.

[13] 王懷棟. 上市公司非標準審計意見影響因素實證分析 [J]. 會計之友: 中旬刊, 2009 (4): 53-55.

[14] 楊揚, 馬元駒, 朱小平. 審計意見、盈余管理與中國上市公司年報披露及時性 [J]. 中國註冊會計師, 2011 (7): 66-70.

[15] MUTCHLER JF. A multivariate analysis of the auditor's going-concern opinion decision [J]. Journal of Accounting Research, 1985: 668-682.

[16] DOPUCH N, HOLTHAUSEN RW, LEFTWICH RW. Predicting audit qualifications with financial and market variables [J]. Accounting Review, 1987: 431-454.

[17] BELL TB, TABOR RH. Empirical analysis of audit uncertainty qualifications [J]. Journal of Accounting Research, 1991: 350-370.

[18] KLEINMAN G, ANANDARAJAN A. The usefulness of off-balance sheet variables as predictors of auditors' going concern opinions: an empirical analysis [J]. Managerial Auditing Journal, 1999, 14 (6): 273-285.

[19] SPATHIS C, DOUMPOS M, ZOPOUNIDIS C. Using client performance measures to identify pre-engagement factors associated with qualified audit reports in greece [J]. The International Journal of Accounting, 2003, 38 (3): 267-284.

[20] 朱小平, 余謙. 上市公司的財務指標與審計意見類型相關性的實證分析 [J]. 中國會計評論, 2003 (00): 29-48.

[21] 張曉嵐, 張文杰, 魯曉嵐. 持續經營能力重大不確定性下審計意見的預測研究 [J]. 統計與決策, 2007 (8): 96-98.

[22] 余敏, 吳應宇, 毛俊. 上市公司審計意見類型預測模型 [J]. 統計與決策, 2008 (4): 133-135.

[23] 孫曉, 鄭石橋. 非標準審計意見預測研究——來自製造業上市公司數據 [J]. 財會通訊: 學術版, 2008 (6): 74-77.

[24] 白憲生, 高月娥. 關於上市公司財務指標對非標準審計意見影響的研究 [J]. 工業技術經濟, 2009 (6): 145-150.

[25] 王旭, 孔玉生. 基於 BP 神經網路模型的持續經營不確定性審計意見預測 [J]. 財會月刊, 2012 (36): 62-64.

[26] 王宗萍, 王強. 持續經營不確定性審計意見對財務困境的預測效用——來自中國 A 股上市公司 2007—2011 年的經驗數據 [J]. 西部論壇, 2013 (2): 58-65.

[27] 王燕. 持續經營審計意見的預測研究 [J]. 商, 2014 (13): 85, 96.

第六章
審計意見的經濟后果

第一節 審計意見對高管的影響

一、審計意見與市場傳導效應

信息含量是指探討某一信息集的公開披露能否會對信息使用者的決策產生重大影響。如果信息使用者會因為這一信息的取得而更加堅定其最初的選擇，或者完全改變其初始決策，那麼該信息具有信息含量（或信息價值）。陳涓（2013）認為，國內外學者有關審計意見信息含量的研究文獻並沒有形成一致的結論。

審計意見對資本市場的影響一直為研究人員所重視，尤其是對非標準無保留審計意見的市場反應和信息含量的實證研究不斷增加。這是因為審計意見可被視為內生因素，具有信息含量。在強制財務審計環境下，審計意見是上市公司管理當局的報告選擇行為與證券市場反應的決定因素之一。對不可避意見的市場反應為負這一結論可以得到普遍認同，但對可避意見，市場反應則未必總是負面的。尤其是信號理論認為，在假設管理當局為理性而精明的前提下，只要發現接受非標準意見比調整報告更為有利，審計師就會做出拒絕調整對外財務報告的決策。李學東、高學敏（2008）認為，當投資者意識到管理當局將可能有利的內幕信息傳遞給市場的信號行為時，就無法立即清晰地判斷市場對可避意見的反應。

（一）審計意見與市場傳導效應相關

從國外已有經驗研究的結論來看，絕大部分的研究結論都支持非標準審計意見具有信息含量的觀點。Firth（1978）發現持續經營和資產計價保留意見可以向投資者傳遞負面信息，且不同事項導致的保留意見信息含量有顯著差異。Ashton et al.（1987）的研究顯示，市場對非標準意見表現出微弱的負反應。Dopuch et al.（1987）的研究則顯示，市場對媒體披露的ST 公司非標準意見表現出強烈的負反應，即 ST 保留意見具有信息含量。Melumad & Amir（1997）運用 M-Z 模型研究市場對被出具非標準審計報告的上市公司的反應，得出上市公司出具的非標準審計意見報告對市場有顯著性影響。單鑫（1999）專門對 1997 年年報保留審計意見的市場反應進行研究發現，股票市場具有明顯的負面反應，且效應是在至公告日為止的 6 個交易日內緩慢滲透到市場上的。Chen Su & Zhao（2000）以上海證券交

易所 1995—1997 年的上市公司為樣本，在控制了重大不利事件後發現，首次出具的非標準審計意見會帶來顯著的負面市場回報。陳龍春、郭志勇（2008）通過運用多元迴歸法和事件研究法等方法研究發現，市場對上市公司被出具非標準審計意見報告具有顯著的市場反應。張天西、黃秋敏（2009）對中國出具持續經營不確定性審計報告的上市公司在 2003—2007 年的市場反應進行了實證研究。結果發現，市場對上市公司被出具持續經營不確定性審計報告會做出一定的市場反應。Menon et al.（2010）研究發現，投資者對被出具持續性非標準審計意見報告的上市公司給予較大的負面反應。

（二）審計意見與市場傳導效應不相關

Baskin（1972）最早採用超額收益法檢驗審計意見的信息含量。研究發現，保留意見對股價並無顯著影響。隨后，Banks & Kinney（1982）也發現因或有損失而被出具保留意見的公司與被出具無保留意見的公司累積異常回報率並不存在顯著的差異。審計意見和財務報告通常是同時發布的，為了有效控制財務報告信息的干擾，Frost（1991）分別以披露了或有損失事項的公司為研究樣本，以未披露或有損失事項且收到無保留意見的公司作為控制樣本，在控制了財務報表附註信息的干擾後，未發現 ST 保留意見具有信息含量。陳曉、王鑫（2001）研究了中國股票市場對 1998 年年報保留審計意見的反應。與以前的研究發現不同，他們的研究結果顯示，市場對 1998 年年報保留審計意見沒有明顯的負反應，即中國資本市場對保留審計意見公告的反應尚不具一致性。王躍堂、陳世敏（2001）以改制前後 A 股公司為樣本，發現改制後的非標準審計意見比例顯著上升，但並無證據顯示非標準審計意見的市場反應更顯著。

二、審計意見與高管變更

（一）高管變更概述

1. 高層管理者及其變更

在國外公司財務和戰略管理研究相關文獻中，高層管理者（簡稱「高管」）通常是指 CEO。但在中國，CEO 並不是一個法定的概念，與之相對應的可能是董事長或總經理。楊繼東（2008）認為，董事長對公司的決策會產生重大影響，而總經理往往只負責公司的日常營運，因此應該把董事長視為一個企業管理團隊中的最高決策者。方軍雄（2012）也認為與總經理相比，董事長具有更大的權力，因此將董事長視為公司高層管理者。而張俊生和曾亞敏（2005）、Wang（2010）、劉星等（2012）則認為總經理

在中國是一個法定存在的概念，掌握著公司實際營運決策權，應該對公司業績負主要責任，因此應將總經理視為公司的高層管理者。在本書中，董事長以及總經理均被界定為高層管理者。

高管變更一般可以區分為常規變更和非常規變更。常規變更是指由企業的高管人員達到了退休的年齡或者其他自身不可控的因素所造成的高管變更行為。在這種情況下，高管的離職與自身的行為或者所做的決策無關。常規變更主要表現為退休、任職期滿、個人健康原因等。非常規變更是指高管由於自身的行為或者決策不符合企業預期的行為，而被委託人替換掉。非常規變更包括工作的調動、解聘、控股權變動、辭職以及涉案等。

2. 高管變更影響因素

高管變更可能受公司業績、管理者特徵、內部治理機制和外部治理機制等方面因素的影響。

在公司業績方面，高管由於業績低劣而被解聘是公司治理機制有效最顯著的標志。Coughlan & Schmidt（1985）研究發現，股票價格與 CEO 變更的概率顯著負相關，Weisbach（1988）也發現，CEO 離職前的 1~3 年中公司資產回報率顯著低於同行業資產回報率的均值。龔玉池（2001）發現高管變更與經過行業調整的資產收益率顯著負相關。Fan et al.（2007）以中國 1998—2003 年上市公司為研究對象，研究發現公司業績與高管變更顯著負相關。蔣榮、劉星（2008）以中國上市公司總經理非常規變更為研究視角，實證分析了總經理變更和公司業績兩者之間的關係。結果發現，公司總經理發生變更的概率和公司業績之間呈現負相關的關係。Chang et al.（2009）對上市公司的高管變更和其業績之間的關係進行了實證研究。結果發現，當公司發生財務虧損時，高管發生替換前的業績和公司總經理的變更之間呈現顯著的負相關關係。過新偉、胡曉（2012）以 1998—2010 年滬深 A 股的 ST 上市公司為樣本，從企業 ST 摘帽的視角分析 ST 公司在財務困境期間非正常更換 CEO 對擺脫財務困境的影響。研究結論表明，CEO 更換對 ST 公司困境恢復具有顯著的正面影響。這顯示出非正常 CEO 變更對 ST 公司摘帽有積極作用。

在董事會特徵方面，董事會作為最重要的內部治理機制，對高管變更有重要的影響。現有研究大多從董事會的規模、構成、會議次數等方面考察其對高管變更的影響。在董事會規模方面，多數研究認為規模較小的董事會更有效率。Yermack（1996），Huson（2001）發現，董事會規模越小，越有可能在企業業績不良時解雇總經理，而在董事會規模比較大時，這種

可能性將會降低。在董事會構成方面，獨立董事比例越高，董事會的獨立性也越高，更有可能監督管理者，Weisbach（1988）發現獨立董事比例高的董事會比獨立董事比例低的董事會更可能解雇業績較差的 CEO。在董事會結構方面，董事長與總經理兩職合一不利於監督管理者，降低了高管變更的可能性。馬磊、辛立國（2008）對中國上市公司的高管變更和董事會特徵的關係進行了研究。實證結果表明：在兩職合一的情況下，董事會難以替換掉公司內業績較差的高管。

在股權集中度方面，適當的股權集中有利於緩解股東與管理者之間的委託代理問題，有利於提高高管變更業績的敏感性。Boeker（1992）研究發現當公司股權比較分散時，高管變更業績敏感性下降；Renneboog（2000）以比利時的上市公司為樣本，研究大股東控制對高管變更的影響，發現大股東能在一定程度上約束管理者的機會主義行為，從而使得當公司業績不良時 CEO 變更的可能性更大。沈藝峰等（2007）以 2000—2004 年滬深兩市 152 家 ST 公司為樣本，實證檢驗當公司陷入財務困境時，集中的所有權結構對高管變更的影響，發現大股東持股比例與高管變更顯著正相關。不同的大股東持股比例對高管變更行為的影響不同，即上述正相關關係僅在第一大股東持股比例較高的樣本中存在。該結論支持了 LaPorta（2000）提出的法與金融主流理論，即在投資者法律保護較弱的國家，集中的所有權結構是對投資者法律保護的有效替代。祝焰、趙紅梅（2007）的研究結果則發現公司的股權越集中，高管發生變更的概率就越低，不過兩者之間的相關性較為微弱，並不是十分顯著。

Manne（1965）認為，在控制權市場方面，控制權市場的存在可以懲戒不稱職的管理者。當公司控制權發生轉移時，往往伴隨著原有高管的離職。朱紅軍（2002）統計發現，高管人員的變更與大股東的變更密切相關，但是不同經營業績水平的公司在變更高管人員上有很大的差異。該差異具體表現為經營業績低劣的公司更容易變更高管人員，但是控股股東的變更以及高管人員的變更並沒有從根本上改變公司的經營業績，僅給企業帶來了更為嚴重的盈余管理。李增泉、楊春燕（2003）發現控制權轉移當年以及轉移后一年高管變更頻率顯著高於控制權沒有發生轉移的公司，並且與控制權轉移前的公司績效存在顯著的負相關關係。這表明中國上市公司的控制權市場總體看來具備監管作用。石水平（2009）通過研究發現，在公司的控制權發生轉移的情況下，高管變更的概率往往與公司大股東侵占中小股東利益的程度呈現顯著的正相關關係。

(二) 審計意見對高管變更的影響

審計意見是註冊會計師在實施審計工作的基礎上對上市公司年度財務報表發表的看法，為利益相關者提供了上市公司會計信息質量的合理保證。審計意見一方面反應了會計師事務所審計服務的質量，另一方面也體現了上市公司財務報表的會計信息質量。黃益雄（2012）認為，審計意見的類型是公司財務報告的一個信號。除標準無保留意見的審計意見之外，其他意見類型均隱含了公司不同程度的負面信息，可能對公司產生不利的影響。公司相關負責人應對這一不利影響承擔責任，從而可能會引起管理當局的薪酬下降或人事變更。

如果註冊會計師出具非標準審計意見，可能意味著上市公司在信息披露、經營管理、公司治理或可持續經營能力上存在問題。在非標準審計意見下，公司高管將會面臨來自各利益相關者的壓力。如果追究責任，誰將對非標準審計意見負主要責任？作為受託責任方，總經理享有公司經營管理權，並擁有更多的公司信息。如果公司的財務報告出現失真，總經理將承擔直接責任。董事長作為公司法定代表人，對會計報表的真實性、合法性負主要責任。一旦公司違法違規，披露不實信息，董事長將負主要責任。如此可知，董事長和總經理需要為非標準審計意見擔負主要責任。蔣榮等（2007）以1999—2004年間被出具非標準意見的985個上市公司作為樣本，研究高管變更與非標準審計意見之間的關係。結果表明上市公司CEO變更與非標準意見顯著正相關。郭葆春（2008）運用上市公司2003—2006年的平板數據，採用Logit模型分析首席財務官（Chief Financial Officer, CFO）變更的影響因素，發現審計意見類型與CFO變更正相關。王進朝（2011）以2002—2009年的中國上市公司高管CEO、CFO更換數據為樣本，研究CEO和CFO更換與非標準審計意見的關係，結果發現CEO和CFO更換都與第一次非標準審計意見正相關。王成方等（2012）以1999—2008年滬深兩市所有A股上市公司為樣本，研究了審計意見對高管變更的影響，並且在此基礎上進一步深入探討審計意見與高管變更之間的關係是否受到政治關聯的影響。研究結果發現，公司審計意見為非標準時，高管變更的概率更大；研究還發現，相對於沒有政治關聯的公司來說，有政治關聯的公司被出具非標準意見時高管變更的概率更低。

(三) 研究設計

1. 研究假設

由於CEO是董事會決策的執行者，對年報審計情況擁有信息優勢，因

此當公司被出具了非標準審計意見時，不能說其沒有責任。CEO 管理著整個公司的方方面面，擁有著絕對的信息優勢和權力優勢。若公司被出具了非標準審計意見，其更是責任無可推卸。因此本書提出假設 1。

假設 1：非標準審計意見與高管變更正相關。

審計師在簽發審計意見過程中，會就被審計單位存在的可能導致非標準意見的有關事項與管理層進行溝通。管理層也會盡最大的努力對這些事項進行調整。公司被出具非標準審計意見，意味著公司存在對審計意見有重要影響的不可避事項。CEO 處於公司執行權力階層的頂部，應當對這些事項負責。第一次非標準審計意見的出現說明 CEO 在公司經營、管理或溝通方面存在問題，這樣加大了 CEO 被更換的可能性。由此本書提出假設 2。

假設 2：在第一次非標準審計意見出現時，高管變更與非標準審計意見顯著正相關。

CEO 在第一次被出具非標準審計意見後，公司會在第二年力圖改變這一現狀，但如果這一年他仍然無法改變非標準審計意見的情況，那麼很有可能說明，公司當前所面臨的問題可能不僅是內部原因造成的。在這樣的情況下，董事會可能為保持公司的穩定，攻克難關，暫時不更換 CEO。由此本書提出假設 3。

假設 3：當連續第二次非標準審計意見出現后，高管變更與非標準審計意見不相關。

2. 迴歸模型

為了檢驗上述假設，建立的迴歸模型如下：

$$GGT = \alpha_0 + \alpha_1 OP + \alpha_2 ROA + \alpha_3 ALR + \alpha_4 TAT + \alpha_5 LNSIZE + \alpha_6 + NEGS + \varepsilon \quad (1)$$

$$GT = \alpha_0 + \alpha_1 OPF + \alpha_2 ROA + \alpha_3 ALR + \alpha_4 TAT + \alpha_5 LNSIZE + \alpha_6 NEGS + \varepsilon \quad (2)$$

$$GT = \alpha_0 + \alpha_1 OPL + \alpha_2 ROA + \alpha_3 ALR + \alpha_4 TAT + \alpha_5 LNSIZE + \alpha_6 NEGS + \varepsilon \quad (3)$$

模型中各變量定義如表 6-1 所示。

表 6-1　　　　　　　　　　變量定義表

變量名	變量定義
GGT	高管變更，當出現高管變更時取 1，否則為 0
OP	審計意見，當審計意見為非標準審計意見時取 1，否則為 0
OPF	當首次出現的審計意見為非標準審計意見時取 1，否則為 0
OPL	當審計意見連續為非標準審計意見時取 1，否則為 0
ROA	資產收益率

表6-1(續)

變量名	變量定義
ALR	資產負債率
TAT	總資產週轉率
LNSIZE	公司規模，以資產總額的對數計量
NEGS	公司第一大流通股股東持股比例

3. 數據來源

為了對研究假設進行檢驗，本書選用2004—2012年深滬上市公司的數據。剔除缺失數據和金融行業公司后，得到9,017個樣本。為消除極端值的影響，本書對迴歸中使用到的連續變量按1%進行了Winsorize縮尾處理。樣本數據來自於CSMAR數據庫。本書使用Stata 12.0對數據進行處理。

(四) 數據分析與結果

1. 描述性統計

表6-2報告了樣本各年度的行業分佈情況。從表6-2可以看出，樣本在年度、各行業的分佈基本合理。

表6-2　　　　　　　　樣本分佈表

行業	2004年	2005年	2006年	2007年	2008年	2009年	2010年	2011年	2012年	合計
A	21	23	23	23	23	23	24	24	3	187
B	34	37	31	31	35	40	45	45	6	304
C	580	604	590	579	569	576	582	587	97	4,764
D	55	59	59	58	58	59	59	62	9	478
E	19	20	21	19	20	23	25	24	7	178
F	47	44	43	49	52	53	51	56	16	411
G	55	56	54	53	52	51	51	53	15	440
H	85	86	86	84	84	83	86	90	17	701
J	102	99	95	94	94	96	103	102	31	816
K	33	33	34	33	32	31	34	34	5	269
L	16	16	16	13	14	14	14	16	0	119
M	45	45	45	42	40	41	40	43	9	350
合計	1,092	1,122	1,097	1,078	1,073	1,090	1,114	1,136	215	9,017

表6-3報告了變量的描述性統計。從表6-3可以看出，審計師出具標準審計意見的比例較大，非標準審計意見的平均比例僅為5.33%，首次獲得非標準審計意見的公司所占比例為2.93%，連續獲得非標準審計意見的公司所占比例為2.51%。樣本中出現高管變更的公司所占比例約為16.33%。公司資產收益率的均值為3.08%。樣本的資產負債率均值約為51.96%。總資產週轉率的均值約為0.727。

表6-3　　　　　　　　　　變量描述性統計

變量	N	均值	標準差	最小值	最大值
GGT	9,017	0.163,247	0.369,612	0	1
OP	9,017	0.053,344	0.224,73	0	1
OPF	9,017	0.029,278	0.168,594	0	1
OPL	9,017	0.025,064	0.156,328	0	1
ROA	9,017	0.030,825	0.063,856	−0.234,68	0.200,302
ALR	9,017	0.519,581	0.188,059	0.077,919	0.943,38
TAT	9,017	0.726,722	0.532,511	0.043,997	2.796,75
LNSIZE	9,017	21.698,52	1.202,457	19.187,4	25.483,4
NEGS	9,017	11.773,45	15.886,3	0.093,8	61.1

表6-4報告了變量的相關係數。OP、OPF均與非標準審計意見呈現顯著的相關關係，而OPL與OP的相關性不顯著，需要進行迴歸並進一步檢驗。其他變量與非標準審計意見的關係顯著。

表6-4　　　　　　　　　　相關係數表

	GGT	OP	OPF	OPL	ROA	TAT	LNSIZE	ALR	NEGS
GGT	1								
OP	0.042***	1							
OPF	0.046***	0.732***	1						
OPL	0.012,0	0.675***	0.027*	1					
ROA	−0.096***	−0.223***	−0.193***	−0.124***	1				
TAT	−0.033***	−0.075***	−0.064***	−0.043***	0.197***	1			
LNSIZE	−0.041***	−0.175***	−0.112***	−0.138***	0.238***	0.119***	1		
ALR	0.030***	0.123***	0.093***	0.076***	−0.335***	0.075***	0.241***	1	
NEGS	−0.020*	−0.058***	−0.058***	−0.023**	0.102***	0.054***	0.317***	0.036***	1

註：*，**，***分別表示在10%、5%和1%水平上顯著相關。

2. 迴歸結果分析

表6-5 報告了各模型的迴歸結果。在迴歸結果（1）中，OP 與 GGT 的迴歸系數為 0.185，但不顯著。這說明非標準審計意見與高管變更並不存在顯著的相關關係，即假設 1 沒有得到支持。從迴歸結果（2）可以看出，OPF 與 GGT 的迴歸系數為正，且在10%水平上顯著。這說明在第一次非標準審計意見出現時，高管變更的概率比較高，支持了假設 2。從迴歸結果（3）可以看出，OPL 與 GGT 的迴歸系數為正，但不顯著。這說明非標準審計意見的連續出現，並不會顯著提高高管變更的可能性，即假設 3 沒有得到支持。

表6-5 迴歸結果

	（1） GGT	（2） GGT	（3） GGT
OP	0.185		
	(1.53)		
OPF		0.281*	
		(1.86)	
OPL			0.025,6
			(0.14)
ROA	-3.321***	-3.308***	-3.425***
	(-6.49)	(-6.46)	(-6.73)
TAT	-0.049,1	-0.049,5	-0.053,4
	(-0.74)	(-0.75)	(-0.80)
$LNSIZE$	-0.029,6	-0.032,3	-0.035,6
	(-1.01)	(-1.10)	(-1.21)
ALR	0.060,8	0.069,4	0.089,9
	(0.33)	(0.38)	(0.50)
$NEGS$	0.002,01	0.001,97	0.002,00
	(0.80)	(0.79)	(0.80)
$\_cons$	-0.671	-0.624	-0.545
	(-1.08)	(-1.01)	(-0.88)
年度	控制	控制	控制
行業	控制	控制	控制
N	9,017	9,017	9,017

表6-5(續)

	(1) GGT	(2) GGT	(3) GGT
LR chi2 (5)	126.18	127.12	123.65
Prob > chi2	0.000,0	0.000,0	0.000,0
Pseudo R2	0.015,7	0.015,8	0.015,4
Log likelihood	-3,949.615,6	-3,949.143,5	-3,950.877,2

註：*，**，*** 分別表示在10%、5%和1%水平上顯著相關。

(五) 研究結論

通過對2004—2012年的數據分析得到如下結論：非標準審計意見與高管變更存在正的弱相關關係。當公司首次獲得非標準審計意見時，高管變更的概率比較大，但公司連續被出具非標準審計意見時，高管變更的可能性並不會提高。

三、審計意見與高管薪酬

(一) 高管薪酬概述

1. 高管薪酬的含義

從分配角度看，企業給付薪酬的目的是回報高管對公司做出貢獻的人力資本；從市場角度看，高管薪酬是企業在市場上購買人力資本的價格，是對高管的人力資本價值或者價格的具體評估。廣義的薪酬是指個體從企業所能獲得的一切「好處」，包括經濟薪酬和非經濟薪酬。經濟薪酬可以表現為直接和間接、內在和外在以及貨幣和非貨幣等形式。奧弗頓，斯托弗（2003）認為，經濟薪酬一般應包括基本工資、年度激勵、長期激勵、福利和津貼等。中國《企業會計準則第9號——職工薪酬》規定，職工薪酬是指企業為獲得職工提供的服務或解除勞動關係而給予的各種形式的報酬或補償，包括短期薪酬、離職后福利、辭退福利和其他長期職工福利。短期薪酬具體包括：職工工資、獎金、津貼和補貼，職工福利費，醫療保險費、工傷保險費和生育保險費等社會保險費，住房公積金，工會經費和職工教育經費，短期帶薪缺勤，短期利潤分享計劃，非貨幣性福利以及其他短期薪酬。其他長期職工福利，是指除短期薪酬、離職后福利、辭退福利之外所有的職工薪酬，包括長期帶薪缺勤、長期殘疾福利、長期利潤分享計劃等。非經濟性薪酬是指工作崗位能夠給予員工在心理和精神上所感受到的回報，包括舒適的工作環境、歸屬感、公平感、成就感等。

2. 高管薪酬的影響因素

高管薪酬與公司業績的關係一直是國內外研究的熱點，歸納起來有兩種不同的結論。

第一，高管薪酬與績效顯著正相關。Murphy（1985）以 1964—1981 年間美國公司高管薪酬數據為樣本，研究發現公司業績與高管薪酬存在顯著的正相關關係。Coughlan & Schmidt（1985）；Baker & Hall（1998）；Veliyath（1999）；Canarella & Gasparyan（2008）等的研究也得出了與 Murphy（1985）相類似的結論，即高管薪酬與公司業績呈顯著正相關關係。在國內，張暉明、陳志廣（2002）以 2000 年滬市上市公司為樣本，考察了高管薪酬與公司業績的關係，研究發現高管薪酬與企業淨資產收益率、主營業務利潤率顯著正相關。杜勝利等（2005）考察了影響中國上市公司 CEO 薪酬的因素，研究發現企業績效與 CEO 薪酬之間存在顯著的正相關關係。陳旭東、谷靜（2008）以滬深兩市 2005 年上市公司為樣本，研究上市公司高管薪酬與業績的關係。研究發現，高管薪酬與業績顯著正相關。吳育輝、吳世農（2010）的研究也表明，企業高管薪酬與 ROA 顯著正相關。劉紹娓、萬大豔（2013）以 2003—2010 年 A 股上市公司作為樣本，研究了在不同所有權結構的公司下高管薪酬與公司績效的關係。研究結果表明，產權結構的差異不會對高管薪酬水平與公司績效的正相關關係造成影響。

第二，高管薪酬與績效弱相關或不相關。Taussings & Baker（1925）最先對經理人薪酬與企業績效相關性進行研究，但研究結果卻與之前的假設並不相同。他們發現經營者薪酬與企業績效之間僅存在很小的相關性。Jensen & Murphy（1990）以實證的方法檢驗了公司 CEO 薪酬與公司績效之間的關係，研究發現股東財富每變動 1,000 美元，薪酬變動 3.25 美元，即 CEO 薪酬與公司業績正相關，但相關性很微弱。Aggarwal & Samwich（1999）同樣發現，高管薪酬與公司績效相關性很弱，股東財富每增加 1,000 美元，高管平均薪酬只增加 3.3 美元。Duffhues & Kabir（2008）以荷蘭 1998—2001 年上市公司的高管薪酬數據為研究樣本，通過研究發現，高管薪酬與公司業績負相關。李增泉（2000）將樣本依據行業性質、資產規模、股權性質和公司所在區域進行了分組，研究發現中國上市公司年度高管薪酬與企業業績不相關。朱德勝、岳麗君（2004）以 2000—2002 年 A 股公司的年報數據為樣本，分組研究高管薪酬與公司績效的關係。結論顯示：按公司規模分組，僅小型公司的經理人的薪酬變動與其主營業務收入

存在較顯著的相關性,而大中型公司經理人的薪酬變動與企業績效不顯著相關;按行業的競爭性分組,具有一定競爭性行業中的公司高層管理者薪酬與其淨資產收益率呈顯著的相關性,而壟斷行業和完全競爭性行業中的公司經理人薪酬與企業績效不顯著相關。劉善敏,諶新民(2005)對2001年1,036家上市公司的年報數據進行研究,其迴歸結果認為上市公司高管薪酬與企業績效之間不具有統計上的顯著相關關係。李娟,李祥(2011)對山東省上市公司的高管薪酬與企業績效進行研究。結果顯示,山東省上市公司高管報酬與加權平均淨資產收益率之間不存在顯著的相關性。

公司治理對上市公司高管薪酬也有著重要的影響。第一,董事長與總經理兩職合一的上市公司高管往往能夠在董事會中發揮有利於自己的作用。張必武,石金濤(2005)的研究就發現,兩職合一都能顯著提高高管的薪酬。第二,董事會中外部董事所占的比例也會對高管薪酬產生影響。如果董事會中外部董事較多,那麼上市公司的高管薪酬結構中激勵薪酬的比例也會較大,而激勵薪酬有助於將上市公司高管薪酬與公司績效相聯繫,從而能夠證實高管薪酬支付的合理性,控制公司高管人員薪酬的無序增長。相反,如果內部董事的比例偏高,高管薪酬結構中的非激勵薪酬比例將會上升。第三,公司治理對高管薪酬的影響作用還與所有權結構有關。股權比較分散的公司,其決策權與控制力可能會轉移到公司高管手中,從而使得高管在與股東的薪酬合約談判中處於比較有利的位置,使高管可能獲得更優厚的薪酬回報。而對於股權比較集中的公司,大股東比較容易掌控高管薪酬合約的條款,因此,高管薪酬水平與業績的相關性可能更為明顯。當然這一情況也可能會隨著股東性質不同而有所變化。

除上述因素外,高管薪酬還受公司規模、所處行業、公司的成長能力和地區經濟水平等因素的影響。

(二)審計意見與高管薪酬

為了解決委託代理中的信息不對稱問題,在現代企業制度中,經營者主要通過定期編製財務報告向所有者報告其受託責任的履行情況。財務報告是股東與高管層之間溝通的紐帶,是資本市場中主要的信息來源。審計師依照準則的要求對財務報告及其他事項進行審計,出具審計意見。如果審計師出具標準無保留意見,那麼這說明財務報告在所有重大方面公允地反應了公司的經營業績,公司高管較好地履行了受託責任。陳華(2010)認為,隨著中國資本市場有效性的逐步加強,上市公司高管薪酬與公司業績的正相關關係越來越明顯。薪酬激勵在中國已成為一種有效解決委託代

理問題的治理機制。陳志廣（2002）研究發現，滬市上市公司可能已經將企業績效作為決定高層管理當局報酬的主要因素。杜興強（2007）則發現，高層管理當局薪酬與公司以及股東財富前后兩期的變化均成正相關關係，而與本期 Tobin Q 的變化呈負相關關係，與上期 Tobin Q 的變化呈正相關關係。這說明公司的董事會或薪酬委員會在決定高層管理當局薪酬時，青睞於會計盈余指標的變化更甚於信任股東財富指標。既然審計師出具的審計意見是對公司業績質量的綜合評價，那麼審計意見類型可以作為高管層是否較好地履行其受託責任的一個有力鑒證。在限定其他條件的情況下，審計意見類型越好，高管薪酬的數額應越大。陳華（2011）以 1998—2008 年的上市公司為樣本，考察審計意見對管理層薪酬的影響。他通過研究發現，在控制公司業績、公司資產負債率、公司規模及公司內部治理等因素的情況下，外部獨立審計意見類型對公司高管層薪酬具有顯著影響。建蕾、梁娟（2011）以 2005—2009 年的 980 家上市公司為對象，研究上市公司 CEO 薪酬與註冊會計師出具的審計意見類型之間的關係。結果發現，對於同一公司，在不同會計年度，在其他條件一定的情況下，如果註冊會計師出具非標準審計意見，那麼 CEO 薪酬可能會降低。相反地，如果 CEO 薪酬持續降低，那麼也可能導致註冊會計師出具非標準審計意見，即兩者是相互影響的。基於上述的分析，本書提出假設 1。

假設 1：非標準審計意見與高管薪酬負相關。

（三）研究設計

1. 迴歸模型

為了檢驗上述假設，建立的迴歸模型如下：

$SALA = \alpha_0 + \alpha_1 AUDOP + \alpha_2 TOBINQ + \alpha_3 ROA + \alpha_4 ALR + \alpha_5 TAT + \alpha_6 LNSIZE + \alpha_7 VALUE + \varepsilon$

其中，SALA 為高管薪酬。基於薪酬數據獲取的可靠性、可比性和便利性的考量，本書選取貨幣性薪酬來計量。模型中其他變量定義如表 6-6 所示。

表 6-6　　　　　　　　　　變量定義表

變量名	變量定義
SALA	高管貨幣性薪酬取對數計量
AUDOP	審計意見，當審計意見為非標準審計意見時取 1，否則為 0
TOBINQ	Tobin Q 值

表6-6(續)

變量名	變量定義
ROA	資產收益率
ALR	資產負債率
TAT	總資產週轉率
LNSIZE	公司規模，以資產總額的對數計量
VALUE	股票年末市值的對數

2. 數據來源

為了對研究假設進行檢驗，本書選用2004—2012年深滬上市公司的數據。剔除缺失數據和金融行業公司后，得到5,223個樣本。為消除極端值的影響，本書對迴歸中使用到的連續變量按1%進行了Winsorize縮尾處理。樣本數據來自於CSMAR數據庫。本書使用Stata 12.0對數據進行處理。

(四) 數據分析與結果

1. 描述性統計

表6-7報告了樣本的年度行業分佈情況。從表6-7可以看出，樣本在年度、各行業的分佈基本合理。

表6-7 樣本分佈表

行業	2004年	2005年	2006年	2007年	2008年	2009年	2010年	2011年	2012年	合計
A	10	10	10	10	11	10	10	10	11	92
B	20	19	16	16	17	16	17	17	17	155
C	331	321	312	313	315	311	311	309	308	2,831
D	34	34	34	34	34	35	34	33	34	306
E	8	8	8	7	7	7	7	7	7	66
F	26	25	27	27	27	27	26	26	25	236
G	28	26	25	24	24	24	25	25	26	227
H	38	37	37	38	38	38	38	38	38	340
J	59	56	55	51	52	57	59	61	62	512
K	24	24	24	22	21	21	21	24	24	205
L	9	8	8	6	6	6	6	7	8	64
M	21	20	20	21	21	21	21	22	22	189
合計	608	588	576	569	573	573	575	579	582	5,223

表 6-8 報告了變量的描述性統計。從表 6-8 可以看出，樣本公司中非標準審計意見的比例為 8.21%。資產收益率的均值約為 2.88%。樣本的資產負債率均值為 50.31%。總資產週轉率的均值約為 0.651。

表 6-8 變量描述性統計

變量	N	均值	標準差	最小值	最大值
SALA	5,223	11.725	1.194,413	2.339,854	14.759,14
AUDOP	5,223	0.082,137	0.274,599	0	1
TOBINQ	5,223	1.713,048	1.063,616	0.609,633	7.225,45
ROA	5,223	0.028,756	0.065,577	−0.291,36	0.188,256
TAT	5,223	0.650,848	0.511,755	0.043,121	2.917,97
LNSIZE	5,223	21.543,68	1.195,228	19.075,6	25.211,6
ALR	5,223	0.503,163	0.192,87	0.072,483	0.958,158
VALUE	5,223	14.962,92	1.118,83	12.884,21	18.191,02

表 6-9 報告了變量的相關係數。高管薪酬與非標準審計意見顯著負相關，與假設 1 相一致。

表 6-9 相關係數表

	SALA	AUDOP	TOBINQ	ROA	TAT	LNSIZE	ALR	VALUE
SALA	1							
AUDOP	−0.073***	1						
TOBINQ	−0.006,00	0.054***	1					
ROA	0.132***	−0.279***	−0.013,0	1				
TAT	0.071***	−0.044***	−0.015,0	0.195***	1			
LNSIZE	0.249***	−0.169***	−0.026*	0.196***	0.153***	1		
ALR	−0.004,00	0.048***	0	−0.215***	−0.013,0	−0.098***	1	
VALUE	0.442***	−0.087***	−0.017,0	0.206***	0.081***	0.601***	0.009,00	1

註：*，**，*** 分別表示在 10%、5% 和 1% 水平上顯著相關。

2. 迴歸結果分析

表 6-10 報告了各模型的迴歸結果。從表 6-10 可以看出，AUDOP 與 SALA 的迴歸係數為負，且在 10% 水平上顯著。這說明對於被出具非標準審計意見的公司，其高管薪酬會顯著地下降，支持了假設 1。

表 6-10　　　　　　　　　　　迴歸結果

	SALA
AUDOP	-0.081,2*
	(-1.69)
TOBINQ	-0.000,158
	(-0.31)
ROA	0.846***
	(4.92)
TAT	0.064,4**
	(2.55)
LNSIZE	0.072,5***
	(5.00)
ALR	0.001,04
	(0.97)
VALUE	0.275***
	(15.23)
年度	控制
行業	控制
_cons	4.416***
	(17.54)
N	5,223
F 值	152.03
Prob > F	0.000,0
Adj R-squared	0.429,2

註：*，**，*** 分別表示在 10%、5% 和 1% 水平上顯著相關。

(五) 研究結論

通過對 2004—2012 年的數據分析發現：審計師的審計意見會產生經濟后果。對於被出具非標準審計意見的上市公司，其高管的薪酬水平將會顯著下降。

第二節　審計意見與企業融資約束

一、引言

融資約束一直是阻礙企業發展壯大的重要因素。在理想的資本市場中，企業可以從外部獲得充足的資本，因而不存在融資約束的問題。但在現實的市場經濟下，特別是中國還處於經濟轉變的過程中，資金供求雙方存在信息不對稱的情況就更加普遍。同時，外部資源的有限，使得上市公司外部融資成本增大，造成融資約束的問題。

朱凱、陳信元（2009）和彭桃英、譚雪（2013）認為，眾多研究表明，信息不對稱和信息風險是產生融資約束的重要原因。信息不對稱理論認為，持有財務信息的交易者會剝奪無財務信息交易者的利益。為彌補這一損失，無財務信息交易者會向持有財務信息的交易者要求更高的收益率。為此，信息不對稱程度會導致企業融資成本的差異。如果公司的信息風險高，那麼投資者就會要求較高的風險補償，從而提高公司的資本成本，給公司帶來融資約束。薄仙慧、吳聯生（2011）認為，對於無財務信息的外部交易者而言，企業的盈余管理行為往往被視為一種信息風險。

本書以2010—2013年A股上市公司為對象，通過盈余管理程度、方向和屬性三個方面，分析不同盈余管理對融資約束的影響。在研究盈余管理與融資約束關係的過程中，將會計信息的鑒證方——審計師的審計意見引入其中，進一步分析，審計作為會計信息質量的重要保障機制，能否在上市公司的融資約束中起到應有的調節作用。本書的研究結果表明：盈余管理程度和向上盈余管理對融資約束有顯著的不利影響。審計師的標準審計意見能夠對這種不利影響起到緩解的作用。

二、文獻回顧

（一）信息披露與融資約束

Modigliani & Miller（1958）提出的MM理論認為，資本在內部市場和外部市場自由流通，因此企業能夠根據自身需要獲得資本而無需考慮融資成本。但在現實市場上，這種理想狀態並不存在。Teoh et al.（1996）認為，由於信息的獲取、處理和儲存需要高額的成本，因此其他利益相關者

僅掌握了較少或者片面的信息。正是因為信息不對稱的存在，所以企業管理者與使用信息的利益相關者之間的溝通成本增加了，從而提升了融資成本，導致了融資約束。

股權融資是企業重要的融資方式，許多學者從股權融資的角度出發研究融資約束問題。Amihud & Mendelson（1986）；Welker（1995）；Healy et al.（1999）的研究發現，買賣價差的因素會導致信息披露對企業股權融資成本產生影響。從投資者的角度來看，如果他們購買股票的差價較大時，那麼他們會希望獲得更多的補償來填補其所承擔的額外成本。信息披露可以減少這種因為額外成本而希望獲得的補償。信息披露質量的提高，會縮小價差，從而減少股權融資成本，進而促進股票的流通性。Diamond & Verrecchia（1991），Kim & Verrecchia（1994）對股票流通性與其成本關係進行了比較深入的研究。他們認為，企業通過提高信息披露質量可以獲得更多的大宗交易，而這種方式的交易可以減少股票的非流動性。一般情況下，投資者也會考慮更多的持有信息披露較多的股票，從而股票的流動性會得到進一步的增強。這有利於降低融資成本。另外，Barry & Browm（1985）的研究發現，投資者在進行股票投資時，會根據已有的信息來估計股票的投資回報率。換句話來說，增加信息披露有利於降低投資者因為市場風險而對未來收益產生的不確定性，從而降低股權融資成本。

在債務融資方面，Sengupta（1998）發現，提高信息披露質量可以有效地降低融資成本，即信息披露質量越高，其融資成本就越小。Francis（2005）在研究信息披露質量與融資成本兩者的關係時也發現，信息風險與債務成本呈正相關的關係，即公司的信息風險越高，其資本成本也越高。張璋（2011）以2001—2004年短期借款利率為研究對象，通過實證分析發現，上市公司的信息披露質量越高，其債務成本會相應降低。

作為信息質量替代變量之一的盈餘管理行為同樣會影響企業融資。Biddle & Hilary（2006）通過實證研究發現，關於信息質量高的企業，其管理者與利益相關者雙方之間的信息不對稱會有所降低，從而使得會計信息質量與投資—現金流量敏感性顯著負相關。企業的盈餘管理行為會降低會計信息質量，因此會加大企業融資的難度。盧太平、張東旭（2014）研究了企業融資與盈餘管理之間的雙重關係。他們認為，融資需求和融資約束雖然會產生企業的盈餘管理行為，但是會增加盈餘管理行為的控制成本，因此在一定程度上又會對盈餘管理行為起控制作用。另外，雖然融資約束會增加盈餘管理的操控成本，但是盈餘管理行為本身會產生很多的附

帶效益，因此企業還是會選擇承擔所造成的操控成本，從而引發更多的盈余管理行為。

(二) 審計意見與盈余管理

Ferdinand & Judy（2003）對上市公司審計意見與盈余管理的關係進行了研究。得到的結論是盈余管理與審計意見負相關，即盈余管理程度大的企業是容易被出具非標準審計意見的。Francis & Krishnan（1999），Bradshaw, Richardson & Sloan（2001）等以操控性應計利潤為盈余管理的替代指標。研究發現，盈余管理大的企業容易被出具非標準審計意見。Bartov, Gul & Tsui（2001）分別以 Jones 模型、修正的 Jones 模型、截面 Jones 模型、修正的截面 Jones 模型、Healy 模型以及 DeAngelo 模型等多個模型來計量盈余管理，發現除 DeAngelo 模型以外，其他模型所計量的盈余管理均與非標準審計意見顯著正相關。Ajona et al.（2008）對應計利潤與不同類型的非標準審計意見進行分析，研究發現應計利潤只與不確定性持續經營的非標準審計意見負相關，而與其他非標準審計意見的關係都顯著正相關。在國內，章永奎等（2002）通過修正的 Jones 模型對盈余管理進行衡量，以研究上市公司盈余管理與審計意見二者的關係。研究結果表明，審計師執業質量的高低會影響二者之間的關係。高質量的審計意見會有助於降低盈余管理水平，但如果審計師的執業質量不高，則雙方的相關性不強。

通過回顧現有文獻可以發現：在信息質量與融資約束方面，由信息不對稱所導致的盈余管理會降低會計信息的質量，加大企業融資成本，從而導致融資約束。在審計意見與盈余管理方面，盈余管理水平可以通過審計師出具的審計意見得到一定的顯示。但我們也不難發現，已有的研究僅僅關註了盈余管理程度與融資約束的關係，沒有對盈余管理進行進一步細化。另外，現有的研究也沒有綜合考慮審計意見對盈余管理及融資約束的影響。

三、研究假設

William K. Scott（2014）認為，盈余管理是指在公認的會計準則的允許範圍以內，選擇某種合理的會計政策作為一定的手段，以使企業的市場價值或者經營者的自身價值最大化。信息傳遞論認為，盈余管理后的財務報表可以向信息使用者傳達出更為穩定和利好的經營表現的信息，對企業的發展有積極的作用。但趙衛鋒（2012）認為，過度的盈余管理會成為報

表粉飾、盈餘操縱或會計舞弊的工具，使會計信息失去其應有的公允性、可靠性和可比性，從而信息的質量被嚴重破壞。會計信息質量的下降，會加大會計信息風險，給投資者和債權人帶來風險。為了彌補這一風險，投資者或債權人會提高企業的融資成本，從而使得企業面臨更大的融資約束。

不同類型的盈餘管理對會計信息質量有著不同的影響。從盈餘管理程度上看，盈餘管理程度越大，企業對盈餘的操縱就越大，會計信息的質量就越差。從盈餘管理的方向上看，向上盈餘管理是一種以調增利潤為目的盈餘管理。與旨在調減利潤的向下盈餘管理相比，向上盈餘管理不符合會計的謹慎性原則，其會計信息質量比向下盈餘管理更低。從盈餘管理屬性上看，盈餘管理可劃分為兩種類型，即機會主義盈餘管理與決策有用性盈餘管理。機會主義盈餘管理是企業為了獲取私利或滿足監督人員的要求而對財務會計進行的操縱。決策有用性盈餘管理是企業為更好地向投資者傳達未來價值而進行的盈餘管理。決策有用性盈餘管理后的應計利潤能夠反應企業未來現金流量和收益，而機會主義盈餘管理后的應計利潤與企業未來現金流以及收益並無太大的關係。相對於決策有用性盈餘管理，機會主義盈餘管理后的應計利潤的不確定性更大，其會計信息質量更低。

Francis & Krishnan（1999）和章永奎（2002）認為，審計的作用在於增強會計信息的可靠性。眾多的研究已經表明，盈餘管理與審計意見負相關。這說明審計意見能夠識別盈餘管理對會計信息質量的影響。從會計信息質量與融資約束的關係來看，低質量的會計信息會使企業融資受到更大的約束。在不同種類的盈餘管理中，程度大的盈餘管理、向上盈餘管理和機會主義盈餘管理可能表明更大的信息風險。但如果此類盈餘管理經審計後獲得了審計師的認可，即獲得了標準無保留的審計意見，那麼審計師認為該類企業的盈餘管理不會影響會計信息的質量，從而可能消除盈餘管理對企業融資的不利影響。為此，本書提出以下三個假設。

假設1：標準審計意見可以削弱盈餘管理程度對融資約束的不利影響。

假設2：標準審計意見可以削弱向上盈餘管理對融資約束的不利影響。

假設3：標準審計意見可以削弱機會主義盈餘管理對融資約束的不利影響。

四、研究設計

(一) 融資約束和盈餘管理的度量

1. 融資約束的度量

融資約束的度量方法有多種，包括 FHP 模型（Fazzari, Hubbard & Pertersen, 2000）、ACW 模型（Almeida, Campello & Weisbach, 2004）、KZ 指數（Kaplan & Zingales, 1997）及 WW 指數（Whited & Wu, 2006）等。在上述眾多方法中，ACW 模型在中國的運用比較廣泛（唐建新和陳冬，2009；連玉君等，2010；周寶源，2011；孫剛，2011）。本書也採用 ACW 模型來衡量融資約束。ACW 模型的基本邏輯是：如果公司預見到可能存在未來融資約束，那麼其會通過貯存現金來應對，但由於現金持有會增加成本，因此公司會在當前和未來的投資之間進行權衡，以確定其最優現金持有量。而非融資約束公司的最優現金持有量是不會受到投資活動的影響的。為了體現現金持有與未來投資的關係，ACW 以現金持有變化為因變量，以代表投資機會的托賓 Q 和現金流為自變量來構建模型，具體為：

$$\Delta CH = \alpha_0 + \alpha_1 CF + \alpha_2 Q + \alpha_3 SIZE + \varepsilon$$

式中 ΔCH 為現金及現金等價物的淨增加額，CF 為經營性現金流量，Q 為托賓 Q，代表投資機會，$SIZE$ 為公司規模。根據 ACW 理論，融資約束公司應該具有正的現金—現金流敏感性係數，而非融資約束公司的該係數不顯著為正。

2. 盈餘管理的度量

（1）盈餘管理的程度（DA）。本書通過修正的 Jones 模型估計可操作應計利潤，取其絕對值 DA 來表示盈餘管理程度。DA 的數值越大，代表企業盈餘管理的程度越高，而 DA 的數值越小，則說明企業盈餘管理的程度越低。具體計算公式如下：

$$\frac{ETA_{i,t}}{A_{i,t}} = \alpha_1 \left(\frac{1}{A_{i,t-1}} \right) + \alpha_2 \left[\frac{\Delta REV_{i,t} - \Delta REC_{i,t}}{A_{i,t-1}} \right] + \alpha_3 \left(\frac{PPE_{i,t}}{A_{i,t-1}} \right) + \varepsilon \quad \text{公式 1}$$

公式 2：

$$DA = \frac{ETA_{i,t}}{A_{i,t}} - \alpha_1 \left(\frac{1}{A_{i,t-1}} \right) + \alpha_2 \left[\frac{\Delta REV_{i,t} - \Delta REC_{i,t}}{A_{i,t-1}} \right] + \alpha_3 \left(\frac{PPE_{i,t}}{A_{i,t-1}} \right) + \varepsilon \quad \text{公式 2}$$

其中：$ETA_{i,t}$ 表示公司 i 第 t 年公司的總應計利潤，$A_{i,t-1}$ 表示公司 i 第 $t-1$ 年年末總資產；$\Delta REV_{i,t}$ 表示公司 i 第 t 年與第 $t-1$ 年主營業務收入之差；$\Delta REC_{i,t}$ 表示公司 i 第 t 年與第 $t-1$ 年應收帳款淨額之差；$PPE_{i,t}$ 表示公

司 i 第 t 年年末固定資產淨額。α_1、α_2、α_3 為行業特徵參數，其依據是通過模型在估計的區間內運用不同行業進行分組，進而迴歸取得。殘差的絕對值為盈余管理水平變量的值，以 DA 表示。

(2) 盈余管理方向（ABSEM）。盈余管理方向依據 Jones 模型估計的可操作應計利潤來確定。當估計的操作性應計利潤為正時，表示向上的盈余管理，ABSEM 取值 1；當估計的操縱性應計利潤為負時，表示向下的盈余管理，ABSEM 取值 0。

(3) 盈余管理屬性（IEM）。本書通過間接推定法分離決策有用性盈余管理和機會主義盈余管理。本書首先通過採用修正的 JONE 模型對全部樣本公司可操控應計額進行估計，然后通過估計得到的可操縱應計額分離出盈余管理的分佈，將其閾值區分為「保牌」「配股」「增發新股」，並將在該組的公司劃分為機會主義盈余管理的樣本，IEM 取值 1，將其他劃為決策有用性盈余管理樣本，IEM 取值 0。「保牌」「配股」「增發新股」閾值區如表 6-11 所示。

表 6-11　　　　　　　　機會主義盈余管理的確定

盈余管理動機	年份	相關規定	閾值區
保牌	2007—2013		(0, 1%)
配股	2007—2013	最近三個會計年度連續盈利	無閾值區，不考慮 2007 年以后具有配股動機的機會主義盈余管理
增發新股	2007—2013	最近三個會計年度加權平均淨資產收益率（ROE）平均不低於 6%	使用倒推法，首先找出 2007 年以后增發新股的公司，然后對這些公司前三年的 ROE 計算平均值，在閾值區（6%, 8%）取均值

(二) 研究模型

為了驗證假設 1、假設 2 和假設 3，本書建立了模型（1）、模型（2）和模型（3）：

模型（1）：

$$\Delta CH = \beta_0 + \beta_1 CF + \beta_2 DA + \beta_3 DA * CF + \beta_4 OPIN + \beta_5 OPIN * CF + \beta_6 OPIN * DA + \beta_7 OPIN * DA * CF + \beta_8 \Delta NWC + \beta_9 INV + \beta_{10} Q + \beta_{11} SIZE + \beta_{12} YEAR + \beta_{13} IND + \varepsilon$$

模型（2）：

$$\Delta CH = \beta_0 + \beta_1 CF + \beta_2 IEM + \beta_3 IEM * CF + \beta_4 OPIN + \beta_5 OPIN * CF + \beta_6 OPIN * IEM + \beta_7 OPIN * IEM * CF + \beta_8 \Delta NWC + \beta_9 INV + \beta_{10} Q + \beta_{11} SIZE + \beta_{12} YEAR + \beta_{13} IND + \varepsilon$$

模型（3）：

$$\Delta CH = \beta_0 + \beta_1 CF + \beta_2 ABSEM + \beta_3 ABSEM * CF + \beta_4 OPIN + \beta_5 OPIN * CF + \beta_6 OPIN * ABSEM + \beta_7 OPIN * ABSEM * CF + \beta_8 \Delta NWC + \beta_9 INV + \beta_{10} Q + \beta_{11} SIZE + \beta_{12} YEAR + \beta_{13} IND + \varepsilon$$

模型中相關變量的含義如表 6-12 所示。

表 6-12　　　　　　　變量的經濟含義及計算方法

變量含義	變量說明
ΔCH	現金及現金等價物的淨增加額/平均總資產
CF	經營性現金流量/平均總資產
DA	用修正 Jones 模型估計的可操控應計的絕對值度量
IEM	當盈余管理屬性為機會主義盈余管理時，$IEM=1$，否則為 0
$ABSEM$	當估計的操作性應計利潤為正時，$Absem=1$，其他為 0
$OPIN$	標準無保留意見為 1，否則為 0
ΔNWC	淨營運資本變動量＝流動資產−現金−流動負債
INV	購買固定資產和無形資產的現金支出
Q	托賓 Q
$SIZE$	公司規模的對數
$YEAR$	年度虛擬變量
IND	行業虛擬變量

上述模型中，β_1 反應企業的融資約束；β_3 反應盈余管理對融資約束的影響；β_5 反應審計意見對融資約束的影響；β_7 反應審計意見對盈余管理與融資約束之間關係的影響。

（三）數據來源

本書選取 2010—2013 年滬深兩所的 A 股上市公司作為樣本。由於金融企業所受的融資約束跟其他企業存有差別，為保證數據的連續性和有效性，本書剔除了所有金融類公司和相關數據缺少的公司。經過以上處理后，最終得到 7,938 個數據，其中 2010 年 1,603 個，2011 年 1,951 個，2012 年 2,201 個，2013 年 2,183 個。全部樣本數據來自國泰安（CSMAR）數據庫。全部數據採用 Stata 進行分析處理。

五、實證檢驗

(一) 描述性統計

各主要變量的描述性統計如表6-13所示。從表6-13中可以看出，樣本公司現金及現金等價物淨增加額與經營性現金流量的平均值分別為-0.002,08和0.037,464。盈餘管理程度的均值為0.069,847。盈餘管理方向的均值約為0.504。這說明有一半左右的公司進行了向上的盈餘管理行為。從盈餘管理屬性上來看，其均值約為0.084,0。這說明只有極少的企業進行了機會主義盈餘管理。審計意見的均值約為0.959,8。這說明絕大部分的企業獲得了標準審計意見。

表6-13　　　　　　　主要變量描述性統計

變量	N	均值	標準差	極小值	極大值
CH	7,938	-0.002,08	0.111,818	-2.17	0.95
CF	7,938	0.037,464	0.076,859	-0.207	0.242
DA	7,938	0.069,847	0.080,13	0.000,001,2	0.619,263
ABSEM	7,938	0.504,409	0.500,012	0	1
IEM	7,938	0.084,026	0.277,445	0	1
OP	7,938	0.959,814	0.196,409	0	1
SIZE	7,938	21.846,06	1.313,004	15.6	28.5
INV	7,938	0.062,954	0.058,248	0	0.551
Q	7,938	1.972,132	1.298,562	0.906,625	8.936,27
NWC	7,938	-0.004,95	0.210,424	-0.63	0.462

(二) 相關係數

表6-14顯示了各主要變量的相關關係。從表中可以看出，CF和CH顯著正相關，初步表明樣本公司存在融資約束，DA、ABSEM和IEM都分別與CH、CF存在顯著的相關關係，表明盈餘管理的程度、方向和屬性對企業融資會產生影響。另外，OP、SIZE、INV、Q和NWC也分別與CH、CF存在相關關係。儘管大部分自變量之間相關係數顯著，但是其系數最大值僅為0.669，因此，多重共線性不會影響迴歸結果。

表6-14　　　　　　　　　　　變量相關性分析

	CH	CF	ABSEM	DA	OP	IEM	SIZE	INV	Q	NWC
CH	1									
CF	0.200***	1								
ABSEM	−0.095***	−0.564***	1							
DA	−0.038***	−0.669***	0.654***	1						
OP	0.022**	0.102***	0.036***	0.061***	1					
IEM	0.019*	−0.032***	−0.014,0	−0.005,00	0.016,0	1				
SIZE	0.078***	0.086***	−0.094***	−0.037***	0.178***	0.006,00	1			
INV	−0.146***	0.145***	−0.063***	−0.052***	0.095***	0.030***	0.021*	1		
Q	0.040***	0.085***	0.030***	0.018,0	−0.234***	−0.029***	−0.469***	−0.084***	1	
NWC	−0.137***	−0.189***	0.349***	0.319***	0.230***	0.014,0	−0.196***	−0.056***	−0.021*	1

註：* 代表 $p < 0.1$，** 代表 $p < 0.05$，*** 代表 $p < 0.01$。

（三）迴歸結果分析

表6-15報告了樣本迴歸結果。從模型（1）的迴歸結果可以看出，$DA*CF$係數為正，且在1%的顯著性水平上顯著。這表明盈餘管理程度高的企業所受到的融資約束就越大。$OP*DA*CF$的係數為負，並且在1%的顯著性水平上顯著。這說明標準審計意見在緩解高盈餘管理程度對融資的不利影響方面發揮了積極的作用，即假設1得到了證實。

從模型（2）的迴歸結果可以看出，$ABSEM*CF$的係數為正但顯著性較弱。這說明向上企業盈餘管理與向下盈餘管理對企業融資的影響並沒有太大的差異，而$OP*ABSEM$的係數為負且在1%的顯著性水平上顯著。這表明向上盈餘管理比向下盈餘管理被出具非標準審計意見的可能性更大。$OP*ABSEM*CF$係數為負，並在5%的顯著性水平上顯著。這說明在企業存在向上盈餘管理但得到審計師出具的標準無保留意見的情況下，企業面臨的融資約束能夠得到有效的緩解，支持了假設2。

從模型（3）的迴歸結果可以看出，$IEM*CF$顯著為負。這表明在不考慮審計意見的情況下，機會主義盈餘管理並不會增大企業的融資約束。綜合考慮審計意見后，$OP*IEM*CF$的係數顯著為正。這說明進行機會主義盈餘管理且獲得標準審計意見的企業受到的融資約束沒有得到緩解，即假設3沒有得到證實。我們認為，這一現象可能與中國資本市場屬於弱勢有效有關。在弱勢有效的資本市場中，信息傳導機制的不完善和投資者對披露的信息解讀的差異，使得企業的機會主義盈餘管理行為未能被市場所識別，而審計師出具的審計意見也沒有起到應有的緩解作用。

表 6-15　　　　　　　　　　迴歸結果

	(1) CH	(2) CH	(3) CH
CF	0.060,1	0.610***	0.679***
	(0.55)	(6.69)	(10.17)
DA	0.093,2		
	(1.80)		
$DA*CF$	2.648***		
	(5.94)		
$OP*DA$	0.149***		
	(2.74)		
$OP*DA*CF$	-2.715***		
	(-5.83)		
$ABSEM$		0.061,2***	
		(4.54)	
$ABSEM*CF$		0.227	
		(1.58)	
$OP*ABSEM$		-0.047,2***	
		(-3.40)	
$OP*ABSEM*CF$		-0.306**	
		(-2.05)	
IEM			-0.069,5**
			(-2.82)
$IEM*CF$			-1.388***
			(-5.71)
$OP*IEM$			0.084,9***
			(3.38)
$OP*IEM*CF$			1.330***
			(5.27)
OP	0.006,63	0.034,1***	0.017,9***
	(0.77)	(3.70)	(2.63)
$OP*CF$	0.313***	-0.255***	-0.400***
	(2.80)	(-2.65)	(-5.80)
NWC	-0.059,0***	-0.063,2***	-0.056,1***
	(-9.19)	(-9.45)	(-8.71)

表6-15(續)

	(1) CH	(2) CH	(3) CH
INV	-0.332***	-0.341***	-0.337***
	(-15.62)	(-15.83)	(-15.67)
Q	-0.000,357	0.000,633	0.001,58
	(-0.31)	(0.55)	(1.38)
SIZE	0.004,71***	0.004,84***	0.004,96***
	(4.19)	(4.25)	(4.38)
IND	控制	控制	控制
YEAR	控制	控制	控制
_cons	-0.035,7	-0.106***	-0.088,7**
	(-1.31)	(-3.79)	(-3.24)
N	7,938	7,938	7,938
F 值	36.51	29.33	29.76
Prob > F	0.000,0	0.000,0	0.000,0
Adj R^2	0.128,6	0.105,4	0.106,8

註:* 代表 $p < 0.1$，** 代表 $p < 0.05$，*** 代表 $p < 0.01$。

六、研究結論和建議

通過對 2010—2013 年的 A 股上市公司的數據進行分析，我們得到以下結論：①企業的盈余管理行為會使企業面臨更大的融資約束，而不同的盈余管理行為對融資約束的影響會有所差異。從程度上來看，盈余管理程度越大，企業受到的融資約束就越強。從方向上來看，向上的盈余管理對企業融資的約束更大。從盈余管理屬性上看，機會主義盈余管理行為並未對企業的融資產生約束。②審計意見有助於緩解盈余管理所造成的融資約束。如果企業獲得標準審計意見，那麼其盈余管理程度和向上盈余管理所帶來的融資約束會得到緩解。

上述結論為信息質量與融資約束之間的關係提供了進一步的證據。這一結論也表明，當企業面臨融資約束時，一方面應該加強內部的管理，並對外提供真實可靠的會計信息；另一方面，可以通過註冊會計師的審計意見來增強財務信息的可靠性，為企業降低融資成本、緩解融資約束提供支持。

第三節　審計意見與債務成本

一、引言

隨著社會經濟的發展，資本市場上的信息不對稱問題日趨嚴重，信息使用者獲得不可靠信息的可能性也與日俱增。公開披露公司的財務報告，可以降低信息不對稱，有助於處於信息劣勢的使用者做出更好的決策。為了保障公開披露信息的真實性和可靠性，需要一個獨立的第三方對財務報告信息質量進行鑒證。審計由此產生。李四海、羅月喬（2012）認為，審計的功能在於，一方面降低了交易成本，提升了企業價值；另一方面，向報表使用者傳遞信息，為其評價和衡量上市公司財務狀況、經營成果和現金流量提供信息依據。郭照蕊（2011）認為，如果出現審計失敗，即審計師出具了不當的審計意見而導致信息使用者遭受損失，那麼審計師需對此承擔責任。

一般認為，債務融資成本會受到會計信息質量的影響。信息質量越高，企業的債務融資成本就越低。公司財務信息質量可以通過盈余管理水平、內部控制有效性等體現出來。審計師的審計意見也可以傳遞公司財務信息質量高低的信號。相對於被出具非標準意見的企業，獲得標準無保留審計意見的企業的債務成本可能會更低。

二、文獻綜述

（一）信息風險與審計意見

由於代理關係的存在，企業不同利益主體之間會存有利益衝突和信息不對稱的問題。這為信息失真的出現提供了必然性和可能性。關於信息風險對審計意見的影響，一部分學者主要關註當期盈余管理與審計意見之間的關係。Bartov et al.（2001）研究發現，公司操縱性應計利潤絕對值與非標準審計意見正相關。劉宇（2010），Johl et al.（2007）分別以中國和馬來西亞上市公司為樣本進行研究，得出與 Bartov（2001）一致的結論。另一部分學者以其他變量作為信息風險的替代變量進行研究，張迪（2012）以管理層預測報喜中是否變臉以及變臉的不同類型代表不同的信息風險，對「調增式變臉」與審計意見的關係進行研究，發現審計師確實對信息風

險的不同構成進行了區別對待。薄仙慧，吳聯生（2010）運用 Francis（2005）等的方法計算信息風險，同時研究盈余管理和信息風險對審計意見的影響。研究發現，公司的信息風險與審計師出具非標準意見概率顯著正相關，而當期盈余管理與審計師出具非標準意見的概率無顯著相關性。

（二）信息風險與債務成本

信息不對稱理論認為，持有財務信息的交易者會剝奪無財務信息交易者的利益。孔凡峰（2012）認為，為彌補這一損失，無財務信息交易者會向持有財務信息的交易者要求更高的收益率。為此，信息不對稱程度會導致企業融資成本的差異。徐莉莎（2008）和嚴寒冰（2012）認為，如果公司的信息風險高，那麼投資者就會要求較高的風險補償，從而提高公司的資本成本。張明恒、沈宏斌（2009）認為，具體到債務成本，商業銀行可以在法規和政策允許的範圍內，根據風險水平、籌資成本、管理成本、授信目標收益、資本回報要求以及當地市場利率水平等因素，自主確定貸款利率，對企業實行差別定價。實證證據也驗證了這一觀點，Francis（2005）以 D-D 模型殘差的標準差作為衡量信息風險的指標，研究信息風險與債務成本的關係，發現公司的信息風險越高，資本成本也越高。張璋（2011）以 2001—2004 年短期借款利率為研究對象，通過實證分析發現上市公司信息披露質量與其債務成本之間存在顯著負相關關係。但並非所有的研究結論都支持信息風險與債務成本相關。胡奕明、唐松蓮（2007）的研究結果顯示，信息透明度與債務成本之間的關係並不明顯。

（三）審計與債務成本

David W Blackwell et al.（1998）認為，在進行債務融資時，接受審計的公司所支付的利率要低於未接受審計的公司。在接受審計的公司中，審計的不同特徵也會對債務成本產生影響。胡奕明、唐松蓮（2007）發現，銀行的貸款利率無論長期還是短期都與借款企業的審計意見有關。楊臻黛、李若山（2007）的研究也顯示，在其他條件相同的情況下，與被出具無保留意見的公司相比，被出具保留意見的公司獲得銀行貸款的可能性更低且利率更高。Karjalainen（2011）以芬蘭私營企業為對象進行研究，得出了相同的結論。李海燕（2008）利用多種模型檢驗非標準審計意見與利率、利息之間的關係。研究結果發現上年非標準審計意見與本年利率和利息支出均正相關。Choi J H et al.（2006），Sattar A Mansi et al.（2004）認為，除審計意見外，影響債務成本的還有審計變更和任期。在企業更換了審計師的當期，銀行會要求更高的貸款利率，而如果企業能夠延長審計任期，

那麼其所獲得的債務成本可能會越低。

三、研究設計
(一) 研究假設

目前，中國資本市場尚不發達，企業外部融資渠道相對單一。銀行貸款在企業融資結構中占據主導地位，是企業融資的首選。銀行信貸決策會基於會計信息評估企業財務狀況和違約風險。通常情況下，財務報告是投資者和債權人獲取企業有關信息的重要來源。但由於融資壓力或信息不對稱的存在，公司可能會利用各種會計方法粉飾報表、操縱利潤，向市場傳遞錯誤的信息，使得會計信息質量難以評價。Dye (1993) 提出，解決信息不對稱的重要機制之一是聘請審計師。作為獨立於公司和投資者的第三方，審計師對財務報告的公法性和公允性發表審計意見。這提高了財務報告的可信賴程度。根據信息來源可靠性理論，個人面對不確定性，傾向於優先使用可信性來源的信息。當投資者面對來自上市公司對外公布的財務報告和審計師獨立的審計意見時，投資者會更願意相信審計師獨立的審計意見。在審計師對財務報告發表了標準無保留審計意見的情況下，上市公司對外顯示的財務狀況、經營成果、現金流量以及其他重要信息，可能會進一步加強投資者對會計信息可靠性的認可，降低投資者感知的會計信息錯報風險，從而增加投資者的信心。標準審計意見可以向市場傳遞企業資產狀況良好正常經營的信號，增強投資者的投資信心。如果企業被出具非標準審計意見，那麼這通常表明審計師認為財務報告沒有按會計準則的要求公允反應企業的財務狀況和經營成果，管理當局可能隱瞞了重要的不利信息，企業經營不善或面臨的經營風險、財務風險較高，銀行等金融機構可能要求更高的貸款利率、更多的限制條款，甚至不向企業放貸。由此，本書提出的第一個假設是：

假設 1_a：標準審計意見與債務成本負相關，即被出具標準審計意見的企業的債務成本更低。

假設 1_b：非標準審計意見與債務成本正相關，即被出具非標準審計意見的企業的債務成本更高。

債權人無法參與企業的日常經營管理是債權資本與權益資本最大的風險差異。當企業借入款項后，基於自身利益或股東利益需要，企業可能會改變債務資金用途。這加大了債權本金和利息不能收回的可能性。債權人如果能夠發現這一現象，那麼可以實施必要的手段給予制止。但是由於信

息不對稱的存在，債權人可能無法及時給予糾正，這樣會危及債權人的正當利益。為此，在債務合同中通常約定一些重要的償債指標以確保公司資產價值能夠足額保障債權人的債權資產價值。會計信息的作用在於綜合反應企業的財務狀況、經營成果和現金流量，為債務人評價債務人的償債能力提供決策依據。受核算方法或編製者主觀判斷失誤及機會主義行為的影響，財務信息在生成過程中，可能無法如實反應企業的財務狀況、經營成果和現金流量，從而產生會計信息風險，給債權人帶來損失。為彌補這一損失，債權人在確定貸款利率時，會根據信息風險程度確定不同的利率水平。由此，本書提出假設2。

假設2：信息風險與債務成本正相關，即信息風險越高，債務成本也越高。

審計的價值在於降低信息風險。對外部信息使用者而言，由於審計質量的不可觀測性，因此只能通過替代性的證據來評價。審計行業是一個具有很強專業性和較高進入門檻的領域。審計人員必須具有職業資格才能為上市公司出具審計報告與發表審計意見。審計師在執行審計工作過程中，必須按照審計準則的規定設計審計執行程序、獲取審計證據，為被審計單位財務報表整體不存在由舞弊或錯誤導致的重大錯報風險獲取合理保證。當企業獲得標準審計意見時，表明審計師認為企業財務報告不存在重大錯報，從而向市場傳遞企業資產狀況良好、正常經營的信號。因此，標準審計意見可以在一定程度上降低債務人對信息風險的感知程度，從而降低債務成本。由此，本書提出假設3：

假設3：標準審計意見可以削弱信息風險與債務成本的正相關關係。

(二) 樣本選擇

為了對研究假設進行檢驗，本書選用2007—2010年深滬A股上市公司的數據①。剔除缺失數據和金融行業公司后，研究樣本分佈為：2007年517個，2008年514個，2009年369個，2010年591個，總計1,991個樣本。為消除極端值的影響，本書對迴歸中使用到的連續變量按1%進行了Winsorize縮尾處理。樣本數據來自於CSMAR數據庫。本書使用Stata 12.0對數據進行處理。

---

① 根據DD模型1的要求，在計算公司的正常流動性應計項目估計值$TCA_{i,t}$時需要連續3年的經營現金流數據（$t-1$年，t年和$t+1$年）；計算信息風險指標AQ還需要DD模型1連續3年的迴歸殘差；計算可操縱信息風險IFR需要DD模型2連續五年的迴歸殘差。因此，計算2007—2010年信息風險的數據期間是2001—2011年。

(三) 變量定義

1. 債務成本的衡量

企業債務有多種來源，如銀行貸款、債券、應付票據以及其他非銀行機構貸款等。中國上市公司信息披露中並沒有提供不同類別債務利息。已有研究所採取的度量方法也有所差別。考慮到資料的可獲得性，本書採用「利息支出/帶息負債總額」來表示公司的債務成本，記為ILR，其中帶息負債總額包括長期借款、短期借款、應付債券、應付票據及長期應付款。

2. 信息風險的度量

在權責發生制會計下，應計項目是反應盈余質量的重要載體。Healy (1985) 給出了應計項目的計算方法：

$$TCA_{i,t} = (\Delta CA_{i,t} - \Delta CASH_{i,t}) - (\Delta CL_{i,t} - \Delta STDE_{i,t}) \qquad (方程1)$$

其中，$TCA_{i,t}$為應計項目，$CA_{i,t}$為i公司t年的流動資產，$CASH_{i,t}$為i公司t年的現金淨流量，$CL_{i,t}$為i公司t年的流動負債，$STDE_{i,t}$為公司t年的一年以內到期債務。

對於信息風險的度量，目前實證中常用的有DD模型和基於截面數據的Jones模型兩種。基於盈余穩健性的視角，本書根據Francis的方法，選用DD模型1（見方程2）對信息風險進行計量。

$$TCA_{i,t} = \alpha_0 + \alpha_1 CFO_{i,t-1} + \alpha_2 CFO_{i,t+1} + \mu_{i,t} \qquad (方程2)$$

其中，$CFO_{i,t}$為公司經營流量，$TCA_{i,t}$為正常流動性應計項目的估計值，而殘差$\mu_{i,t}$的估計值為異常應計項目，$\mu_{i,t}$的標準差$AQ_{i,t}$為信息風險。

信息風險可能源於公司經營模式和經營環境等固有特性，也可能源於管理層對會計政策選擇和會計估計判斷的結果。根據其產生的原因，我們可以將信息風險劃分為固有信息風險和可操縱信息風險。固有信息風險一般受公司規模、經營性現金流的波動、銷售收入波動以及營業週期和盈利情況的顯著影響。據此，本書以DD模型2（見方程3）為基礎計量可操縱信息風險。

$$AQ_{i,t} = \lambda_0 + \lambda_1 SIZE_{i,t} + \lambda_2 \sigma(CFO_{i,t}) + \lambda_3 \sigma(SALE_{i,t}) + \lambda_4 OPERCY_{i,t} + \lambda_5 NEGARN_{i,t} + \pi_{i,t} \qquad (方程3)$$

其中，$AQ_{i,t}$為信息風險。根據方程2中$\mu_{i,t}$的三年標準差計量，$\sigma(CFO_{i,t})$為經營現金流量三年標準差，$\sigma(SALES_{i,t})$為營業收入三年標準差。OPERCY為營業週期。NEGARN為公司盈虧，當虧損為1，否則為0。殘差$\pi_{i,t}$的五年標準差即為可操縱信息風險。

3. 控制變量

除因變量信息風險和審計師選擇外，自變量債務成本可能還受多個因素的影響。本書選取了十個控制變量，主要變量及其定義見表 6-16。

表 6-16　　　　　　　　　　變量定義

變量名	變量定義
ILR	債務成本，公司利息支出/帶息負債總額
IFR	可操縱信息風險，根據模型（3）所得殘差的五年標準差計算
AUDOP	審計意見，當審計意見為標準審計意見時取 1，否則為 0
SIZE	規模，總資產的對數
INTCOV	利息保障倍數
GROWTH	營業收入增長率
FINLEV	財務槓桿
ASSP	債務結構，有形資產/總資產
LEV	資產負債率
ROA	盈利能力
BIR	基準利率，按中國人民銀行 1~3 年期銀行貸款利率確定
SR	第一大股東持股比例，第一大股東持股數/總股本
PN	產權性質，第一大股東為國有取 1，否則為 0

（四）研究模型

為了驗證假設 1，本書建立了審計意見與債務成本之間的線性迴歸方程（見模型一）。

$$ILR_{i,t} = \beta_0 + \beta_1 AUDOP_{i,t} + \beta_2 SIZE_{i,t} + \beta_3 INTCOV_{i,t} + \beta_4 GROWTH_{i,t} + \beta_5 FINLEV_{i,t} + \beta_6 ASSP_{i,t} + \beta_7 LEV_{i,t} + \beta_8 ROA_{i,t} + \beta_9 BIR_{i,t} + \beta_{10} SR_{i,t} + \beta_{11} PN_{i,t} + \varepsilon_{i,t}$$
（模型一）

為了驗證假設 2，本書建立了信息風險與債務成本之間的線性迴歸方程（見模型二）。

$$ILR_{i,t} = \beta_0 + \beta_1 IFR_{i,t} + \beta_2 SIZE_{i,t} + \beta_3 INTCOV_{i,t} + \beta_4 GROWTH_{i,t} + \beta_5 FINLEV_{i,t} + \beta_6 ASSP_{i,t} + \beta_7 LEV_{i,t} + \beta_8 ROA_{i,t} + \beta_9 BIR_{i,t} + \beta_{10} SR_{i,t} + \beta_{11} PN_{i,t} + \varepsilon_{i,t}$$
（模型二）

為了驗證假設 3，本書建立了如下的線性迴歸方程（見模型三）。

$$ILR_{i,t} = \beta_0 + \beta_1 IFR_{i,t} + \beta_2 AUDOP * IFR_{i,t} + \beta_3 SIZE_{i,t} + \beta_4 INTCOV_{i,t} + \beta_5 GROWTH_{i,t} + \beta_6 FINLEV_{i,t} + \beta_7 ASSP_{i,t} + \beta_8 LEV_{i,t} + \beta_9 ROA_{i,t} + \beta_{10} BIR_{i,t} + \beta_{11} SR_{i,t} + \beta_{12} PN_{i,t} + \varepsilon_{i,t}$$
（模型三）

對模型三整理得到：

$$ILR_{i,t}=\beta_0+(\beta_1+\beta_2 AUDOP)*IFR_{i,t}+\beta_3 SIZE_{i,t}+\beta_4 INTCOV_{i,t}+\beta_5 GROWTH_{i,t}$$
$$+\beta_6 FINLEV_{i,t}+\beta_7 ASSP_{i,t}+\beta_8 LEV_{i,t}+\beta_9 ROA_{i,t}+\beta_{10} BIR_{i,t}+\beta_{11} SR_{i,t}+\beta_{12} PN_{i,t}+\varepsilon_{i,t}$$

由於 $AUDOP=1$ 代表標準審計意見，$AUDOP=0$ 代表非標準審計意見，因此若 β_2 顯著為負，則意味著標準審計意見對債務成本的影響系數（$\beta_1+\beta_2$）明顯低於非標準審計意見的影響系數 β_1。也就是說，相比非標準審計意見，標準審計意見與債務成本的正相關會被削弱，即假設3得到了證實。

四、數據分析和結果

（一）描述性統計

表6-17報告了變量描述統計。從表6-17可以看出，債務成本 ILR 的均值為12.5%，其最小值為0.381%，最大值為76%，與上市公司債務融資的現狀基本符合。信息風險 IFR 的平均值為0.054,3，樣本公司的信息風險水平界於0.005與0.485之間。其他變量的描述性統計與已有研究基本一致。

表6-17　　　　　　　　　　　描述性統計

變量	觀測值	均值	標準差	最小值	最大值
ILR	1,991	0.125	0.101	0.003,81	0.760
AUDOP	1,991	0.916	0.277	0	1
IFR	1,991	0.054,3	0.070,6	0.005,00	0.485
SIZE	1,991	21.69	1.193	17.43	26.16
INTCOV	1,991	11.43	33.10	-16.54	256.2
GROWTH	1,991	0.618	2.198	-0.879	16.80
FINLEV	1,991	1.698	1.613	-0.976	10.86
STRDE	1,991	0.190	0.188	0	0.745
ASSP	1,991	0.945	0.072,8	0.274	1
LEV	1,991	0.606	0.317	0.167	2.617
ROA	1,991	0.027,0	0.074,6	-0.293	0.277

表6-17(續)

變量	觀測值	均值	標準差	最小值	最大值
BIR	1,991	0.063,8	0.006,72	0.056,7	0.071,6
SR	1,991	34.09	15.37	3.500	85.23
PN	1,991	0.442	0.497	0	1

表 6-18 報告了主要變量相關係數。ILR 與 AUDOP 顯著負相關，初步表明獲得標準審計意見的企業債務成本更低。這與假設 1 相一致。ILR 與 IFR 顯著正相關，表明公司信息風險越高，其債務成本也越高。這與假設 2 一致。AUDOP 與 IFR 顯著負相關，表明高信息風險的企業獲得標準審計意見的可能性更小。另外，上市公司債務成本與 SIZE（公司規模）、ASSP（債務結構）和 ROA（盈利能力）負相關，與 LEV（資產負債率）和 BIR（基準利率）正相關。儘管大部分自變量之間相關係數顯著，但其系數均小於 0.6，因此，多重共線性不會影響迴歸結果。

（二）檢驗結果與分析

表6-19 報告了樣本迴歸結果，從模型（1）可以看出，AUDOP（標準審計意見）與 ILR（債務成本）負相關，並在1%的顯著性水平上顯著。這表明獲得標準審計意見的公司的債務成本顯著低於非標準審計意見的公司，即迴歸結果支持了假設 1。

從模型（2）可以看出，IFR（信息風險）與 ILR（債務成本）正相關，並在1%的顯著性水平上顯著。這表明高信息風險的公司，其債務成本顯著高於低信息風險的公司，即迴歸結果支持了假設 2。

從模型（3）可以看出，IFR（信息風險）與 ILR（債務成本）仍保持正相關關係，且在1%的顯著性水平上顯著。IFR * AUD 的迴歸系數為負，且在1%水平上顯著。這說明標準審計意見削弱了 IFR（信息風險）與 ILR（債務成本）的正相關關係，標準審計意見可以減輕信息風險對成本的影響，即迴歸結果支持了假設 3。

表 6-18　Pearson 相關係數表

	ILR	AUDOP	IFR	SIZE	INTCOV	GROWTH	FINLEV	STRDE	ASSP	LEV	ROA	BIR	SR	PN
ILR	1													
AUDOP	-0.339***	1												
IFR	0.258***	-0.463***	1											
SIZE	-0.335***	0.312***	-0.486***	1										
INTCOV	-0.164***	0.091***	-0.019,0	0.118***	1									
GROWTH	0.035,0	-0.010,0	0.037*	-0.012,0	0.049**	1								
FINLEV	0.087***	-0.050**	0.030,0	-0.013,0	-0.118***	-0.055**	1							
STRDE	-0.154***	0.084***	-0.091***	0.292***	-0.044*	0.018,0	0.079***	1						
ASSP	-0.130***	0.101***	-0.071***	0.204***	0.061**	0.024,0	0.049**	-0.005,00	1					
LEV	0.169***	-0.512***	0.528***	-0.153***	-0.133***	0.045**	0.118***	0.016,0	-0.001,00	1				
ROA	-0.166***	0.285***	-0.093***	0.201***	0.357***	0.042*	-0.032,0	0.046**	0.026,0	-0.270***	1			
BIR	0.197***	-0.023,0	0.046**	-0.110***	-0.050**	-0.066***	0.027,0	-0.114***	-0.005,00	-0.002,00	-0.068***	1		
SR	-0.134***	0.123***	-0.153***	0.294***	0.078***	0.041*	-0.016,0	0.082***	0.056**	-0.079***	0.105***	0.012,0	1	
PN	0.012,0	0.094***	-0.172***	0.188***	-0.003,00	-0.021,0	0.048**	0.041*	0.003,00	-0.086***	0	0.321***	0.217***	1

註：* 代表 $p < 0.1$，** 代表 $p < 0.05$，*** 代表 $p < 0.01$。

表 6-19　　　　　　　　　　　迴歸結果

	(1) ILR	(2) ILR	(3) ILR
AUDOP	-0.069,9***		
	(-10.58)		
IFR		0.118***	0.246***
		(3.97)	(6.81)
IFR*AUD			-0.265***
			(-6.12)
SIZE	-0.011,9***	-0.012,0***	-0.012,1***
	(-8.01)	(-7.18)	(-7.26)
INTCOV	-0.000,234***	-0.000,223***	-0.000,214***
	(-4.78)	(-4.45)	(-4.30)
GROWTH	0.001,88***	0.001,81***	0.002,01**
	(2.74)	(2.58)	(2.89)
FINLEV	0.003,12***	0.003,25***	0.003,49***
	(3.30)	(3.36)	(3.63)
STRDE	-0.027,7***	-0.031,8***	-0.031,9***
	(-3.30)	(-3.69)	(-3.73)
ASSP	-0.063,9**	-0.081,1***	-0.079,4***
	(-3.02)	(-3.76)	(-3.71)
LEV	-0.003,65	0.010,8	-0.008,90
	(-0.65)	(1.78)	(-1.30)
ROA	-0.003,20	-0.050,5**	-0.057,0**
	(-0.14)	(-2.18)	(-2.48)
BIR	1.667***	1.613***	1.649***
	(6.94)	(6.55)	(6.76)
SR	-0.000,198	-0.000,214**	-0.000,181*
	(-1.91)	(-2.02)	(-1.72)
PN	0.004,91	0.005,37	0.005,06
	(1.48)	(1.57)	(1.49)
_cons	0.409***	0.355***	0.366***
	(10.87)	(8.56)	(8.90)

表6-19(續)

	(1) ILR	(2) ILR	(3) ILR
F值	48.26	38.46	39.03
$adj\text{-}R^2$	0.221,8	0.184,3	0.199,0
N	1,991	1,991	1,991

註：* 代表 $p < 0.1$，** 代表 $p < 0.05$，*** 代表 $p < 0.01$。

(三) 穩健性檢驗

為了保證檢驗結果的穩健性，本書從以下兩個方面進行穩健性檢驗：一是將因變量債務成本的衡量指標替換為「財務費用/帶息負債總額」（FLR）。二是在原迴歸模型中對行業進行控制。重複上述步驟對原有模型進行迴歸分析，檢驗結果如表6-20所示。從表6-20可以看出，結論基本一致。這說明本書的結果具有較高的穩健性。

表6-20　　　　　　　　　　穩健性檢驗

	(1) FLR	(2) FLR	(3) FLR
AUDOP	-0.086,6***		
	(-9.57)		
IFR		0.157***	0.283***
		(3.89)	(5.72)
IFR * AUD			-0.260***
			(-4.38)

註：* 代表 $p < 0.1$，** 代表 $p < 0.05$，*** 代表 $p < 0.01$。

五、研究結論

本書採用2007—2010年間上市公司的財務數據，研究了信息風險、「四大」審計與債務成本之間的關係。研究發現：第一，對於聘請「四大」進行審計的上市公司，其債務成本顯著高於其他公司。第二，對於高信息風險的公司，其債務成本較其他公司高。第三，對於聘請「四大」進行審計的公司，其信息風險顯著高於其他企業。第四，債權人能夠識別聘請「四大」審計中存在的機會主義行為。「四大」審計未能起到傳遞低信息風險、降低債務成本的作用；相反，還提高了債權人對信息風險的估計程度，從而提高了債務成本。

第四節 審計意見的信息含量

一、研究背景

利益相關者在做經濟決策時是否會去研究審計師對上市公司的公開評價，即這一評價結論在利益相關者心中的地位。審計意見對於他們做決策是否有用，這就是我們所說的「審計意見信息含量」。審計工作的最終結果是審計意見。CPA 的審計行為對企業的各種財務信息起到鑒證和監督的作用，而證券市場的重要信息來源之一也正是這些財務信息。因此，審計意見類型所包含的信息以及對不同審計意見的市場反應就成為了公司管理當局、投資者和債權人關註的焦點。比如，投資者通過審計報告能夠得到審計師對公司年度財務報告的職業判斷，充分認知一個公司的財務狀況，並對該上市公司的信任程度進行重新評估，然后做出自己認為最有利的決策，從而導致了公司股票價格的波動。當上市公司獲得標準審計意見時，這表明該公司的經營管理層是值得信賴的，其財務狀況、經營成果和現金流量能客觀地反應公司的實際情況，從而有助於該公司股票價格保持平穩或者上漲。陳涓（2013）認為，如果上市公司被審計師出具了非標準審計意見，那麼這會使得瞭解該信息的投資者失去原有的信任，會對公司的財務數據，尤其是盈利能力產生懷疑，從而減少對該股票的投資，因此在審計報告公布之后其股票價格可能會出現反向波動。

有關審計意見信息含量的研究，國外開始得比較早。在取得了一定相關的實證結論之后，國外學者已總結了較為合理的理論體系，但結論不統一。中國也於 20 世紀 90 年代末期，開始了對審計意見信息含量的研究，但是來自各方的「聲音」並不一致。有一部分人說審計意見能反應出市場中的一些情況，但另一部分人說證券市場對不同類型審計意見的反應並沒有區別。

二、研究綜述

國外學者較早就開始了對審計意見信息含量的關註與研究。Chow & Rice（1982）檢驗了審計意見與股票報酬率之間的關係。他們用在年度報表（10, -K）中標註的美國證券委員會（SEC）收到的日期作為事件期，

將此前的 3 個月作為估計期，運用周回報率和日回報率分別進行研究。研究結果表明，市場對審計意見沒有顯著的負反應，但是涉及持續經營問題和資產變現問題的審計意見在市場上有顯著的負反應。Dodd et al.（1984）在 Chow 和 Rice 的基礎上進行了進一步研究。結果發現，在事件窗（-2，+2）和（1，5）內，持續經營不確定性審計意見的信息含量顯著低於其他類型的審計意見。Choi & Jeter（1992）考察了保留審計意見披露對股票盈余反應系數（ERC）[①] 的影響。研究表明，保留審計意見降低了股票價格的盈余反應系數。Chen, Su & Zhao（2000）對中國股市 1995 年和 1996 年首次出具的保留審計意見的市場反應進行研究，發現保留審計意見有顯著的信息含量，對股票價格有負面影響。

在國內，李增泉（1999）以 1993—1997 年間 188 份非標準無保留意見作為研究樣本，分組研究不同審計意見類型公司的收益差異，發現審計意見具有一定的信息含量。單鑫（1999）針對證券市場中的保留意見進行研究，發現儘管不同年度的保留意見對市場的反應程度有所差異，但是具有顯著的負面反應是一致的。宋常、惲碧琰（2005）以 2000—2002 年滬深兩地上市公司為研究對象，通過實證研究發現，上市公司首次披露的非標準審計意見具有信息含量。肖序、周志方（2006）以中國 A 股上市公司 2010—2004 年的非標準審計意見為研究對象，運用超額收益法和多元邏輯迴歸模型，分年度考察非標準審計意見的市場反應及價值相關性，發現首次披露的非標準審計意見與股價超額收益增量存在負的價值相關性，而連續披露的非標準審計意見與股價超額收益增量存在正的弱價值相關性，且前者的相關性低於后者的相關性。侯國民、惲碧琰、宋常（2007）以 2000—2002 年滬深兩地上市公司年報中連續披露的非標準審計意見為研究對象，運用市場研究方法，通過實證發現中國證券市場中連續披露的帶強調事項段的無保留意見具有信息含量，但市場連續披露的保留意見反應不足。劉嫦、郭桂花（2008）採用超額收益法和多元迴歸法進行實證研究。結果顯示中國深交所上市公司的審計意見具備了一定的信息含量，能夠對投資者的投資行為產生一定的影響。張勇、陳俊（2012）以 2007—2010 年中國被出具非標準審計意見的上市公司為研究對象，採用事件研究法構建多元迴歸模型並對審計意見信息含量及其差異進行研究。結果發現，帶強調事項段無保留意見的審計報告在披露后的較短時間窗口內日平均超額收

[①] 盈余反應系數是指投資人對盈余宣告的反應程度。若將股票異常報酬與未預期盈余之間的關係以迴歸方程式表示的話，其斜率系數便被稱為盈余反應系數。

益率為負值。這說明了帶強調事項段無保留意見具有明顯的信息含量。陳涓（2013）使用超額收益法進行實證分析。結果發現，非標準審計意見在公布日前後表現出了顯著的負面反應，而標準無保留審計意見在審計報告日前後並未表現出明顯的負面反應。這支持了審計意見具有信息含量這一論斷。胡大力、王新玥（2014）以2006年發布新準則后上海證券交易所和深圳證券交易所2006—2011年首次披露持續經營不確定性審計意見的公司為研究對象，進行研究。結果表明，在不考慮企業是否陷入財務困境條件下，觀測不到市場對持續經營審計意見的反應；但剔除那些已經陷入財務困境的樣本后，持續經營審計意見在發布當天和發布后一天具有顯著負反應。這說明中國持續經營不確定性審計意見具有信息含量，可以為利益相關者提供有用的決策依據。

對於非標準審計意見間市場反應的差異，張曉嵐，宋敏（2007）以2003—2005年被出具持續經營審計意見的上市公司為樣本，採取事件研究法、迴歸分析法等實證檢驗中國上市公司持續經營審計意見與非持續經營非標準審計意見、不同類型的持續經營審計意見之間市場反應的差異性。研究結論顯示，持續經營審計意見具有負面信息含量。市場能夠區分不同類型的非標準審計意見的信息含量，但對持續經營審計意見內部嚴重程度不同的意見類型的信息含量的區分不夠，未能找到充足證據支持中國上市公司被出具的帶強調事項段無保留類型及無法表示意見類型的兩類持續經營審計意見對股價造成的影響具有顯著差異。郭志勇（2008）以2005—2006年獲得非標準審計意見的上市公司為樣本，運用超額收益法和多元迴歸模型，對非標準審計意見的市場反應進行了實證檢驗。研究發現，中國證券市場能夠識別標準審計意見和非標準審計意見之間的差異，但不能識別不同類型非標準審計意見之間的差異。廖偉（2009）研究發現，中國的資本市場在非標準審計意見披露前後的較短時窗內能夠在一定程度上區分不同類型的審計意見，但帶強調事項段的無保留意見與保留意見的市場反應沒有顯著的差異。

儘管大部分的文獻支持了審計意見具有信息含量這一論斷，但是也有少量的文獻得到不同的結果。陳曉、王鑫（2001）運用超額收益法和多元迴歸分析法進行研究，發現股票市場對1998年年報中的保留審計意見（包括首次出具和連續出具的保留意見）沒有顯著反應，即首次出具與連續出具的保留審計意見並無顯著性差異。惲碧琰、闞京華（2008）以2000—2002年滬深兩地上市公司年報中首次和連續披露的帶解釋性說明的

無保留審計意見為研究對象。他們在實證分析后發現，證券市場對首次和連續披露的帶解釋性說明的無保留審計意見的反應沒有顯著差異，即兩種審計意見均具有負面的信息含量。楚昕（2010）選取 2006—2008 年三年的審計意見，運用超額收益法展開分析研究。他得出的結論是，前兩年的股票市場對非標準意見有負面反應，並且這兩年市場對不同意見的反應有差異，但 2008 年的審計意見的信息含量並不顯著。

三、研究設計

（一）研究假設

審計師按照準則的規定對財務報表進行審計，以確定被審計單位的財務報表是否按照適用會計準則和有關會計制度的規定進行編製，在所有重大方面是否公允地反應了企業的財務狀況、經營成果和現金流量。如果被審計單位的財務報表存在錯報或審計範圍受到限制，那麼審計師要根據其嚴重程度分別出具無保留意見、保留意見、無法表示意見或否定意見。若經審計后的財務報表獲得標準無保留的審計意見，則向市場傳遞了積極利好的訊號，因為標準無保留意見提高了被審計公司會計報表數據的可信度或為其提供了合理的保證。但是，如果上市公司的財務報表被出具非標準無保留意見，那麼這對上市公司是一個很大的負面消息，因為此種意見類型表明被審計單位的持續經營存在重大不確定性或財務報表無法合法且公允地反應其財務狀況。因此，在審計報告公布的短時窗內，證券市場對被出具非標準審計意見的公司可能會有較大的負面反應。由此本書提出假設 1。

假設 1：在審計意見公布的較短時窗內，證券市場對非標準審計意見有顯著的負面反應。

（二）數據來源

本書以在上海證券交易所和深圳證券交易所上市的 A 股上市公司 2009—2012 年年報中被出具非標準無保留審計意見的公司為研究對象（下文簡稱「研究樣本」）。為了對研究假設進行檢驗，本書對樣本組進行配對，形成控制樣本公司（下文簡稱「控制樣本」）。配對標準如下：①控制樣本均為標準無保留意見公司；②報告年限相同；③與樣本公司在同一行業；④與樣本公司有相似的每股收益；⑤與樣本公司有相似的總資產規模。經過上述處理並剔除缺失數據和金融行業公司后，得到 254 個樣本，其中，研究樣本和控制樣本分別為 127 個。

（三）描述性統計

表 6-21 報告了樣本的年度行業分佈情況。

表 6-21　　　　　　　　　　樣本分佈表

樣本 行業	研究樣本					控制樣本				
	2009年	2010年	2011年	2012年	合計	2009年	2010年	2011年	2012年	合計
A	1	3	0	0	4	1	3	0	0	4
B	1	1	0	0	2	1	1	0	0	2
C	28	24	15	7	74	28	24	15	7	74
D	2	2	0	0	4	2	2	0	0	4
E	1	1	0	0	2	1	1	0	0	2
F	1	0	1	0	2	1	0	1	0	2
G	5	5	2	0	12	5	5	2	0	12
H	2	1	2	0	5	2	1	2	0	5
J	4	3	1	0	8	4	3	1	0	8
K	1	2	2	1	6	1	2	2	1	6
M	3	3	1	1	8	3	3	1	1	8
合計	49	45	24	9	127	49	45	24	9	127

四、超額收益法分析

（一）超額收益的計算

超額收益法（Cumulative Abnormal Return，CAR）被普遍應用於各類審計意見對股票價格影響的研究中。超額收益法的原理是通過考察審計意見披露日前後某個特定的研究窗口中每隔一定時間間隔的平均或累計超額收益偏離的程度來判斷審計意見是否具有一定的信息含量。具體步驟為：

（1）計算個股實際日收益率，即 $R_{i,t} = (P_t - P_{t-1})/P_{t-1}$。其中：$R_{i,t}$——第 i 家上市公司在第 t 日的實際報酬率，P_t——第 i 家上市公司在 t 交易日的收盤價，P_{t-1}——第 i 家上市公司在 $t-1$ 交易日的收盤價。

（2）計算個股期望正常收益率，即 $R_{m,t} = (P_{m,t} - P_{m,t-1})/P_{m,t-1}$。其中：$R_{m,t}$——第 t 日個股期望正常收益率，即相應市場報酬率，用第 i 家上市公司所在證券市場的股票價格綜合指數計算得到，$P_{m,t}$——市場綜合指數在 t 交易日的收盤價，$P_{m,t-1}$——市場綜合指數在 $t-1$ 交易日的收盤價。

（3）計算第 i 家上市公司在第 t 日的超額收益，即 $AR_{i,t}=R_{i,t}-R_{m,t}$。其中：$AR_{i,t}$——第 i 家上市公司在第 t 日的超額收益。

（4）樣本組平均超額收益率：$AAR_t = \frac{1}{n}\sum_{i=1}^{n} AR_{i,t}$。其中：$n$——某一組樣本股票個數。

（5）計算事件期樣本組累計平均超額收益率，即 $CAR_{(t_1,t_2)} = \sum_{t_1}^{t_2} AAR_t$。

（二）圖解分析

圖 6-1～圖 6-4 為非標準審計意見研究樣本及其控制樣本在各年年報公布日及前後 10 個交易日的平均超額收益率 AAR 的比較。從各年的 AAR 值比較可以發現，在年報公布前證券市場就對非標準審計意見有所察覺，而年報公布後則表現出較明顯的負面反應。而在年報公布標準審計意見後的第 1 個交易日，市場並沒有顯著的負面反應；在公布後的第 2 個交易日，市場有負面反應，但與非標準審計意見相比，負面反應程度比較低。

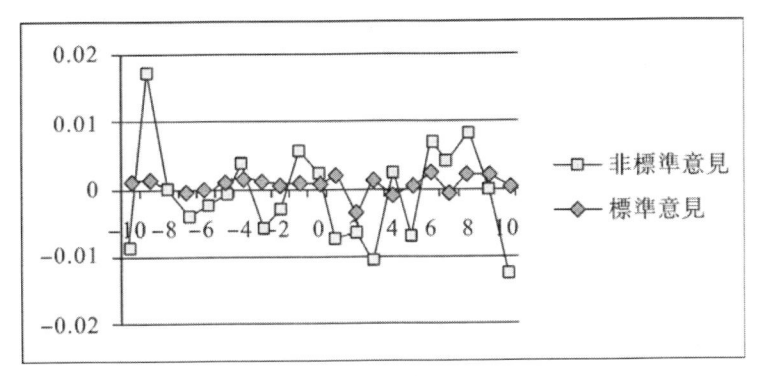

圖 6-1　2012 年的 AAR

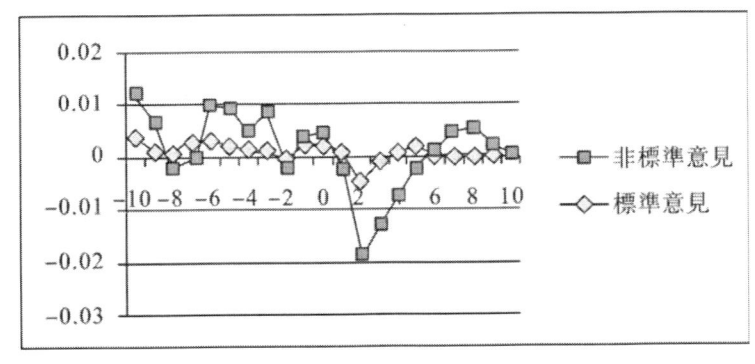

圖 6-2　2011 年的 AAR

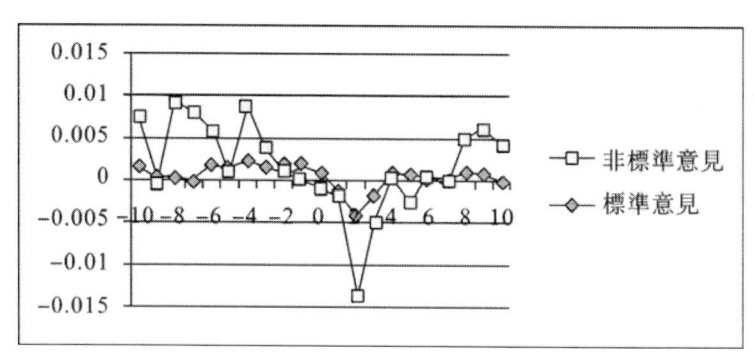

图 6-3　2010 年的 AAR

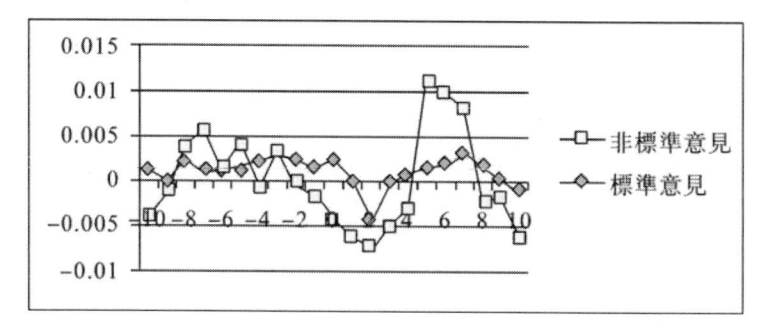

图 6-4　2009 年的 AAR

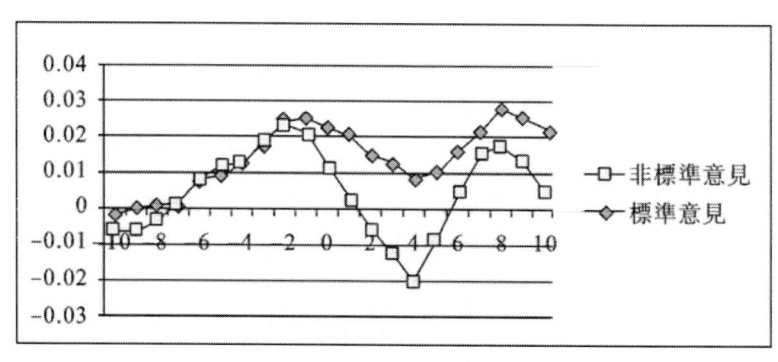

　　图 6-5~图 6-8 为非标准审计意见研究样本及其控制样本在各年年报公布日及前后 10 个交易日的累计超额收益率 CAR 的比较。从各年的 CAR 值比较可以发现，在年报公布前非标准审计意见和标准审计意见的累计超额收益率差别不大，而在年报公布后，市场对非标准审计意见的负面反应比较显著。与之相对比，在公布标准审计意见后，市场并没有显著的负面反应。

图 6-5　2009 年的 CAR

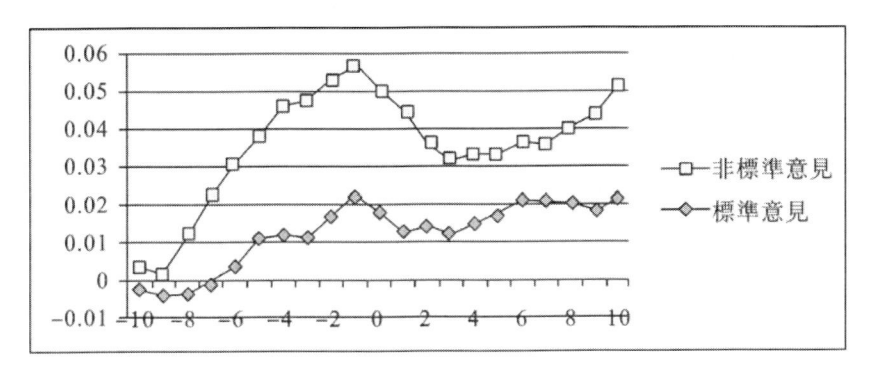

图 6-6　2010 年的 CAR

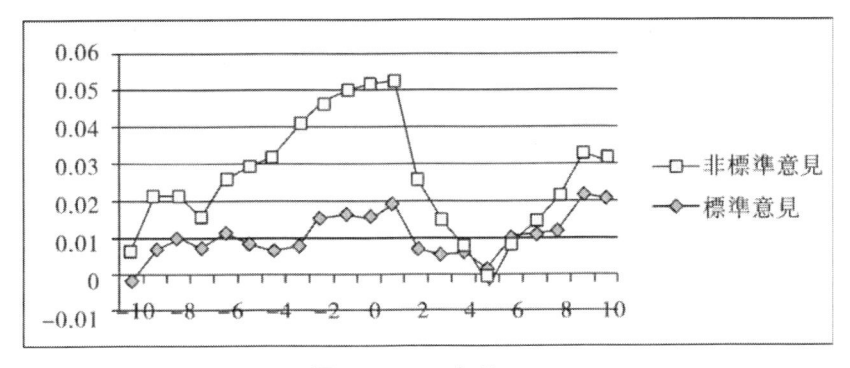

图 6-7　2011 年的 CAR

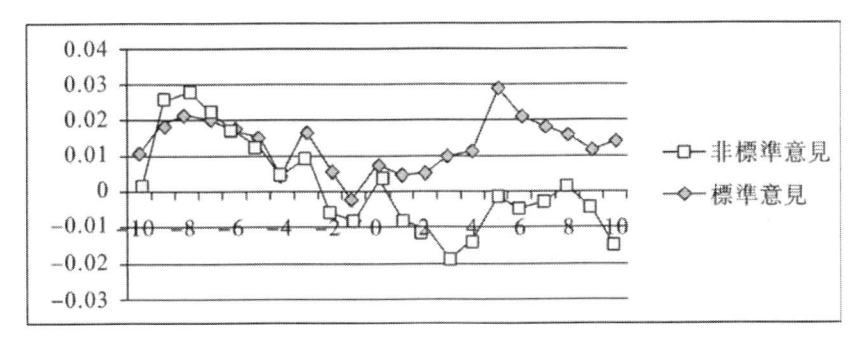

图 6-8　2012 年的 CAR

  表 6-22 為非標準審計意見研究樣本的 CAR 均值單樣本 T 檢驗結果。表 6-22 的檢驗結果表明，2009—2012 年年報公布前后的短時窗內和年報公布后的大部分時窗內證券市場對非標準審計意見公司有顯著的負面反應，即非標準審計意見具有信息含量，支持了假設 1。
  表 6-23 為非標準審計意見研究樣本與控制樣本 CAR 均值的 T 檢驗結果。

表 6-22　2009—2012 年非标准审计意见研究样本 CAR 均值 T 检验

年度	2009			2010			2011			2012		
窗口	T	P(T)	均值	窗口	T	P(T)	均值	窗口	T	P(T)	均值	窗口	T	P(T)	均值

窗口	T	P(T)	均值	T	P(T)	均值	T	P(T)	均值	T	P(T)	均值
(-5,5)	-1.720,8	0.045,9**	-0.02	-0.938,1	0.176,7	-0.011,9	-0.945,7	0.177,1	-0.018,2	-0.775,7	0.230,1	-0.031,15
(-3,3)	-2.748,6	0.004,2***	-0.025,8	-1.339,2	0.093,7*	-0.013,9	-1.045,7	0.153,3	-0.017,7	-1.269,5	0.12	-0.027,678
(-1,1)	-2.589,2	0.006,3***	-0.016,5	-0.561,5	0.288,7	-0.003,4	0.158,4	0.562,3	0.001,5	-0.201,8	0.422,6	-0.002,678
(0,1)	-2.672,3	0.005,1***	-0.013,3	-0.505,8	0.307,8	-0.002,4	-0.034,8	0.486,3	-0.000,3	-0.766,1	0.232,8	-0.007,662
(0,2)	-2.272,2	0.013,8**	-0.016	-1.853,7	0.035,2**	-0.012,1	-1.387,8	0.089,2*	-0.014,2	-0.888,9	0.2	-0.010,227
(0,3)	-2.571,8	0.006,6***	-0.020,8	-1.614,8	0.056,8*	-0.015	-1.997,3	0.028,9**	-0.025,3	-1.491	0.087,1*	-0.022,263
(0,4)	-2.890,1	0.002,9***	-0.024,7	-1.638,8	0.054,2*	-0.015,9	-2.740,6	0.005,8***	-0.032,6	-1.054,2	0.161,3	-0.018,275
(0,5)	-1.619	0.056*	-0.015	-1.887	0.032,9**	-0.019	-2.533,6	0.009,3***	-0.036,9	-1.022,5	0.168,2	-0.025,478
(0,6)	-0.657,5	0.257	-0.006,8	-1.736,4	0.044,7**	-0.018,7	-2.041,8	0.026,4**	-0.035,3	-0.794,8	0.224,8	-0.020,334
(0,7)	-0.138,5	0.445,2	-0.001,5	-1.699,8	0.048,1**	-0.019	-1.491,5	0.074,7*	-0.030,3	-0.591,1	0.285,4	-0.015,545
(0,8)	-0.495,4	0.311,3	-0.005,5	-1.246,3	0.109,6	-0.014,6	-1.315,6	0.100,6	-0.024,7	-0.335	0.373,1	-0.008,972
(0,9)	-0.540,3	0.295,7	-0.007,4	-0.753,6	0.227,6	-0.009,1	-1.220,2	0.117,4	-0.022,6	-0.414,6	0.344,7	-0.010,982
(0,10)	-0.920,1	0.181,1	-0.012,6	-0.402,2	0.344,7	-0.004,8	-1.216,4	0.118,1	-0.022,3	-1.053,8	0.161,4	-0.024,24
自由度	48			44			23			8		

注：* 代表 $p < 0.1$，** 代表 $p < 0.05$，*** 代表 $p < 0.01$。

表 6-23　2009—2012 年非標準審計意見研究樣本與控制樣本 CAR 均值 T 檢驗

年度 窗口	2009 均值差	2009 T	2009 P(T)	2010 均值差	2010 T	2010 P(T)	2011 均值差	2011 T	2011 P(T)	2012 均值差	2012 T	2012 P(T)
(-3,3)	0.026,2	1.899	0.060,6*	0.014	0.971	0.335	0.016,9	0.848	0.401	0.032,1	1.308	0.209
(-2,2)	0.017,9	1.487	0.14	0.016,2	1.418	0.16	0.013,5	0.873	0.388	-0.002,63	-0.141	0.889
(-1,1)	0.012,1	1.434	0.155	-0.000,75	-0.084	0.933	0.002,48	0.21	0.834	0.002,49	0.165	0.871
(0,1)	0.008,05	1.226	0.223	-0.006,83	-0.959	0.34	0.003,41	0.352	0.726	0.014,9	1.343	0.198
(0,2)	0.005,08	0.578	0.565	0.004,27	0.467	0.641	0.005,14	0.417	0.678	0.018	1.452	0.166
(0,3)	0.008,32	0.807	0.421	0.005,14	0.442	0.659	0.014,8	1.046	0.301	0.034,4	1.997	0.063,1**
(0,4)	0.007,41	0.655	0.514	0.008,48	0.715	0.476	0.023,1	1.667	0.102	0.031,7	1.574	0.135
(0,5)	-0.000,11	-0.008,4	0.993	0.014,8	1.202	0.233	0.021,8	1.364	0.179	0.057,5	2.085	0.053,4*
(0,6)	-0.002,74	-0.188	0.852	0.017,4	1.339	0.184	0.029,3	1.594	0.118	0.044,6	1.54	0.143
(0,7)	-0.002,88	-0.192	0.848	0.017,5	1.276	0.205	0.025,3	1.163	0.251	0.036,7	1.274	0.221
(0,8)	0.007,85	0.508	0.612	0.012,8	0.881	0.38	0.020,7	1.031	0.308	0.027,6	0.933	0.365
(0,9)	0.007,11	0.407	0.685	0.005,47	0.37	0.712	0.027,9	1.342	0.186	0.025,8	0.822	0.423
(0,10)	0.009,46	0.527	0.599	0.003,99	0.264	0.792	0.026,7	1.257	0.215	0.041	1.396	0.182
自由度	96			88			46			16		

註：* 代表 $p < 0.1$，** 代表 $p < 0.05$，*** 代表 $p < 0.01$。

表 6-23 的檢驗結果表明，2009—2012 年年報公布前後的短時窗內和年報公布後的大部分時窗內證券市場對非標準審計意見公司和標準審計意見公司的反應沒有顯著區別，即非標準審計意見公司和標準審計意見公司有相似的信息含量。

五、多元迴歸分析

(一) 研究模型

超額收益法無法直接控制企業的其他因素對超額收益的影響，因此在超額收益法的基礎上開展多元迴歸分析，有利於利用更精確的方法來檢驗上述結果。為此，我們建立如下迴歸模型：

$$CAR(t_1,t_2)=\beta_0+\beta_1 AUDOP+\beta_2 ROA+\beta_3 ST+\beta_4 LNSIZE+\varepsilon$$

其中：$AUDOP$ 為審計意見，當審計意見為非標準審計意見時取 1，否則為 0；ROA 為資產收益率；ST 代表 ST 公司，當公司被特別處理時取 1，否則為 0；$LNSIZE$ 為公司規模，以資產總額的對數計量。

(二) 迴歸結果分析

表 6-24 列示了樣本的 CAR 多元迴歸結果。從表 6-24 可以看出，在多個窗口期，$AUDOP$ 的系數顯著為負。這說明證券市場對非標準審計意見在年報公布後的短時窗內有顯著的負面反應，從而驗證了超額收益法的結論。

六、研究結論

通過採用超額收益法和迴歸分析法，本書得到的結論是：2009—2012 年證券市場對非標準無保留意見有顯著的負面反應。這一結論反應出年報中披露的非標準審計意見具有信息含量，這在中國 2009—2012 年的證券市場得到了體現。同時，這也反應出中國證券監管部門對證券市場所採取的嚴厲監管措施取得了一定的成效。

表 6-24　2009—2012 年研究樣本與控制樣本 CAR 多元迴歸結果

	(-5,5)	(-4,4)	(-3,3)	(-2,2)	(-1,1)	(0,1)	(0,2)	(0,3)	(0,4)	(0,5)	(0,6)	(0,7)	(0,8)
AUDOP	-0.029,9***	-0.028,3***	-0.025,1***	-0.018,7**	-0.008,82	-0.004,39	-0.007,27	-0.011,3*	-0.014,5**	-0.015,9**	-0.016,2*	-0.014,5	-0.015,7*
	(-2.64)	(-2.81)	(-2.82)	(-2.56)	(-1.62)	(-1.01)	(-1.30)	(-1.66)	(-2.03)	(-1.98)	(-1.84)	(-1.55)	(-1.65)
ROA	-0.000,166	-0.000,133	0.000,020,5	0.000,154	0.000,228	-0.000,205	-0.000,227	-0.000,352	-0.000,484	-0.000,864	-0.000,958	-0.000,615	-0.000,260
	(-0.12)	(-0.11)	(0.02)	(0.18)	(0.36)	(-0.40)	(-0.34)	(-0.44)	(-0.58)	(-0.91)	(-0.92)	(-0.56)	(-0.23)
ST	0.026,8*	0.025,3**	0.015,2	0.010,3	0.015,0**	0.011,2**	0.007,85	0.007,85	0.012,4	0.013,6	0.012,0	0.009,26	0.010,8
	(1.89)	(2.00)	(1.36)	(1.12)	(2.20)	(2.06)	(1.12)	(0.92)	(1.38)	(1.35)	(1.09)	(0.79)	(0.91)
LNSIZE	-0.000,817	-0.000,913	-0.001,53	-0.002,37	-0.000,151	0.001,86	0.001,07	0.002,21	0.002,61	0.002,67	0.002,14	0.001,17	0.001,23
	(-0.20)	(-0.25)	(-0.48)	(-0.91)	(-0.08)	(1.20)	(0.54)	(0.91)	(1.02)	(0.93)	(0.68)	(0.35)	(0.36)
_cons	0.019,8	0.017,2	0.030,6	0.046,6	-0.000,522	-0.043,3	-0.030,8	-0.055,5	-0.064,8	-0.063,9	-0.048,4	-0.026,5	-0.025,4
	(0.24)	(0.23)	(0.47)	(0.86)	(-0.01)	(-1.35)	(-0.74)	(-1.10)	(-1.23)	(-1.08)	(-0.74)	(-0.38)	(-0.36)
N	254	254	254	254	254	254	254	254	254	254	254	254	254

註：* 代表 $p < 0.1$，** 代表 $p < 0.05$，*** 代表 $p < 0.01$。

第五節　審計意見對企業價值的影響

一、企業價值概述

（一）企業價值的含義

國內外關於企業價值的觀點主要有以下幾種[①]：

1. 勞動價值觀

從馬克思勞動價值論的角度來講，商品具有價值、交換價值和使用價值。任何一種商品都融入了人類大量的無差別的勞動。商品的價值是在現有的社會生產條件下，在社會平均勞動熟練程度和勞動強度下製造某種商品所需要的必要勞動時間。企業作為一種特殊的資產，也是人類勞動的產品，是腦力勞動和體力勞動的結晶，同樣具有價值、交換價值和使用價值。各種生產要素集合於企業，在價值創造中發揮著不同的作用。一個企業良好的組織文化、獨特的產品、出色的服務和質量保證，都是每個人經營和勞動的結果。不同的勞動強度、不同的努力程度會導致企業發展程度的不同。企業正是在這種製造和再製造的過程中產生價值的。也正是企業商品的這種價值和有用性，使得商品能夠在交換過程中獲得價值增值。

2. 盈利觀

從發展的角度看，企業的各種生產要素並不是一成不變的，會隨著環境和形勢的變化而不斷發生變化。因此，企業的價值更多地體現為未來的盈利能力。在分析企業價值時，不能僅僅局限於目前的規模和發展狀況，還應關註將來的成長機會和其他機會。這些都是企業獲取利潤的源泉，也是企業產生價值的源泉。另外，品牌、聲譽、影響力等一些無形的東西，也會影響企業的價值。只有用發展的眼光看待問題，才能全面考察企業的價值，才能深化對企業價值的認識。

3. 系統觀

從系統論來看，企業是各種生產要素的集合體，是各種資源的有效組合。這些要素之間相互聯繫、相互作用、相互影響，共同構成一個整體——企業系統。系統內的各個組成部分有著不同的職能。合理有序的結構

[①] 孫新婷. 內部審計質量對企業價值增值的實證研究[D]. 天津：天津財經大學，2012.

安排使得企業整體的價值遠遠大於單獨各部分的價值之和。企業的這種整體性、系統性使得企業能夠適應外界環境的變化，能夠應對生產過程中所遇到的各種問題。因此，在分析企業的價值時，要從企業整體出發，充分瞭解系統整體表現出來的各個組成部分所不具備的職能，因為這些新的職能將會增加企業價值。

  (二) 企業價值的衡量

  通常認為，企業價值是通過財務數據體現出來的量化價值，然而往往只通過一組可量化的數據體現企業真正蘊含的價值是遠遠不夠的。學者 Venkatraman (1986) 等認為，企業價值的衡量應包括財務性績效、非財務性績效和組織績效。其中，財務性績效通過分析財務數據來衡量企業經營成果，量化企業價值。非財務性績效包括企業發展潛力、產品附加值甚至公司領導的人脈關係等不可量化指標。組織績效則包含組成各種互相衝突的目標以及關係。

  目前，中國用來替代企業價值的比較主流的指標有三大類：

  1. 財務績效指標

  常見的用於衡量企業價值的財務指標有 ROE，ROA，EPS 等。ROE 是對企業通過合理運用其淨資產來獲取利潤能力的充分反應，同時該指標也能反應投資者對企業投資的收益高低，也是對企業所有者權益獲利能力進行評價的重要指標。該指標體現了自有資本獲得淨收益的能力。Zhu Kevin (2004)，Kohli R & Grover (2008) 等西方學者在其研究中使用 ROE 作為衡量企業價值的指標。但以 ROE 衡量企業價值也有一定的缺陷。因為 ROE 是上市公司進行再融資的主要考核指標，所以它成為眾多上市公司盈餘管理的對象，使得該指標的可信程度受到影響。ROA 是對企業通過合理運用其總體資產來獲取利潤能力的充分反應。該指標能夠較好地反應企業對其資產的使用效率和效果。Balakrishnan R (1995)，Rajiv D. Banker (2006) 等西方學者在其研究中採用該指標衡量企業價值。EPS 是公司獲利能力的最后結果。每股盈余高代表著公司每單位資本額的獲利能力高。EPS 常常受到人們特別的關註。投資者往往將每股收益的高低作為衡量股票優劣的尺度。John E. Core (2002)，Carol Marquardt (2005) 等學者在其研究中使用 EPS 作為衡量企業價值的指標。

  2. 市場指標

  常見的市場指標是 Tobin Q 值。西方研究者在實證研究中大多採用 Tobin Q 值作為企業經營好壞的一個判斷標準來衡量企業價值。托賓認為，

企業資產的價值與其相應的重置成本之比是與企業投資者的投資有一定關聯的。Tobin Q 是國內外學者在文獻中引用最多的衡量企業價值的變量。Hansbrouk（1985）；Badrinath Kini（1990）；Hamid Mehran（1995）；Russell（2001）；Ahn（2004）等都選用 Tobin Q 作為衡量企業價值的指標。

3. 綜合經濟指標

EVA（Economic Value Added）是經濟增加值的英文縮寫，是指從稅后淨營業利潤中扣除包括股權和債務的全部投入資本成本后的所得。EVA 是對企業合理有效地運用企業資本為投資者創造價值能力的充分評價。該指標是企業管理層盡職經營的重要業績考核工具，同時也能比較真實地反應出企業是否存在實虧虛盈的情況，從而更好地反應企業價值。Madhav V. Rajan（2000），LaurentL. Jacque（2001）等西方學者在其研究中採用 EVA 作為衡量企業價值的指標。

（三）企業價值的影響因素[①]

1. 資本結構

Masulis RW（1983）通過研究發現，企業價值會隨著企業資本結構的變化而相應改變。如果企業負債所占比例提高，那麼這會帶來企業價值的正向變動。Masulis（1983）還採用實證方法研究了資本結構與企業價值的關係，發現當負債在總資產中所占比例處在 23%～45%時，負債比例的提高會對企業價值變化有積極的影響。

2. 治理結構

Yermack（1996）在分析了 1984—1991 年美國最大的 500 家上市公司的數據后指出，上市公司董事會規模與企業價值存在負相關關係，即董事會規模的增大會導致企業價值的下降。Rechner Dalton（1989）則研究了董事長與總經理「雙職合一」或由不同人擔任對企業價值的影響。他的研究結果表明，「雙職合一」會對企業價值產生影響。

3. 股權結構

Jensen & Meckling（1976）通過研究發現企業內部持股人所持股份份額的比例越高，其企業價值也越高，並進一步指出這是由於高管或企業內部持股人的持股比例逐漸提高，其利益也逐漸地與企業全體股東的利益相一致，因而其在經營或投資決策中會更多地從整體上考慮企業價值的提升。Mcconnell & Servas（1990）在其研究中發現企業的股權結構同企業價

---

① 鐘浩. 內部審計質量與企業價值的關係［D］. 南昌：江西財經大學，2013.

值存在非線性的函數關係。當實際控股股東持股比例處於40%以下時，企業的托賓Q值與該比例呈正向關係，而當持股比例處在40%～50%時，托賓Q值則開始減小。Charles Kahn（1998）在其研究中指出，由於存在信息不對稱，機構投資者更傾向於持股上市公司，如此便有可能獲得相應的投機機會，使得該機構投資者所持股份的價值提高，從而在某種程度上也能促進企業價值的提高。Bennedsen（2003）指出，如果企業不是只有單一的大股東而是有較多個大股東時，那麼這種股權結構會對企業價值產生積極的影響。

二、審計與企業價值

有學者從投資者反應的角度研究審計對公司價值的影響。Dopuch（1987）認為，非標準審計意見會導致公司股價下跌，從而降低企業價值。Fama & Laffer（1971）也發現，審計意見會導致證券價格的變化，從而影響企業價值。

更多的文獻從審計的治理效用角度研究審計意見對企業價值的影響。Jensen & Meckling（1976）認為，當公司內部治理機制存在缺陷時，審計能作為公司內部治理機制的替代，起到降低代理成本、增強企業價值的作用。審計發揮治理效應能促進公司治理機制的完善，而公司治理機制的完善有利於企業績效的增長，促進企業價值的提升。審計參與公司治理的重要方式就是通過出具審計意見，引起投資者及監管部門對公司的關注，從而促使公司完善內部治理機制。Klapper & Love（2004）通過研究亞洲國家的企業價值，證實了在外部治理機制較好的地區，公司治理機制的完善對提升企業價值的作用更為明顯。Fan & Wong（2005）發現，外部審計可以在東亞新興市場國家的上市公司中發揮積極的治理效應，提高公司市場價值。Black（2006），Cheung（2007）等以美國公司為樣本，均證實了完善的公司治理機制能顯著提升企業價值。Ghosh（2007）的實證結果表明，在管理層持股比例較高的公司裡，外部審計的監督有助於減少管理層的道德風險問題，有效提升公司價值。在國內，潘福祥（2004）通過實證研究證實了，公司治理水平對企業價值有積極的正向促進作用，並且隨著中國證券市場的改革和日益規範化，呈現出逐年加強的趨勢。陳新英、文炳洲（2006）認為，獲得清潔審計意見的公司客觀上向市場傳遞了公司治理結構良好、持續發展有保障的信號，從而增強投資者信心，而獲得非清潔審計意見的公司，往往可能在公司治理上存在殘缺或畸形，且這又會導致投資者信心喪失，從而使公司價值下降。劉亞莉等（2011）的研究發現，外

部審計對提升公司價值有積極的作用。張維、張杰（2013）的實證結論表明，標準無保留審計意見對企業價值的增長具有顯著的促進作用。

三、研究設計

（一）研究假設

潘福祥（2004）和魯桐等（2010）研究認為，公司治理水平對公司績效具有正向的促進作用。而治理水平的提高，離不開審計功能的發揮。Fan &Wong（2005）認為，高質量的外部審計具有公司治理功能。Fan & Wong（2005）認為，在外部法治環境不利於保護投資者利益或執行效果較差時，外部審計甚至可以在一定程度上代替法律機制發揮作用，治理效應更為明顯。審計的治理效應可以在降低公司高風險擔保、降低代理成本、降低控股股東的資金占用等方面得到體現。審計治理效應的發揮促進了公司治理機制的完善，從而有利於企業績效的增長，促進企業價值的提升。標準無保留意見的簽發，不僅代表審計師對財務報告本身的認可，而且也向市場傳遞了公司治理結構良好、持續發展有保障的信號，增強了投資者信心，有利於公司價值的增加。如果審計簽發非標準審計意見，那麼這可能意味著公司在治理上存在問題，會導致投資者信心喪失，從而使公司價值下降。因此，我們提出假設：審計意見會影響公司價值，標準無保留審計意見會提升公司價值，而非標準審計意見則對公司價值產生不利影響。

（二）迴歸模型

為了檢驗上述假設，建立的迴歸模型如下：

$$MV=\alpha_0+\alpha_1 AUDOP+\alpha_2 LNSIZE+\alpha_3 ALR+\alpha_4 QURA+\alpha_5 EPS+\varepsilon \tag{1}$$

模型中各變量定義如表 6-25 所示。

表 6-25　　　　　　　　　變量定義表

變量名	變量定義
MV	企業價值增量，用（年末企業價值-年初企業價值）/年初企業價值來計算
AUDOP	審計意見，當審計意見為非標準審計意見時取 1，否則為 0
LNSIZE	公司規模，以資產總額的對數計量
ALR	資產負債率
QURA	速運比率
EPS	每股收益

(三) 數據來源

為了對研究假設進行檢驗，本書選用2001—2013年深滬上市公司的數據。剔除缺失數據和金融行業公司后，得到19,032個樣本。為消除極端值的影響，本書對迴歸中使用到的連續變量按1%進行了Winsorize縮尾處理。樣本數據來自於CSMAR數據庫。本書使用Stata 12.0對數據進行處理。

四、數據分析與結果

（一）描述性統計

表6-26列示了樣本的年度行業分佈情況。從表6-26可以看出，各年樣本數呈遞增趨勢，與上市公司數量不斷增多一致。

表6-26　　　　　　　　　　樣本分佈表

行業	2001年	2002年	2003年	2004年	2005年	2006年	2007年	2008年	2009年	2010年	2011年	2012年	2013年	Total
A	25	27	27	28	33	34	34	32	31	32	35	31	33	402
B	13	16	17	20	22	21	23	31	39	45	51	56	60	414
C1	85	93	97	104	112	113	116	121	122	123	141	155	164	1,546
C3	301	322	354	376	404	409	418	466	493	507	603	685	719	6,057
C4	24	24	25	24	26	26	29	34	28	28	30	23	24	345
C9	201	223	231	245	270	268	270	286	304	308	358	385	396	3,745
D	41	44	48	50	56	58	60	59	61	69	71	77	78	772
E	17	18	20	24	26	27	31	34	36	36	38	51	56	414
F	92	93	97	96	97	97	94	92	95	101	112	145	151	1,362
G	41	45	49	53	56	57	61	65	64	65	72	75	78	781
H	7	7	7	7	7	7	9	9	11	11	12	12		113
I	37	40	43	48	48	48	51	51	53	53	64	58	63	657
K	57	60	61	61	64	65	71	81	88	121	123	139	133	1,124
L	12	13	14	14	15	15	16	18	18	19	23	18	18	213
M	0	0	0	0	0	0	3	4	4	4	5	5		25
N	10	10	11	11	11	11	13	10	8	9	18	19		152
O	5	5	5	5	5	5	6	8	7	7	0	0		63
P	0	0	0	0	0	0	0	0	0	0	1	1		2
Q	0	0	0	0	0	1	1	1	1	1	1	1		7
R	4	4	4	4	4	4	5	7	7	11	15	18		91
S	74	72	71	68	65	65	66	61	61	50	52	20	22	747
合計	1,046	1,116	1,181	1,238	1,321	1,330	1,368	1,468	1,532	1,595	1,816	1,970	2,051	19,032

表 6-27 報告了變量的描述性統計。從表 6-27 可以看出，審計師出具標準審計意見的比例很大，非標準審計意見的平均比例為 7.90%。資產負債率的均值為 51.30%。速運比率的均值約為 1.25。每股收益的均值為 0.25。

表 6-27　　　　　　　　　　變量描述性統計

變量	N	均值	標準差	最小值	最大值
MV	19,032	0.232,236	0.871,107	-0.740,6	4.018,605
$AUDOP$	19,032	0.079,077	0.269,867	0	1
$LNSIZE$	19,032	21.562,74	1.211,821	18.814,3	25.274,36
ALR	19,032	0.513,005	0.256,314	0.066,602	1.840,67
$QURA$	19,032	1.248,909	1.416,453	0.095,799	9.490,43
EPS	19,032	0.251,586	0.470,439	-1.458,72	1.970,13

表 6-28 列示了變量的相關係數。審計意見、資產規模、速運比率等均與企業價值增量顯著相關，非標準審計意見與企業價值增量顯著負相關，與假設相一致。

表 6-28　　　　　　　　　　相關係數表

	MV	$AUDOP$	$LNSIZE$	ALR	$QURA$	EPS
MV	1					
$AUDOP$	-0.055***	1				
$LNSIZE$	0.039***	-0.242***	1			
ALR	0.021***	0.404***	0.064***	1		
$QURA$	-0.030***	-0.094***	-0.161***	-0.546***	1	
EPS	0.164***	-0.342***	0.361***	-0.263***	0.131***	1

註：* 代表 $p<0.1$，** 代表 $p<0.05$，*** 代表 $p<0.01$。

(二) 迴歸結果分析

表 6-29 報告了樣本的迴歸結果。從表 6-29 可以看出，$AUDOP$ 的係數為負，且上 1% 水平上顯著，支持了本書的假設，即非標準審計意見會對公司價值產生不利影響。

表 6-29　　　　　　　　　迴歸結果

	(1) MV
AUDOP	−0.051,1***
	(−3.10)
LNSIZE	−0.020,0***
	(−5.31)
ALR	0.086,7***
	(4.30)
QURA	−0.002,00
	(−0.60)
EPS	0.233***
	(24.99)
_cons	0.102
	(1.21)
N	19,032
F 值	936.46
Prob > F	0.000,0
Adj-R^2	0.645,2

註：* 代表 $p < 0.1$，** 代表 $p < 0.05$，*** 代表 $p < 0.01$。

參考文獻

[1] 陳涓. 上市公司年報審計意見信息含量研究——基於投資者視角 [J]. 國際商務財會，2013（3）：59-65.

[2] 李學東，高學敏. 審計意見的形成機制與市場傳導效應分析 [J]. 現代財經——天津財經大學學報，2008（8）：45-48.

[3] MICHAEL FIRTH. Qualified audit reports：their impact on investment decisions [J]. Accounting Review，1978：642-650.

[4] ROBERT H ASHTON, JOHN J WILLINGHAM, ROBERT K ELLIOTT. An empirical analysis of audit delay [J]. Journal of Accounting Research，1987：275-292.

[5] NICHOLAS DOPUCH, ROBERT W HOLTHAUSEN, RICHARD W

LEFTWICH. Predicting audit qualifications with financial and market variables [J]. Accounting Review, 1987: 431-454.

[6] NAHUM D MELUMAD, AMIR ZIV. A theoretical examination of the market reaction to auditors' qualifications [J]. Journal of Accounting Research, 1997: 239-256.

[7] 單鑫. 中國股票市場對審計意見信息披露反應的研究 [D]. 北京: 清華大學, 1999.

[8] CHARLES JP CHEN, XIJIA SU, RONALD ZHAO. An emerging market's reaction to initial modified audit opinions: evidence from the shanghai stock exchange [J]. Contemporary Accounting Research, 2000, 17 (3): 429-455.

[9] 郭志勇, 陳龍春. 上市公司非標準審計意見市場反應的差異性研究 [J]. 審計與經濟研究, 2008 (3): 38-43.

[10] 黃秋敏, 張天西. 首次持續經營不確定性審計意見信息含量研究 [J]. 審計與經濟研究, 2009 (6): 25-33.

[11] KRISHNAGOPAL MENON, DAVID D WILLIAMS. Investor reaction to going concern audit reports [J]. The Accounting Review, 2010, 85 (6): 2075-2105.

[12] DOYLE W BANKS, WILLIAM R KINNEY. Loss contingency reports and stock prices: an empirical study [J]. Journal of Accounting Research, 1982: 240-254.

[13] CAROL A FROST. Loss contingency reports and stock prices: a replication and extension of banks and kinney [J]. Journal of Accounting Research, 1991: 157-169.

[14] 陳曉, 王鑫. 股票市場對保留審計意見報告公告的反應 [J]. 經濟科學, 2001 (3): 78-89.

[15] 王躍堂, 陳世敏. 脫鈎改制對審計獨立性影響的實證研究 [J]. 審計研究, 2001, 3 (3): 2-9.

[16] 楊其靜, 楊繼東. 董事會只是為了監督嗎? [J]. 南開經濟研究, 2008 (6): 56-63, 74.

[17] 方軍雄. 高管超額薪酬與公司治理決策 [J]. 管理世界, 2012 (11): 144-155.

[18] 張俊生, 曾亞敏. 董事會特徵與總經理變更 [J]. 南開管理評

论, 2005 (1): 16-20.

[19] 劉星, 代彬, 郝穎. 高管權力與公司治理效率——基於國有上市公司高管變更的視角 [J]. 管理工程學報, 2012 (1): 1-12.

[20] ANNE T COUGHLAN, RONALD M SCHMIDT. Executive compensation, management turnover and firm performance: an empirical investigation [J]. Journal of Accounting And Economics, 1985, 7 (1): 43-66.

[21] MICHAEL S WEISBACH. Outside directors and CEO turnover [J]. Journal of Financial Economics, 1988, 20: 431-460.

[22] 龔玉池. 公司績效與高層更換 [J]. 經濟研究, 2001 (10): 75-82, 96.

[23] DENNIS KK FAN, CHUNG-MING LAU, MICHAEL YOUNG. Is China's corporate governance beginning to come of age? the case of CEO turnover [J]. Pacific-Basin Finance Journal, 2007, 15 (2): 105-120.

[24] ERIC C CHANG, SONIA ML WONG. Governance with multiple objectives: evidence from top executive turnover in China [J]. Journal of Corporate Finance, 2009, 15 (2): 230-244.

[25] 過新偉, 胡曉. 公司治理、宏觀經濟環境與財務失敗預警研究——離散時間風險模型的應用 [J]. 上海經濟研究, 2012 (5): 85-97.

[26] DAVID YERMACK. Higher market valuation of companies with a small board of directors [J]. Journal of Financial Economics, 1996, 40 (2): 185-211.

[27] MARK R HUSON, ROBERT PARRINO, LAURA T STARKS. Internal monitoring mechanisms and CEO turnover: a long-term perspective [J]. The Journal of Finance, 2001, 56 (6): 2265-2297.

[28] 馬磊, 辛立國. 公司業績、董事會特徵與高管更換 [J]. 產業經濟評論, 2008 (4): 105-123.

[29] WARREN BOEKER. Power and managerial dismissal: scapegoating at the top [J]. Administrative Science Quarterly, 1992: 400-421.

[30] LUC RENNEBOOG. Ownership, managerial control and the governance of companies listed on the brussels stock exchange [J]. Journal of Banking & Finance, 2000, 24 (12): 1959-1995.

[31] 沈藝峰, 陳舒予, 黃娟娟. 投資者法律保護、所有權結構與困境公司高層管理人員變更 [J]. 中國工業經濟, 2007 (1): 96-103.

[32] RAFAEL LA PORTA, FLORENCIO LOPEZ-DE-SILANES, ANDREI SHLEIFER, et al. Investor protection and corporate governance [J]. Journal of Financial Economics, 2000, 58 (1): 3-27.

[33] 祝焰, 趙紅梅. 中國公司內部治理對高層變更影響的實證研究 [J]. 中南民族大學學報: 自然科學版, 2007 (4): 90-94.

[34] HENRY G MANNE. Mergers and the market for corporate control [J]. The Journal Of Political Economy, 1965: 110-120.

[35] 朱紅軍. 中國上市公司高管人員更換的現狀分析 [J]. 管理世界, 2002 (5): 126-131, 141.

[36] 石水平. 控制權轉移、企業績效與大股東利益侵占——來自上市公司高管變更的經驗證據 [J]. 經濟與管理研究, 2009 (11): 24-32.

[37] 黃益雄. 會計師事務所變更方向與審計意見的實證研究 [J]. 中國註冊會計師, 2012 (10): 63-70.

[38] 蔣榮, 劉星, 劉斌. 中國上市公司外部審計治理有效性的實證研究——基於 CEO 變更視角 [J]. 財經研究, 2007 (11): 92-103.

[39] 郭葆春. 公司業績、董事會特徵與財務總監變更——來自深滬股市的經驗數據 [J]. 財經科學, 2008 (3): 117-124.

[40] 王進朝. 非標準審計意見與高管更換的相關性檢驗——基於 2002—2009 年中國 A 股上市公司的實證研究 [J]. 審計與經濟研究, 2011 (1): 48-56.

[41] 王成方, 葉若慧, 於富生. 審計意見、政治關聯與高管變更 [J]. 會計與經濟研究, 2012 (5): 42-49.

[42] KEVIN J MURPHY. Corporate performance and managerial remuneration: an empirical analysis [J]. Journal of Accounting And Economics, 1985, 7 (1): 11-42.

[43] GEORGE P BAKER, BRIAN J HALL. CEO incentives and firm size [R]. National Bureau Of Economic Research, 1998.

[44] RAJARAM VELIYATH. Top management compensation and shareholder returns: unravelling different models of the relationship [J]. Journal of Management Studies, 1999, 36 (1): 123-143.

[45] MAHMOUD M NOURAYI, GIORGIO CANARELLA, ARMAN GASPARYAN. New insights into executive compensation and firm performance: evidence from a panel of「new economy」firms, 1996—2002 [J]. Managerial

Finance, 2008, 34 (8): 537-554.

[46] 張暉明, 陳志廣. 高級管理人員激勵與企業績效——以滬市上市公司為樣本的實證研究 [J]. 世界經濟文匯, 2002 (4): 29-37.

[47] 杜勝利, 翟豔玲. 總經理年度報酬決定因素的實證分析——以中國上市公司為例 [J]. 管理世界, 2005 (8): 114-120.

[48] 陳旭東, 谷靜. 上市公司高管薪酬與企業績效的相關性研究 [J]. 財會通訊: 學術版, 2008 (6): 87-89.

[49] 吳育輝, 吳世農. 高管薪酬: 激勵還是自利? ——來自中國上市公司的證據 [J]. 會計研究, 2010 (11): 40-48, 96-97.

[50] 劉紹娓, 萬大豔. 高管薪酬與公司績效: 國有與非國有上市公司的實證比較研究 [J]. 中國軟科學, 2013 (2): 90-101.

[51] MICHAEL C JENSEN, KEVIN J MURPHY. Performance pay and top-management incentives [J]. Journal Of Political Economy, 1990: 225-264.

[52] RAJESH K AGGARWAL, ANDREW A SAMWICK. Executive compensation, relative performance evaluation and strategic competition: theory and evidence [J]. Journal of Finance, 1999, 54 (6): 1970-1999.

[53] PIETER DUFFHUES, REZAUL KABIR. Is the pay-performance relationship always positive? Evidence from the netherlands [J]. Journal of Multinational Financial Management, 2008, 18 (1): 45-60.

[54] 朱德勝, 岳麗君. 管理者薪酬與企業績效的相關性研究 [J]. 山東財政學院學報, 2004 (6): 45-49.

[55] 劉善敏, 諶新民. 經營者報酬激勵的規模與行業特性 [J]. 華南師範大學學報: 社會科學版, 2005 (2): 25-31, 37-157.

[56] 李娟, 李祥. 高管薪酬與企業績效的相關性研究——基於山東省上市公司的實證分析 [J]. 海南金融, 2011 (5): 49-51.

[57] 張必武, 石金濤. 董事會特徵、高管薪酬與薪績敏感性——中國上市公司的經驗分析 [J]. 管理科學, 2005 (4): 32-39.

[58] 陳華. 審計意見對高管薪酬影響的實證研究 [J]. 會計之友: 下旬刊, 2010 (11): 105-107.

[59] 杜興強, 王麗華. 高層管理當局薪酬與上市公司業績的相關性實證研究 [J]. 會計研究, 2007 (1): 58-65.

[60] 陳華, 王海燕. 審計意見、高管薪酬與公司治理——來自中國資

本市場的經驗證據 [J]. 財會通訊, 2011 (15): 41-44, 161.

[61] 建蕾, 梁娟. Ceo 薪酬與非標準審計意見互動效應的實證研究——來自中國上市公司的經驗證據 [J]. 會計之友, 2011 (22): 84-86.

[62] 朱凱, 陳信元. 金融發展、審計意見與上市公司融資約束 [J]. 金融研究, 2009 (7): 66-80.

[63] 彭桃英, 譚雪. 信息披露、審計意見與上市公司融資約束——來自深圳 A 股市場的經驗證據 [J]. 系統工程, 2013 (3): 34-40.

[64] 薄仙慧, 吳聯生. 盈余管理、信息風險與審計意見 [J]. 審計研究, 2011 (1): 90-97.

[65] FRANCO MODIGLIANI, MERTON H MILLER. The cost of capital, corporation finance and the theory of investment [J]. The American Economic Review, 1958: 261-297.

[66] HAI YAP TEOH, CHUI CHOO LIM. An empirical study of the effects of audit committees, disclosure of nonaudit fees, and other issues on audit independence: malaysian evidence [J]. Journal of International Accounting, Auditing and Taxation, 1996, 5 (2): 231-248.

[67] YAKOV AMIHUD, HAIM MENDELSON. Asset pricing and the bid-ask spread [J]. Journal of Financial Economics, 1986, 17 (2): 223-249.

[68] MICHAEL WELKER. Disclosure policy, information asymmetry and liquidity in equity markets [J]. Contemporary Accounting Research, 1995, 11 (2): 801-827.

[69] PAUL M HEALY, JAMES M WAHLEN. A review of the earnings management literature and its implications for standard setting [J]. Accounting Horizons, 1999, 13 (4): 365-383.

[70] DOUGLAS W DIAMOND, ROBERT E VERRECCHIA. Disclosure liquidity, and the cost of capital [J]. The Journal of Finance, 1991, 46 (4): 1325-1359.

[71] OLIVER KIM, ROBERT E VERRECCHIA. Market liquidity and volume around earnings announcements [J]. Journal of Accounting and Economics, 1994, 17 (1): 41-67.

[72] CHRISTOPHER B BARRY, STEPHEN J BROWN. Differential information and security market equilibrium [J]. Journal of Financial and Quantitative Analysis, 1985, 20 (4): 407-422.

[73] PARTHA SENGUPTA. Corporate disclosure quality and the cost of debt [J]. Accounting Review, 1998: 459-474.

[74] JENNIFER FRANCIS, RYAN LAFOND, PER OLSSON, et al. The market pricing of accruals quality [J]. Journal of Accounting and Economics, 2005, 39 (2): 295-327.

[75] 張璋. 上市公司信息披露質量與債務成本實證研究 [J]. 財會通訊, 2011 (23): 36-37.

[76] GARY C BIDDLE, GILLES HILARY. Accounting quality and firm-level capital investment [J]. The Accounting Review, 2006, 81 (5): 963-982.

[77] 盧太平, 張東旭. 融資需求、融資約束與盈余管理 [J]. 會計研究, 2014 (1): 35-41, 94.

[78] FERDINAND A GUL, CHARLES JP CHEN, JUDY SL TSUI. Discretionary accounting accruals, managers' incentives and audit fees [J]. Contemporary Accounting Research, 2003, 20 (3): 441-464.

[79] JERE R FRANCIS, JAGAN KRISHNAN. Accounting accruals and auditor reporting conservatism [J]. Contemporary Accounting Research, 1999, 16 (1): 135-165.

[80] MARK T BRADSHAW, SCOTT A RICHARDSON, RICHARD G SLOAN. Do analysts and auditors use information in accruals? [J]. Journal of Accounting Research, 2001, 39 (1): 45-74.

[81] EFA BARTOV. GUL., AND JS TSUI. Discretionary-accruals models and audit qualifications [J]. Journal of Accounting and Economics, 2001, 30 (425).

[82] LAURA ARNEDO AJONA, FERMIN LIZARRAGA DALLO, SANTIAGO SANCHEZ ALEGRIA. Discretionary accruals and auditor behaviour in code-law contexts: an application to failing spanish firms [J]. European Accounting Review, 2008, 17 (4): 641-666.

[83] 章永奎, 楊翼飛. 費用化還是資本化: 試論研究與開發支出會計處理 [J]. 財會通訊, 2002 (11): 3-6.

[84] WILLIAM R SCOTT. Financial accounting theory [M]. Toronto: Pearson Education Canada, 2014.

[85] 趙衛鋒. 盈余管理與會計信息質量的對立統一關係研究 [J]. 會

计之友, 2012 (25): 118-119.

[86] STEVEN M FAZZARI, R GLENN HUBBARD, BRUCE C PETERSEN. Investment-cash flow sensitivities are useful: a comment on kaplan and zingales [J]. Quarterly Journal of Economics, 2000: 695-705.

[87] HEITOR ALMEIDA, MURILLO CAMPELLO, MICHAEL S WEISBACH. The cash flow sensitivity of cash [J]. The Journal of Finance, 2004, 59 (4): 1777-1804.

[88] STEVEN N KAPLAN, LUIGI ZINGALES. Do investment-cash flow sensitivities provide useful measures of financing constraints? [J]. The Quarterly Journal of Economics, 1997: 169-215.

[89] TONI M WHITED, GUOJUN WU. Financial constraints risk [J]. Review Of Financial Studies, 2006, 19 (2): 531-559.

[90] 唐建新, 陳冬. 金融發展與融資約束——來自中小企業板的證據 [J]. 財貿經濟, 2009 (5): 5-11.

[91] 連玉君, 彭方平, 蘇治. 融資約束與流動性管理行為 [J]. 金融研究, 2010 (10): 158-171.

[92] 周寶源. 送轉行為、年報績效信息與融資約束 [J]. 當代財經, 2011 (10): 108-115.

[93] 孫剛. 金融生態環境、股價波動同步性與上市企業融資約束 [J]. 證券市場導報, 2011 (1): 49-55.

[94] 李四海, 羅月喬. 審計質量、債務融資與企業投資行為——來自中國上市公司的經驗證據 [J]. 投資研究, 2012 (10): 14-26.

[95] 郭照蕊. 國際四大與高審計質量——來自中國證券市場的證據 [J]. 審計研究, 2011 (1): 98-107.

[96] 劉宇. 證券市場審計質量、盈余管理與信息含量——基於1999—2007年滬深市場的經驗數據 [J]. 山西財經大學學報, 2010 (6): 116-124.

[97] 張迪. 審計師對信息風險區別對待了嗎?——基於「調增式變臉」與審計意見關係的證據 [J]. 審計研究, 2012 (3): 106-112.

[98] 孔凡峰. 內部控制缺陷與債務成本——基於財務信息質量視角 [J]. 廣東商學院學報, 2012 (3): 75-82.

[99] 徐莉莎. 信息風險、盈余質量對資本成本的影響分析 [J]. 財會月刊, 2008 (14): 19-22.

［100］嚴寒冰. 關於核心財務能力、信息風險與審計意見的相關性研究——來自中國上市公司的經驗數據［J］. 中國經貿導刊, 2012（14）: 51-53.

［101］張明恒, 沈宏斌. 小型商業銀行貸款利率定價的多因素模型實證研究［J］. 上海經濟研究, 2009（4）: 45-49.

［102］胡奕明, 唐松蓮. 審計、信息透明度與銀行貸款利率［J］. 審計研究, 2007（6）: 73, 74-84.

［103］DAVID W BLACKWELL, THOMAS R NOLAND, DREW B WINTERS. The value of auditor assurance: evidence from loan pricing［J］. Journal of Accounting Research, 1998: 57-70.

［104］楊臻黛, 李若山. 審計意見的決策有用性: 來自中國商業銀行信貸官的實驗證據［J］. 中國註冊會計師, 2007（12）: 72-76.

［105］李海燕, 厲夫寧. 獨立審計對債權人的保護作用——來自債務代理成本的證據［J］. 審計研究, 2008（3）: 81-93.

［106］JONG-HAG CHOI, JEONG-BON BON KIM, YOONSEOK ZANG. The association between audit quality and abnormal audit fees［J］. Ssrn Electronic Journal, 2006.

［107］RONALD C ANDERSON, SATTAR A MANSI, DAVID M REEB. Board characteristics, accounting report integrity and the cost of debt［J］. Journal of Accounting And Economics, 2004, 37（3）: 315-342.

［108］RONALD A DYE. Auditing standards, legal liability and auditor wealth［J］. Journal of Political Economy, 1993: 887-914.

［109］PAUL M HEALY. The effect of bonus schemes on accounting decisions［J］. Journal of Accounting and Economics, 1985, 7（1）: 85-107.

［110］CHEE W CHOW, STEVEN J RICE. Qualified audit opinions and auditor switching［J］. Accounting Review, 1982: 326-335.

［111］PETER DODD, NICHOLAS DOPUCH, ROBERT HOLTHAUSEN, et al. Qualified audit opinions and stock prices: information content, announcement dates and concurrent disclosures［J］. Journal of Accounting And Economics, 1984, 6（1）: 3-38.

［112］SUNG K CHOI, DEBRA C JETER. The effects of qualified audit opinions on earnings response coefficients［J］. Journal of Accounting and Economics, 1992, 15（2）: 229-247.

[113] 李增泉. 實證分析: 審計意見的信息含量 [J]. 會計研究, 1999 (8): 16-22.

[114] 宋常, 惲碧琰. 上市公司首次披露的非標準審計意見信息含量研究 [J]. 審計研究, 2005 (1): 32-40.

[115] 肖序, 周志方. 上市公司非標準審計意見的市場反應及價值相關性研究——來自 2001—2004 年的經驗證據 [J]. 南京審計學院學報, 2006 (3): 1-8.

[116] 侯國民, 惲碧琰, 宋常. 上市公司連續披露的非標準審計意見信息含量研究 [J]. 審計研究, 2007 (4): 48-58.

[117] 劉嫦, 郭桂花. 中國上市公司審計意見信息含量的市場反應檢驗——基於深市 2003—2005 年的經驗證據 [J]. 內蒙古財經學院學報, 2008 (3): 105-108.

[118] 張勇, 陳俊. 帶強調事項段無保留審計意見信息含量及其差異性研究 [J]. 貴州財經學院學報, 2012 (5).

[119] 胡大力, 王新玥. 持續經營審計意見的信息含量 [J]. 稅務與經濟, 2014 (5): 35-40.

[120] 張曉嵐, 宋敏. 上市公司持續經營審計意見信息含量的差異性研究 [J]. 審計研究, 2007 (6): 58, 59-66.

[121] 郭志勇. 中國上市公司非標準審計意見市場反應的實證研究 [J]. 經濟論壇, 2008 (7): 113-115.

[122] 廖偉. 三類非標準審計意見市場反應的差異性研究 [J]. 現代商貿工業, 2009 (16): 193-194.

[123] 陳曉, 王鑫. 股票市場對保留審計意見報告公告的反應 [J]. 經濟科學, 2001 (3).

[124] 惲碧琰, 闞京華. 上市公司首次及連續披露解釋性說明審計意見信息含量比較研究 [J]. 財會通訊: 學術版, 2008 (12): 68-71.

[125] 楚昕. 審計意見信息含量的理論分析與實證研究 [D]. 長春: 吉林大學, 2010.

[126] 孫新婷. 內部審計質量對企業價值增值的實證研究 [D]. 天津: 天津財經大學, 2012.

[127] NATARJAN VENKATRAMAN, VASUDEVAN RAMANUJAM. Measurement of business performance in strategy research: a comparison of approaches [J]. Academy of Management Review, 1986, 11 (4): 801-814.

[128] 王鹿寧. 中國上市央企自願性信息披露與企業價值關係實證研究 [D]. 北京: 北京理工大學, 2015.

[129] KEVIN ZHU. The complementarity of information technology infrastructure and ecommerce capability: a resource-based assessment of their business value [J]. Journal of Management Information Systems, 2004, 21 (1): 167-202.

[130] RAJIV KOHLI, VARUN GROVER. business value of it: an essay on expanding research directions to keep up with the times [J]. Journal of The Association For Information Systems, 2008, 9 (1): 1.

[131] RAMJI BALAKRISHNAN. rationing resources among multiple divisions [J]. Journal of Accounting, Auditing & Finance, 1995, 10 (2): 263-290.

[132] RAJIV D. BANKER, LEI (TONY) CHEN. Predicting earnings using a model based on cost variability and cost stickness [J]. The Accamting Review, 2006 (81): 285-307.

[133] JOHN E CORE, DAVID F LARCKER. Performance consequences of mandatory increases in executive stock ownership [J]. Journal of Financial Economics, 2002, 64 (3): 317-340.

[134] CAROL MARQUARDT, CHRISTINE WIEDMAN. Earnings management through transaction structuring: contingent convertible debt and diluted earnings per share [J]. Journal of Accounting Research, 2005, 43 (2): 205-243.

[135] RONALD W MASULIS. The impact of capital structure change on firm value: some estimates [J]. The Journal of Finance, 1983, 38 (1): 107-126.

[136] 鐘浩. 內部審計質量與企業價值的關係 [D]. 南昌: 江西財經大學, 2013.

[137] DAVID YERMACK. Higher market valuation of companies with a small board of directors [J]. Journal of Financial Economics, 1996, 40 (2): 185-211.

[138] PAULA L RECHNER, DAN R DALTON. The impact of CEO as board chairperson on corporate performance: evidence vs. rhetoric [J]. The Academy of Management Executive, 1989, 3 (2): 141-143.

[139] MICHAEL C JENSEN, WILLIAM H MECKLING. Theory of the firm: managerial behavior, agency costs and ownership structure [J]. Journal of Financial Economics, 1976, 3 (4): 305-360.

[140] JOHN J MCCONNELL, HENRI SERVAES. Additional evidence on equity ownership and corporate value [J]. Journal of Financial Economics, 1990, 27 (2): 595-612.

[141] CHARLES KAHN, ANDREW WINTON. Ownership structure, speculation, and shareholder intervention [J]. The Journal of Finance, 1998, 53 (1): 99-129.

[142] MORTEN BENNEDSEN, MOGENS FOSGERAU, KASPER MEISNER NIELSEN. The strategic choice of control allocation and ownership distribution in closely held corporations [C] //14th Annual Conference On Financial Economics And Accounting (Fea), 2003.

[143] EUGENE F FAMA, ARTHUR B LAFFER. Information and capital markets [J]. Journal of Business, 1971 (3): 289-298.

[144] LEORA F KLAPPER, INESSA LOVE. Corporate governance, investor protection and performance in emerging markets [J]. Journal of Corporate Finance, 2004, 10 (5): 703-728.

[145] JOSEPH PH FAN, TAK JUN WONG. Do external auditors perform a corporate governance role in emerging markets? Evidence from east asia [J]. Journal of Accounting Research, 2005, 43 (1): 35-72.

[146] BERNARD S BLACK, HASUNG JANG, WOOCHAN KIM. Does corporate governance predict firms' market values? evidence from korea [J]. Journal of Law, Economics, And Organization, 2006, 22 (2): 366-413.

[147] YAN-LEUNG CHEUNG, J THOMAS CONNELLY, PIMAN LIMPAPHAYOM, et al. Do investors really value corporate governance? evidence from the hong kong market [J]. Journal of International Financial Management & Accounting, 2007, 18 (2): 86-122.

[148] SAIBAL GHOSH. External auditing, managerial monitoring and firm valuation: an empirical analysis for india [J]. International Journal of Auditing, 2007, 11 (1): 1-15.

[149] 潘福祥. 公司治理與企業價值的實證研究 [J]. 中國工業經濟, 2004 (4): 107-112.

[150] 陳新英, 文炳洲. 公司治理、價值創造與投資者信心 [J]. 寧夏社會科學, 2006 (5): 29-32.

[151] 張維, 張杰. 審計意見與企業價值的實證研究 [J]. 金融理論與實踐, 2013 (5): 26-30.

[152] 劉亞莉, 張竹, 石蕾. 外部審計、管理層持股與公司價值 [J]. 會計之友, 2011 (3): 109-113.

[153] 魯桐, 黨印, 仲繼銀. 中國大型上市公司治理與績效關係研究 [J]. 金融評論, 2010 (6): 33-46, 121.

國家圖書館出版品預行編目(CIP)資料

審計意見影響因素與經濟後果研究/李歆 著.-- 第一版.
-- 臺北市：崧博出版：財經錢線文化發行，2018.10

面；　公分

ISBN 978-957-735-537-9(平裝)

1.上市公司 2.審計

553.97　　　107016315

書　名：審計意見影響因素與經濟後果研究
作　者：李歆 著
發行人：黃振庭
出版者：崧博出版事業有限公司
發行者：財經錢線文化事業有限公司
E-mail：sonbookservice@gmail.com
粉絲頁　　　　　　　網　址：
地　址：台北市中正區延平南路六十一號五樓一室
8F.-815, No.61, Sec. 1, Chongqing S. Rd., Zhongzheng Dist., Taipei City 100, Taiwan (R.O.C.)
電　話：(02)2370-3310　傳　真：(02) 2370-3210
總經銷：紅螞蟻圖書有限公司
地　址：台北市內湖區舊宗路二段 121 巷 19 號
電　話：02-2795-3656　傳真：02-2795-4100　網址：
印　刷：京崙彩色印刷有限公司（京峰數位）

　　本書版權為西南財經大學出版社所有授權崧博出版事業有限公司獨家發行電子書及繁體書繁體版。若有其他相關權利及授權需求請與本公司聯繫。

定價：450元

發行日期：2018 年 10 月第一版

◎ 本書以POD印製發行